EUROPEANA
édition internationale

Numéro 5
Printemps 2015

Fondateur et Rédacteur en chef : GAO Xuanyang (KHA Saen Yang)
Rédacteurs en chef exécutifs : JI Zhe, Michel MAZOYER

Comité de rédaction :
Guillaume DUTOURNIER, LI Wenjie, YANG Yang

Conseil scientifique :
Jean-Michel DE WAELE, Valérie FARANTON,
Alan FORREST, Axel HONNETH,
Paulos HUANG, Anna KRASTEVA,
Julia KRISTEVA, Tanguy L'AMINOT, Jean-Pierre LEVET,
Gilles LHUILIER, Theodoros PAPATHEODOROU,
Patrick PASTURE, Xavier RICHET,
Susan Stedman JONES, Jean-Philippe PIERRON,
Alexander THOMAS, Heiner TIMMERMANN,
Raymond TROUSSON, Yves Charles ZARKA

© Institut d'études avancées sur la culture européenne
Université Jiao Tong de Shanghai
© Centre de Recherche Europe Asie, Paris
© Association KUBABA, Paris

Contact :
Association KUBABA, Université de Paris 1
Panthéon-Sorbonne
12, Place du Panthéon, 75231 Paris CEDEX 05

Collection KUBABA
Série Europe & Asie

EUROPEANA
Numéro 5

Institut d'études avancées sur la culture européenne,
Université Jiao Tong de Shanghai

Centre de Recherche Europe Asie

Association KUBABA

L'Harmattan

Illustration de couverture :
Instant, Gravure de Jean-Michel LARTIGAUD

© L'Harmattan, 2015
5-7, rue de l'École Polytechnique, 75005 Paris
www.librairieharmattan.com
diffusion.harmattan@wanadoo.fr
harmattan1@wanadoo.fr

ISBN : 978-2-343-05805-4
ISSN : 9782343058054

EUROPEANA
Numéro 5

Les mobilités étudiantes européennes dans le contexte international

préparé par

Jacqueline BERGERON & Gilles ROUET

2015
Paris · Shanghai

Les mobilités étudiantes européennes dans le contexte international
European student mobility in international context

Introduction

JACQUELINE BERGERON & GILLES ROUET

La mobilité internationale est généralement considérée comme profitable à tous. Partir, c'est développer son autonomie, quitter ce qui est connu pour aller vers « l'étrangeté » dans un parcours initiatique. Cette idée conjugue le sentiment de la crainte du départ et la jubilation de la découverte.

L'instauration progressive du Processus de Bologne dans la constitution de l'Europe avec une architecture en trois cycles d'études (le « LMD », Licence-Master-Doctorat) gagne désormais et progressivement d'autres continents. Le tassement du nombre d'étudiants en Europe lié en particulier à la conjoncture démographique et, en parallèle, l'augmentation du nombre d'étudiants en Asie ou en Afrique, engendre un phénomène mondial de mobilité. Ce phénomène est renforcé par le programme de mobilité Erasmus qui repose sur une architecture commune des diplômes rendant de plus en plus lisibles les titres et leur reconnaissance sur des espaces de plus en plus vastes. À cela s'ajoutent une évolution des sensibilités et non seulement une plus grande prise en compte des différences culturelles, mais également une acceptation voire une revendication des connexions entre les cultures.

De plus, les comportements comme les usages évoluent et un multilinguisme d'intercompréhension se développe. Il semble bien que la fluidité linguistique dans une langue étrangère se développe chez les étudiants qui ont plus de chances de parler « au moins » une langue étrangère après un parcours de mobilité. D'ailleurs la découverte d'une autre langue, comme d'autres cultures, reste une motivation importante pour les candidats aux mobilités.

Nés au cœur de l'Europe, les centres de gravité de la mobilité évoluent, les mouvements s'intensifient à l'échelle mondiale, la mobilité semble de plus en plus s'inscrire dans une sorte de paradigme commun à différentes facettes des champs de la formation, de l'orientation, de l'employabilité. Dans ce contexte la mobilité institutionnelle se développe progressivement : les projections des universités vers d'autres pays s'intensifient, les formations délocalisées ou en partenariat sont de plus en plus nombreuses et facilitent la mise en place de mobilités pour les étudiants au-delà de l'espace européen.

La mobilité est au centre de la construction européenne. Le traité de Rome, dès 1957, érige la mobilité du travail en élément constitutif du marché commun. Au nom de la nécessaire reconnaissance des diplômes que cela suppose, la Commission européenne se saisit ensuite du problème de la formation, encourageant la mobilité des apprenants, avec pour objectif de créer un immense marché du travail.

Le Traité de l'Élysée de 1963 tente d'organiser une « réconciliation » politique entre la France et l'Allemagne et incite au développement d'échanges scolaires et universitaires, dans un but de compréhension mutuelle. La construction politique que cette démarche initie et la reconnaissance d'un axe franco-allemand déterminant repose sur la connaissance commune des Européens par un programme favorisant les échanges notamment des plus jeunes. La mise en place de dispositifs comme l'Université franco-allemande (UFA) ou l'Office franco-allemand pour la jeunesse concrétise cette politique et la mobilité devient aussi un gage de sécurité.

Les instruments de facilitation de ces échanges sont donc à la fois économiques, politiques et culturels. Ces logiques s'articulent dans la réalisation des Communautés puis de l'Union européenne. Échanges, coopérations et mobilités sont des outils fondamentaux de la construction et de l'intégration européenne. Des politiques concrètes sont mises en place, dont les résultats sont parfois exagérés ou magnifiés. La démarche, après la mise en place du programme Erasmus d'échanges et de coopération entre établissements d'enseignement supérieur au sein de l'Union européenne, s'étend à partir de 1999 à l'espace géopolitique du Conseil de l'Europe concerné par le Processus de Bologne, puis aux pays partenaires du voisinage de l'Union européenne.

Le programme Erasmus, depuis 25 ans, a certes permis à 3 millions d'étudiants de séjourner dans un autre pays que celui de leur établissement d'origine, mais la mobilité étudiante ne se limite pas à ce programme, fort heureusement ! Erasmus est devenu un symbole de l'Europe et de la construction d'une citoyenneté européenne, nouvel enjeu (ou nouvelle étape) de la construction européenne. C'est dans cette logique qu'il est nécessaire désormais de réaliser une augmentation des mobilités (par exemple, la France prévoit pour 2020 que 20 % des étudiants auront réalisé au moins une mobilité), mais aussi un élargissement des catégories de bénéficiaires (selon les âges, les catégories sociales, les types de formations universitaires et professionnelles, etc.).

La logique d'Erasmus reste bien celle des échanges, de la mise en place de coopérations institutionnelles dans le cadre d'une politique européenne. Le Processus de Bologne fournit aux établissements des outils d'harmonisation voire de « mise en conformité », de normalisation de ces coopérations et échanges et d'installation d'une démarche de qualité parfois contraignante et souvent peu légitimée par les acteurs. Ainsi, cet accord multilatéral non normatif, fondé à partir d'un projet profondément humaniste et inspiré d'un héritage universitaire ancien, aboutit à des réformes souvent profondes des structures et des programmes, voire à un bouleversement des usages et des pratiques, ce qui fait craindre à beaucoup d'acteurs une instrumentalisation à des fins politiques, en particulier pour justifier des restrictions budgétaires ou une marchandisation radicale. La mise en place « d'instruments » dont certains paraissent directement inspirés du management des entreprises renforce l'idée d'une forte relation entre système d'enseignement et économie.

Néanmoins, le dispositif Erasmus, devenu en 2014 Erasmus+, ne constitue qu'un accompagnement institutionnel d'un mouvement certainement plus profond, lié à une évolution sociale et culturelle (Côme, 2004, 2009). Ainsi, la mobilité étudiante, en Europe, n'est pas seulement organisée, incitée, institutionnelle. Un exemple : environ 2 200 étudiants bulgares étudiaient en France en 2011. Parmi eux, plus des trois quarts ont eu une démarche individuelle, plus de la moitié est partie étudier en France dès la première année d'études supérieures. Cette majorité d'étudiants est certes mobile, mais dans le cadre de leur stratégie personnelle : il s'agit, en fonction de ses moyens ou des lieux d'accueil possibles, souvent familiaux, de choisir filières et établissement. D'un autre côté, des établissements français, en particulier des écoles d'ingénieurs réputées, investissent dans des services qui se mobilisent pour admettre des étudiants dès le secondaire. L'enjeu est souvent crucial, vital et bon nombre d'écoles d'ingénieurs françaises ne pourraient subsister sans l'accueil d'étudiants étrangers, en considérant la désaffection massive des jeunes pour les sciences…

La mobilité européenne est désormais, aussi, souvent une forme de « parcours citoyen initiatique » (que l'on voyage en Europe ou ailleurs, comme le montre la forte mobilité actuelle vers l'Australie) qui peut être rapproché du modèle des compagnons, ou des étudiants du Moyen Âge. Mais il s'agit aussi, comme dans la majorité des cas des mobilités estudiantines internationales, de prévoir une acquisition de compétences (afin d'accroître son capital social et culturel), en poursuivant souvent une stratégie de débouché (la mobilité permettant d'accroître son capital économique).

Dans certaines zones du monde, la mobilité est conditionnée par des contextes géopolitiques complexes, contrariant les volontés de bouger, notamment à cause de problèmes de visas. De cette non-mobilité, découle la « e-mobilité », qui se traduit par la naissance, le développement, la pérennité de réseaux internationaux de plus en plus nombreux qui permettent les échanges et renforcent les dispositifs d'apprentissage et la variété des espaces « d'apprenance » (Carré, 2005). La mobilité ne se réduit ainsi plus seulement au déplacement géographique, elle s'ouvre sur des échanges de plus en plus nombreux qui prennent appui sur le numérique et influencent le phénomène de mondialisation.

Cette complexité doit être appréciée sans opposer une mobilité européenne organisée et institutionnelle, dont l'enjeu est notamment de favoriser l'émergence d'une citoyenneté européenne, à une mobilité individuelle, économiquement raisonnée, dans le cadre d'un marché mondial. Ces deux types extrêmes de mobilité semblent bien coexister au sein de l'Europe comme ailleurs… et pourtant il ne s'agit pas de la même démarche : quand un étudiant chinois vient s'inscrire en France ou en Allemagne, la démarche est bien différente de celle d'un étudiant polonais qui fait la même chose. Dans le premier cas, il peut s'agir d'une coopération institutionnelle, mais ce cas de figure est désormais marginal : globalement, les étudiants sont acteurs d'un marché international de la formation supérieure et choisissent en fonction de critères économiques, de réputation, à partir de prescriptions. Dans le deuxième cas, même lors d'un choix dicté par des critères identiques au cas précédent, les étudiants agissent dans le cadre de leurs droits, de leur citoyenneté européenne. Ces droits sont fondamentaux et changent en profondeur les logiques : un étudiant polonais peut facilement suivre toutes ses études en Hollande ou en Espagne, il peut aussi, ce qui est statistiquement fréquent, rencontrer une Espagnole ou une Hongroise pendant ses études, trouver un emploi en Allemagne, sans avoir à renoncer à son pays, en construisant un parcours européen. On assiste ainsi à des reconfigurations identitaires qui donnent naissance à de nouvelles générations d'Européens, « euromobiles »… La mobilité étudiante, comme, en partie, celle de l'emploi ou de la vie sociale, n'installe pas les individus qui ne migrent plus vraiment. Des milliers de jeunes, après leurs études, travaillent dans un autre pays que le leur, mais n'ont pas le sentiment de migrer. Ils restent attachés à leur pays, y retournent, s'y installent de nouveau.

La mobilité reste donc toujours une expérience individuelle, à chaque fois singulière, mais également polymorphe dont les effets sont aujourd'hui encore difficilement mesurables. Néanmoins, on constate souvent des effets indirects majeurs tels que le renforcement de la confiance en soi, ou la réussite d'un challenge dans un contexte culturel différent, au sein duquel l'étudiant aura su surmonter un certain nombre de difficultés.

Héritière de tradition médiévale souvent mythifiée et induite à la fois par l'évolution des comportements et des possibilités liés à la mondialisation des échanges (et des marchés), la mobilité étudiante internationale a évidemment un impact économique, social et culturel qu'il est difficile de mesurer, surtout en prenant en compte l'insertion professionnelle après les études. Il en est de même pour la mobilité professionnelle dont on peut en particulier identifier certains effets *a priori* « négatifs ». Ainsi les médecins roumains ou bulgares, francophones, vont chercher de meilleurs salaires en France en particulier, où ils s'installent souvent dans les zones rurales démunies de praticiens, tout en participant à l'appauvrissement de leurs pays d'origine. Les mobilités étudiantes antérieures dans la formation médicale contribuent évidemment à aggraver cette situation induite aussi par le système français du *numerus clausus*… au point où plusieurs centaines de jeunes Français tentent désormais d'obtenir un diplôme de médecin en Roumanie, au sein d'universités de médecine qui proposent des cycles d'études en langue française. Ces situations sont logiques avec le développement des mobilités, en particulier européennes, et il fallait s'attendre à ce que la généralisation du Processus de Bologne aboutisse à une remise en question de certains systèmes nationaux. La mobilité étudiante européenne a donc des effets contradictoires : d'un côté les échanges participent à l'intégration européenne, d'un autre ils ne favorisent pas nécessairement la diminution des inégalités entre les pays, en particulier les nouveaux membres de l'Union européenne depuis 2004 et 2007.

Autre exemple significatif qui dépasse le cadre de l'UE : les pays méditerranéens connaissent un fort taux de chômage alors que certaines entreprises ne trouvent pas les compétences dont elles ont besoin, elles vont alors les chercher dans les pays désormais membres de l'Union européenne. De jeunes chômeurs fuient leur pays pour chercher un Eldorado en Europe et, *a contrario*, des Européens sont recrutés à des niveaux de salaire et de diplômes supérieurs à ceux correspondant aux besoins des emplois. Ce problème de régulation entraîne des mobilités contrariées et constitue des contraintes pour les économies. On assiste cependant aujourd'hui au phénomène de « colocalisation » au travers d'entreprises européennes qui s'installent sur le pourtour méditerranéen avec comme perspective le partage de la valeur ajoutée conjuguée à celui de l'employabilité de la main-d'œuvre locale à son coût effectif. Au contraire, des partenariats originaux se créent, porteurs de mobilité cognitive incluant une adéquation entre compétences requises et acquises (traduisant le rapprochement entre les universités et les entreprises dans une conception commune de l'offre de formation) et reconnaissant les résultats d'apprentissages effectués dans des situations et sur des territoires aux configurations aussi diverses que complexes.

Ce dossier de 8 contributions tente de mettre en perspective la diversité du panorama présenté plus haut en abordant les points de vue sociaux, économiques, culturels, et institutionnels.

Les mobilités étudiantes contribuent à la construction et à l'intégration européenne comme l'illustre l'exemple de la Slovaquie. Pour les pays des vagues d'adhésion de 2004, 2007 et 2013, l'adhésion au Processus de Bologne n'a pas eu le même sens que pour les pays ayant adhéré bien avant (Côme, Rouet, 2011). En effet, les instruments du Processus de Bologne ont été considérés dans le cadre des négociations d'adhésion à l'Union européenne et ainsi très rarement contestés. L'organisation de mobilités étudiantes au sein de l'UE a bien correspondu à une attente et a été possible avec l'évolution des compétences linguistiques des étudiants eux-mêmes (M. Roštekova et R. Gura).

Au sein de l'Union européenne comme, plus largement, de l'espace du Processus de Bologne, le développement des mobilités a induit la nécessité du développement d'un système d'information permettant aux étudiants eux-mêmes d'envisager leur projet. En effet, toutes les mobilités n'ont pas comme cadre celui des coopérations interuniversitaires et s'inscrivent souvent dans un marché des établissements et des formations. Les classements se sont ainsi multipliés, à l'intérieur des pays comme au niveau international. L'Union européenne a bien compris la nécessité de la mise en place d'instruments informatifs, pour « choisir sa mobilité » (M. Bourdon).

Au sein des établissements, le Processus de Bologne et le développement des mobilités et des échanges ont transformé certaines pratiques, notamment d'accompagnement à distance, et des outils ont été mis en place, en particulier pour orienter les projets des étudiants (D. Vinet).

Les mobilités étudiantes sont, surtout depuis la fin de la Deuxième Guerre mondiale, considérées comme des instruments politiques des politiques d'attractivités de nombreux pays. L'exemple de la France et de son dispositif est proposé. Cette forme de diplomatie culturelle a désormais des limites qu'il convient d'analyser (G. Rouet).

L'Union européenne attire les jeunes, en particulier du voisinage européen. L'exemple des jeunes Marocains projetant des études en France est significatif de cette situation (M. Bereni & B. Rubi).

En effet, les connexions, souvent anciennes, liées à la colonisation ou à des alliances passées, évoluent rapidement entre les mobilités européennes et les espaces voisins. En Afrique, beaucoup d'établissements tentent désormais d'intégrer les instruments du Processus de Bologne (J. Bergeron) s'inscrivant ainsi dans un espace mondial de la connaissance et participant aux mobilités internationales. Cet espace du Processus de Bologne s'est aussi étendu en Asie centrale comme au Caucase, au sein de l'ancien espace soviétique, impliquant des conséquences sur les mobilités académiques (L. Bydanova, N. Bydanov et N. Moushketova).

La dernière contribution du dossier tente d'établir des liens entre innovations et mobilités. Le développement des mobilités serait ainsi une chance d'évolution pour les institutions académiques (C. Lips).

La mondialisation de l'enseignement supérieur est évidemment à l'origine de profonds changements des relations sociales et culturelles. Les mobilités étudiantes constituent aussi des manifestations concrètes de stratégies d'acteurs, de contournements de difficultés institutionnelles par exemple, de valorisation personnelle, de recherche de capital symbolique comme d'assouvissement d'un désir d'ailleurs. La mobilité, même devenue assez banale et importante statistiquement, est encore un marqueur identitaire distinctif et les étudiants mettent en perspective leur expérience internationale avec leurs trajectoires personnelles et professionnelles. Cette mobilité s'inscrit dans le cadre d'imaginaires spatiaux et participe à la construction d'identités cosmopolites. La mobilité est également la manifestation d'un désir de prise en main de son destin. Les acteurs changent, utilisent ainsi les droits à l'intérieur de l'Union européenne, au moins, et modifient leurs rapports aux institutions. Il n'est pas rare qu'une coopération soit induite par le désir d'un étudiant de séjourner dans un autre pays, quelle que soit sa motivation. Enfin, ces mobilités induisent de nouveaux savoirs, dans un cadre différent, désormais, des mobilités sociales. Reste à comprendre ce que l'internationalisation de ces mobilités induit, comment l'Europe, construite par ces mobilités, se positionne, du point de vue des citoyens et à travers eux, dans un nouveau rapport au monde.

Références

Carré, Philippe. 2005. *L'apprenance, vers un nouveau rapport au savoir*, Paris : Dunod.
Côme, Thierry. 2004. « Mobilité des étudiants en Europe et stratégie de Lisbonne », in *Quel avenir pour l'Union Européenne ?*, Bruxelles : Bruylant, pp. 151-183.
Côme, Thierry. 2009. « Erasmus et la mobilité en Europe, vers un dépassement des frontières », *Eurolimes*, vol 7 « Europe and the Neigbourhood », Debrecen-Oradea, Roumanie : Pole Jean Monnet.
Côme, Thierry & Rouet, Gilles. 2011. *Processus de Bologne, construction européenne, politique européenne de voisinage / Bologna Process, European Construction, European Neighbourhood Policy*, Bruxelles : Bruylant.

Mobilité et intégration européenne, l'exemple de la Slovaquie

RADOVAN GURA & MARIA ROSTEKOVA

> *En 2013, la République slovaque a célébré ses 20 ans d'existence démocratique et a vécu durant cette période une transformation profonde de la société accentuée par l'intégration dans des structures européennes. Dans notre contribution nous présentons quelques idées sur le défi de la modernisation de notre système éducatif en y analysant le rôle des programmes de mobilité.*

L'ambition de la construction européenne ne paraît pas aussi idéaliste en 1951 qu'à la fin du XXe siècle quand des « sages » ont pris la décision de faire de l'Union européenne « l'économie la plus compétitive du monde... ». Après plusieurs étapes d'intégrations, d'approfondissement et d'élargissement, la mise en place des conditions d'une croissance économique exigeait une reconstruction de l'espace de l'enseignement supérieur. La demande d'internationalisation, disons « d'ouverture » des études supérieures est arrivée rapidement.

Le processus a provoqué une grande migration d'étudiants et d'enseignants ainsi que de connaissances qui ont dépassé les frontières nationales et politiques encourageant autant la coopération que la concurrence et apportant des effets sensibles sur l'enseignement supérieur en Europe. Le savoir est devenu un bien culturel indispensable à la construction européenne. Il s'agissait alors de chercher non plus une seule croissance économique, mais une croissance intelligente, fondée sur la connaissance et l'innovation.

L'adhésion à l'UE, selon Gilles Rouet (Rouet, Roštekováa, 2013, 35-36), a permis aux jeunes Slovaques, étudiants ou non, de s'inscrire dans une nouvelle démarche de mobilité. « Avant 1989, certains ont migré, se sont installés à l'Ouest en sachant bien que tout retour était impossible. Après 1989 et surtout après 2004, il est devenu possible d'envisager un autre type d'avenir, un parcours européen. Des migrations sont devenues des mobilités, car le retour est non seulement possible, mais envisagé... ». L'adhésion à l'Union européenne a transformé des étrangers en voisins, d'abord d'est en ouest, puis, maintenant, doucement, localement, à l'horizon des frontières désormais symboliques. Ainsi, la mobilité en Slovaquie est-elle désormais installée. « L'Europe, pour les jeunes Slovaques est petite, accessible, certainement plus que pour bon nombre de jeunes Français qui hésitent encore à adopter une posture "mobile" ». Il leur reste maintenant à devenir actifs au niveau mondial et à se tenir prêts à entrer sur le marché du travail partout dans le monde.

1. La transformation de l'enseignement supérieur slovaque dans le contexte de son intégration européenne

Il y a vingt ans, la séparation de la Slovaquie et de la République tchèque, négociée entre deux Premiers ministres, a été érigée en modèle de divorce pacifique. Pourtant, la Slovaquie n'a pas tardé à s'engager sur une voie divergente de celle de ses voisins tchèques, hongrois ou polonais. Elle a été exclue des premières négociations d'entrée dans l'OTAN et l'UE, non pas à cause des performances économiques, parce que celles-ci auraient pu la qualifier, mais en raison du caractère autoritaire et de nombreux scandales politiques liés à l'exercice du pouvoir par le gouvernement dans la période 1994-1998. Après le changement politique issu des élections législatives en 1998, la Slovaquie a déclaré son engagement avec la ferveur du converti sur le chemin européen. Des progrès ont été accomplis dans le sens de la démocratisation des institutions, le respect des droits de l'homme et l'indépendance du système judiciaire. En 2002, le Conseil européen de Copenhague a constaté que la Slovaquie remplissait les conditions d'entrée dans l'Union avec les neuf autres pays candidats. D'autres réformes profondes, notamment à propos des retraites, de la santé et de la fiscalité, ont permis au pays d'intégrer l'UE et l'OTAN en 2004 (Uhlerová, 2012). En décembre 2007, la Slovaquie est entrée dans l'Espace Schengen et le 1er janvier 2009, elle a adopté l'euro.

La séparation entre la Slovaquie et la Tchéquie en 1993 a eu comme conséquence une répartition déséquilibrée du « capital sympathie » et de l'image que la Tchécoslovaquie avait à l'Ouest, notamment en France liée par une longue tradition d'échanges culturels, artistiques ou scientifiques, au moins entre 1945 et 1968 (Rouet in Rouet, Roštekova, 2013a). Suite à ces évènements, la Slovaquie a souffert d'un déficit évident d'image. Si avec l'adhésion à l'UE et l'OTAN, ainsi qu'à d'autres organisations internationales et régionales, la Slovaquie a acquis une nouvelle position sur la scène internationale, elle doit encore faire face aux nouveaux enjeux pour améliorer sa perception à l'étranger (Holubová, 2013).

Comment, sur ce point, les Slovaques voient-ils ce long processus d'intégration après la célébration du 20e anniversaire de l'indépendance de leur pays ? D'après Peter Terem (2013), « les sentiments de l'époque liés au degré de préparation nécessaire à l'édification d'un nouvel État indépendant ont sensiblement évolué en l'espace de deux décennies. Si les problèmes auxquels la société doit actuellement faire face nous empêchent peut-être d'exprimer une quelconque satisfaction d'avoir réussi une transformation perçue comme complexe, il ne faut pas sous-estimer le fait que nous appartenons au monde que nous souhaitions rejoindre. La Slovaquie a saisi la chance qui s'offrait à elle. L'a-t-elle totalement saisie ? Il est possible d'en débattre indéfiniment, mais les discussions seront toujours empreintes de subjectivité politique et idéologique. Le fait est que la Slovaquie, en tant que membre de l'Union européenne et de l'OTAN, appartient au monde démocratique et possède « tous les prérequis nécessaires à une résolution démocratique des problèmes et défis liés à son développement, tant au niveau mondial que régional, étatique ou local » (Terem, 2013, 4).

Les changements sociaux intervenus après 1989, induits par le processus de démocratisation de la société, se reflètent également dans le domaine de l'éducation. Les premières mesures législatives, visant principalement à restaurer le pluralisme et la diversité, ont été prises assez rapidement. C'est après que sont venues les questions de la modernisation du système éducatif et celle de la nécessité de définir les contours des réformes qui résonnent toujours dans la discussion sociale liée à l'éducation.

Quant à l'enseignement supérieur, beaucoup de mesures ont été prises immédiatement après la chute du système précédent. Toutefois, c'est surtout avec la signature de la déclaration de Bologne, qu'on peut voir les impacts plus importants de ses efforts. Depuis une décennie, le Processus de Bologne est au centre des intérêts de toutes les activités importantes dans le domaine de l'enseignement supérieur slovaque, en mettant « l'accent sur la nécessité de préserver la diversité communément perçue comme l'élément de l'attractivité de l'Europe, diversité illustrée par la devise européenne 'unité dans la diversité' » (Pálková, 2011, 147).

Avec ses réformes, la Slovaquie a décidé de faire partie de l'espace européen de l'enseignement supérieur pour améliorer la qualité de l'enseignement, pour son internalisation plus approfondie ou encore pour la meilleure insertion des jeunes diplômés sur le marché du travail, tant intérieur qu'international.

Les expériences de l'application de la déclaration de Bologne montrent bien qu'il s'agit d'un processus assez long qui exige une attention et une amélioration constantes des réformes à tous les niveaux de sa mise en œuvre (Kučerová, Vetráková, 2011). La transformation de la structure des études en trois cycles (LMD) en est la meilleure preuve. Elle représente une condition importante du renforcement de la mobilité, mais on peut renverser l'ordre et dire que c'est aussi grâce à la mobilité des étudiants, tant entrants que sortants, que le processus de la transformation du système d'enseignement est devenu plus dynamique.

Ici, il faut souligner le fait que les études de type Licence représentent un phénomène relativement nouveau pour la société slovaque, car elles n'appartenaient pas du tout à la tradition tchécoslovaque. Cependant, ce n'est pas l'adhésion au Processus de Bologne elle-même qui a introduit la licence dans le système d'enseignement en Slovaquie pour la première fois. Déjà, la Loi 172/1990 sur les établissements supérieurs posait les bases d'une restructuration du système slovaque. Ce qui est important de signaler, c'est que le système permettait d'effectuer uniquement un cycle indépendant d'études de trois ans post-baccalauréat. Avant, les études supérieures existaient seulement comme un bloc de 4 ou 5 ou 6 années d'études[1]. À cette époque, la loi ne permettait pas aux étudiants ayant obtenu uniquement un diplôme de licence de poursuivre des études de grades supérieurs. Ainsi, la loi ne divisait pas encore les études supérieures en deux cycles distincts. En réalité, les étudiants étaient obligés de choisir une des options parallèles d'études constituant « le modèle binaire »[2] qui fonctionnait sans pont. Par conséquent, il empêchait le développement des études de licence, ce que montre très bien le faible nombre de jeunes intéressés par de telles études. Dans la moitié des années 1990, la loi a été modifiée, pour rendre possible le pont entre le premier et le deuxième cycle des études supérieures. Dès lors, les étudiants ayant obtenu le titre du premier cycle ont eu la possibilité de poursuivre les études de deuxième cycle, sachant que dans cette deuxième étape de transition, il y avait, parallèlement, deux formes d'études différentes, c'est-à-dire les études en un seul bloc avec un seul diplôme, et les études de deux cycles enchaînés où les étudiants obtenaient deux diplômes pour une longueur d'études similaire.

La troisième étape de la réforme structurelle du système de l'enseignement supérieur, au sens où on l'entend aujourd'hui, avec une architecture d'études fondée principalement sur trois grades universitaires (licence, master et doctorat) a été issue du Processus de Bologne et initiée par la Loi n° 172 de 2002. On peut constater qu'aujourd'hui le processus de transformation de la structure de l'enseignement supérieur en Slovaquie, même si la mise en place du premier cycle d'études était assez irrégulière, est vraiment achevé.

La Slovaquie est désormais membre à part entière de l'espace européen de l'enseignement supérieur où la mobilité des étudiants et du personnel joue un rôle crucial. Comme indiqué dans le communiqué de Londres, « l'un des éléments centraux du Processus de Bologne est la mobilité des personnels, des étudiants et des diplômés, qui favorise le développement personnel, développe la coopération internationale entre les individus et les établissements, renforce la qualité de l'enseignement supérieur et de la recherche, et donne de la substance à la dimension européenne » (Rapport, The Bologna Process..., 2009). Ainsi s'enrichit la citoyenneté européenne et se développent

---

[1] Ces études menaient aux titres de *magister*, *inžinier* (c'est-à-dire ingénieur dans les écoles supérieures techniques et économiques) et *doktor medicíny* (c'est-à-dire docteur en médecine).
[2] Autrement dit, les étudiants dès leur inscription en première année, devaient s'engager à faire soit des études bac + 3, soit des études bac + 5 (ou parfois + 4 ou 6). Si étonnant soit-il, un étudiant qui s'était engagé pour une licence, ne pouvait pas poursuivre une quatrième ou une cinquième année. Ou alors, s'il tenait vraiment à prolonger ses études, il lui était imposé de reformuler un engagement et donc de recommencer ses études en première année.

l'épanouissement personnel et des compétences, comme la connaissance des langues et la compréhension interculturelle. Ces compétences sont de plus en plus valorisées dans un marché du travail qui s'internationalise toujours plus et peuvent donc accroître notablement l'employabilité de ces étudiants.

C'est grâce au programme Erasmus que l'Europe est le premier espace d'échange et de coopération. Sa notoriété et son succès depuis 1987 en ont fait l'outil privilégié pour développer la mobilité. L'expérience acquise dans le cadre de ce programme en termes d'organisation des périodes de mobilité, de formalisation et de reconnaissance des acquis sert parfois de « modèle » pour développer et structurer les coopérations extra-européennes. Le programme s'ouvre désormais aux pays de l'AELE, aux pays candidats à l'UE, aux États balkaniques et à l'euroméditerranée à l'horizon 2014 et il est exporté et transféré dans le monde. Dans son interview, intitulé « 25 ans d'Erasmus: un programme-ciment de la construction européenne », Antoine Godbert (2012) déclare que « les politiques européennes dans leur ensemble sont régulièrement remises en cause, mais le programme est un succès non démenti depuis 25 ans. Ce programme, c'est ce que l'on aimerait que l'Europe soit : à la fois adaptable (Erasmus Mundus ou Erasmus Stages) et ouverte ».

L'importance de la mobilité Erasmus a été significative non seulement pour les étudiants partis à l'étranger pour un semestre d'études ou un stage de formation, mais aussi, comme nous l'avons mentionné ci-dessus, pour le développement des systèmes universitaires, pour l'harmonisation de l'architecture du système d'études ou encore l'ouverture à l'international des établissements d'enseignement supérieur, ce qui était notamment le cas de la Slovaquie, comme d'autres pays d'Europe centrale et orientale. Cependant, il ne faut pas oublier d'autres programmes de mobilité, où la Slovaquie est particulièrement concernée, notamment l'IVF (International Visegrad Fund) et le CEEPUS (Central European Exchange Program for University Studies) qui méritent également d'être analysés dans notre texte.

2. Importance de la mobilité Erasmus pour les étudiants slovaques

La Commission européenne a déclaré dans un communiqué de presse, publié le 8 mai 2012, qu'« Erasmus était à la fois le plus connu des programmes européens et le système d'échange d'étudiants qui rencontre le plus de succès au monde. Plus de 231 000 étudiants ont obtenu une bourse Erasmus pour étudier ou se former à l'étranger au cours de l'année universitaire 2010-2011, ce qui constitue un nouveau record et une augmentation de 8,5 % par rapport à l'année précédente » (Commission européenne, 2012). En Slovaquie, on peut constater une augmentation constante du nombre des étudiants effectuant leur mobilité Erasmus dans les pays européens (cf. Tableau n° 1). Désormais il faut également tenir compte des étudiants qui réalisent un stage dans le cadre des programmes Erasmus (cf. Tableau n° 2). Ainsi, la Commission européenne constate, dans le même communiqué, qu'un étudiant Erasmus sur six a choisi cette option, ce qui montre une évolution de 15% de plus qu'en 2009-2010.

Cet optimisme doit être modéré par la prise en compte de l'évolution du pourcentage des étudiants Erasmus par rapport au nombre total des étudiants slovaques. Le tableau n° 3 montre qu'il n'est que de 1,05 %. Il faut aussi dire que ce chiffre correspond à la moyenne européenne d'un État membre de l'Union européenne. Pour la France par exemple, ce taux représente 1,4 %, pour la Bulgarie moins de 1 %.

Tableau n° 1 : nombre d'étudiants dans le cadre du programme Erasmus en Slovaquie

Année académique	Étudiants sortants	Étudiants entrants
2000/01	505	58
2001/02	578	111
2002/03	653	131
2003/04	682	181
2004/05	979	284
2005/06	1165	508
2006/07	1346	655
2007/08	1697	745
2008/09	2020	913
2009/10	2151	1085
2010/11	2458	1181
TOTAUX	14 234	5 852

Source : Commission européenne[3]

Tableau n° 2 : Nombres d'étudiants dans le cadre du programme Erasmus-stage pour la Slovaquie

Année académique	Étudiants sortants	Étudiants entrants
2007/08	245	52
2008/09	317	126
2009/10	353	181
2010/11	406	182

Source : Commission européenne

Toutefois, notre propre expérience est différente. À la Faculté des sciences politiques et des relations internationales de l'Université Matej Bel de Banska Bystrica, 10 % des étudiants en moyenne réalisent une mobilité

---

[3] D'après les statistiques officielles de la Commission européenne sur le programme Erasmus, sur <http://ec.europa.eu/education/erasmus/doc/stat/1011/countries/slovakia_en.pdf>.

Erasmus. De plus, les étudiants du pays profitent d'autres possibilités pour réaliser les séjours d'études auprès d'établissements supérieurs à l'étranger comme des bourses nationales ou des bourses des différents gouvernements proposées aux étudiants étrangers.

Tableau n° 3 : Évolution du pourcentage des étudiants Erasmus par rapport au nombre total des étudiants slovaques

Année académique	%
2007/08	0,78
2008/09	0,88
2009/10	0,92
2010/11	1,05

Source : Commission européenne

Globalement, ce taux d'étudiants Erasmus par rapport au nombre total des étudiants est généralement faible dans les États européens, malgré les efforts des représentations de la Commission européenne au sein des États membres. Naturellement, différents facteurs influencent cette faible présence et les causes sont diverses dans chaque État. Dans tous les pays européens, c'est surtout la contrainte financière qui demeure l'obstacle majeur à la participation au programme Erasmus, comme le montrent plusieurs enquêtes réalisées où une grande partie des étudiants n'ayant pas participé au programme Erasmus affirme qu'il est trop onéreux d'envisager des études à l'étranger, car la bourse accordée est insuffisante pour couvrir les frais encourus.

Ceci est confirmé par de nombreuses études nationales. Si la situation diverge selon les pays, mais également selon le lieu de résidence des étudiants (capitale/villes moyennes ; résidence universitaire/logement privé), la Slovaquie fait partie des pays dont les revenus des familles sont bien au-dessous de la moyenne européenne, ce qui a des impacts sur le nombre des étudiants qui peuvent se permettre d'assumer une part importante des frais de séjour à l'étranger. Selon l'Agence nationale qui administre le programme Erasmus en Slovaquie (SAAIC, Agence nationale du programme tout au long de la vie/Erasmus), l'aspect financier est vraiment le premier obstacle pour les Slovaques, car ce type de séjour n'est pas ciblé pour les étudiants des familles moyennes au sein desquelles les enfants ne sont pas se permettre de s'endetter pour pouvoir étudier à l'étranger (Správa, Slovenskí študenti..., 2011).

Deuxième obstacle, signalé par l'Agence nationale : les faibles compétences langagières des étudiants slovaques. On ne peut pas nier ces informations validées au niveau national, mais il est possible de considérer que c'est surtout l'application elle-même du Processus de Bologne qui représente un obstacle très important : en effet, certains universitaires n'acceptent pas les examens et l'évaluation des cours effectués au sein d'une université étrangère et obligent les étudiants à repasser des examens slovaques après leurs séjours, en particulier dans le cas des cours obligatoires dans les maquettes d'enseignement en Slovaquie.

Il ne faut néanmoins pas généraliser, la situation varie d'une université à l'autre et il existe des établissements supérieurs qui acceptent sans problèmes la validation du semestre entier aux étudiants ayant effectué un séjour à l'étranger. Cependant les étudiants slovaques eux-mêmes souhaitent de plus en plus explicitement faire un détour par l'étranger pour compléter leur cursus qui exige en retour flexibilité et uniformisation au niveau des établissements universitaires européens. Partir devrait pouvoir reposer sur une procédure simple, tout comme devrait l'être la validation du séjour après retour au pays.

En ce qui concerne les compétences langagières des étudiants slovaques, en comparaison avec les autres étudiants européens et d'après plusieurs expériences et missions universitaires réalisées dans les pays de l'Union européenne, nous pensons que les jeunes Slovaques sont bien préparés aux langues étrangères, mais nous pouvons déceler un autre problème lié à leur propre appréciation, ou auto-évaluation : ils ne sont souvent pas conscients d'avoir les compétences langagières suffisantes. Ils ont peu d'expériences avec le milieu international et ils ont peur d'être confrontés avec les autres.

Il convient également de souligner également la différence de niveau linguistique en fonction du domaine d'études ; les étudiants en sciences sociales, humaines ou en sciences économiques sont mieux préparés qu'en sciences exactes ou encore en droit. D'un certain point de vue, c'est assez logique, d'un autre côté cet état de fait est influencé par la structure des programmes d'études et la place des langues étrangères dans les maquettes.

À propos des statistiques concernant le nombre des étudiants effectuant une mobilité Erasmus, il y a un autre phénomène qui mérite d'être analysé, il s'agit de « déséquilibres migratoires » qui illustrent combien la réciprocité des échanges reste encore un objectif à atteindre. Si toutes les nations européennes ne connaissent pas le même niveau de mobilité, c'est encore plus vrai pour leurs orientations. En fait, la mobilité institutionnalisée dans le cadre du programme Erasmus montre des déséquilibres géographiques assez importants et reflète des préférences très anciennes entre pays. Les principales destinations des étudiants Erasmus français, par exemple, sont depuis longtemps la Grande-Bretagne, l'Espagne et l'Allemagne ; les Britanniques préfèrent partir principalement en France, en Espagne et en Allemagne. Ces quatre pays mentionnés représentent les destinations préférées par tous les étudiants européens. Quant aux étudiants britanniques, ils sont généralement assez peu mobiles et apparaissent comme peu tournés vers l'Europe (Sussex Centre for Migration Research, 2004), les États-Unis étant leur destination privilégiée. À l'inverse, la Grande-Bretagne est le premier pays destinataire des étudiants de l'Union européenne. Outre la Grande-Bretagne, l'Irlande et dans une moindre mesure l'Espagne accueillent plus d'étudiants qu'ils n'en envoient (Jallade *et al.*, 1996).

Les déséquilibres sont inévitables parce que les étudiants peuvent circuler librement et que les règles d'admission comme les frais de scolarité varient énormément d'un pays à l'autre. En Europe, seule la Norvège équilibre ses flux d'étudiants entrants et sortants.

Dans le cadre de leurs mobilités Erasmus, les étudiants slovaques sont attirés surtout par les universités tchèques, allemandes, espagnoles, françaises et polonaises. On peut alors constater deux facteurs d'influence de leur choix : premièrement il s'agit des pays visés par tous les étudiants européens, ainsi l'Allemagne, l'Espagne et la France, mais la proximité géographique et les liens historiques jouent également un rôle très important[4].

Depuis longtemps, la Slovaquie fait partie du groupe de pays se présentant essentiellement comme « exportateurs », étant donné leur langue dont le statut international est moins important. Si on compare le taux des étudiants slovaques sortants avec le taux des étudiants entrants en Slovaquie, l'année 2009/2010 est significative, car les étudiants slovaques effectuant leur séjour Erasmus à l'étranger représentent le double des étudiants entrants. Cette proportion change d'une année à l'autre en faveur de l'accroissement des étudiants étrangers venant en Slovaquie. Pour les étudiants entrants, la Slovaquie semble surtout attirer les étudiants polonais, espagnols, français, turcs et tchèques.

Face à ce déséquilibre de mobilité slovaque, il faut souligner qu'il est encore plus évident si on parle de la mobilité des étudiants en général : la République slovaque est classée parmi les pays ayant le taux le plus élevé d'émigration étudiante.

Les étudiants slovaques qui poursuivent leurs études à l'étranger représentent près de 14 % en 2009 (d'après Eurostat) et le nombre de doctorants slovaques dans les pays de l'UE, cette même année, a augmenté de 366 en 2004 à 1 548. Cependant, c'est la République tchèque qui est la destination de 70 % du nombre total d'étudiants slovaques effectuant des études à l'étranger. En ce qui concerne le nombre d'étudiants européens faisant des études en Slovaquie, dans la période 2000-2010, il est passé de 1 560 à 8 179. Cette augmentation est encore plus importante pour les doctorants : de 113 à 942 (Rouet, Roštekova, 2013). Pour autant, comme les étudiants tchèques représentent la moitié de tous les étudiants étrangers en Slovaquie, il faut relativiser ce résultat en particulier en ce qui concerne l'accueil des étudiants de l'Ouest européen.

Au regard d'autres aspects de la mobilité Erasmus des étudiants slovaques, les résultats sont plus optimistes. Nous nous appuyons sur les informations issues d'un sondage effectué par l'agence nationale SAAIC (Slovak Academic Association for International Cooperation), en coopération

---

[4] Parmi les universités slovaques qui envoient le plus d'étudiants à l'étranger, on peut trouver l'Université Comenius à Bratislava, l'Université technique à Bratislava et l'Université Matej Bel à Banská Bystrica.

avec les enseignants des universités slovaques (Lesáková, Zimko & Farkašová, 2012), qui ont interviewé 395 étudiants dans le réseau des universités nationales ayant participé à Erasmus en 2007/2008. Les étudiants ont répondu à une série de questions dont nous proposons quelques extraits.

Il apparaît que les séjours Erasmus ont un impact plutôt positif pour l'insertion sur le marché de travail, puisque 80 % des étudiants affirment que leur séjour à l'étranger leur a été utile sur ce point (cf. Graphique n° 1).

Graphiques n° 1 & 2. Expérience de travail des étudiants slovaques Erasmus à l'étranger & Impact du séjour Erasmus sur l'employabilité des étudiants

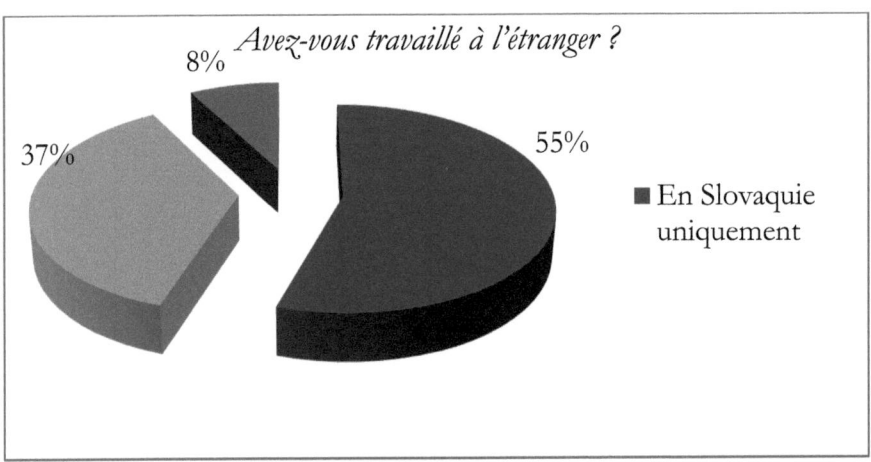

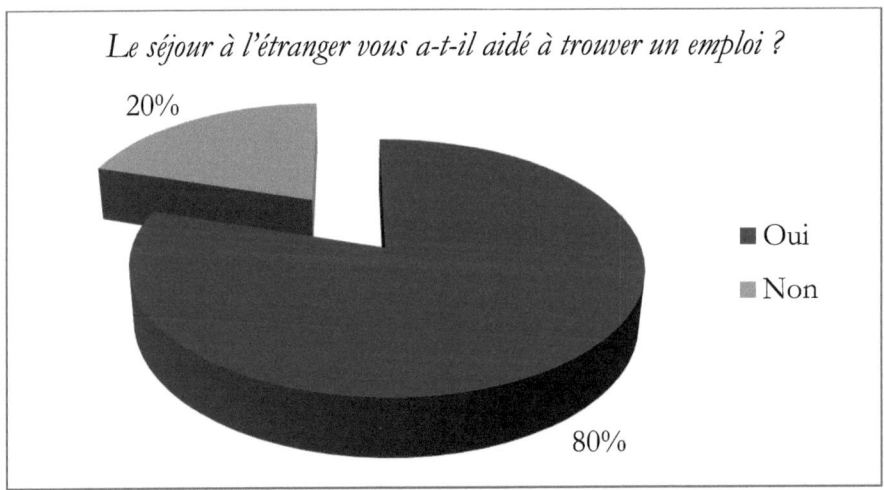

Source : SAAIC

L'expérience professionnelle à l'étranger pendant les études supérieures est aussi un phénomène non négligeable pour les jeunes Slovaques : 45 % des personnes interrogées par le SAAIC ont déclaré être partis à l'étranger pour y acquérir une expérience professionnelle, dont 37 % dans l'un des pays de l'UE et 8 % dans les pays hors de ses frontières (cf. Graphique n° 2). Du point de vue interne, ce n'est pas tellement surprenant, puisqu'historiquement la Slovaquie est un État avec un fort taux de population émigrante. Cette « tradition » persiste jusque aujourd'hui, même si par rapport au passé, nombreux sont les Slovaques qui quittent le pays en espérant ne rester à l'étranger que pendant une période limitée. Depuis deux décennies, ce nombre de travailleurs à l'étranger n'a fait qu'augmenter. Selon les données de l'Organisation internationale pour les migrations (OIM), en chiffres absolus, la Slovaquie occupe le troisième rang parmi les pays de l'UE. Ainsi, dans un pays plutôt de petite taille, cela représente environ 10 % de la main d'œuvre installée à l'étranger (Bolečeková, 2013a), ce chiffre touchant beaucoup la population diplômée [5]. Malgré l'absence des statistiques officielles sur ces questions, plusieurs sources estiment que dix mille jeunes diplômés de moins de 35 partent chaque année, ce qui signifierait qu'un Slovaque sur trois ayant effectué des études supérieures est concerné. Selon les données de l'OIM de 2007, entre 200 000 et 230 000 travailleurs slovaques sont installés en dehors des frontières du pays. Le rapport déposé par le ministère du Travail et des Affaires sociales et familiales de la même année ont une estimation un peu plus faible (177 200 personnes), disant qu'ils se rendent surtout en République tchèque (à peu près 41 %), suivent de loin la Grande-Bretagne, la Hongrie, l'Autriche, l'Allemagne, l'Irlande et l'Italie[6].

---

[5] La Slovaquie dépasse de manière évidente la moyenne européenne, puisque ce taux de 10 % porte sur ceux qui travaillent actuellement, mais dans l'UE en général, ces 10 %, selon les données de l'Eurobaromètre de 2007, représentent le pourcentage de ceux qui ont acquis une expérience professionnelle à l'étranger « tout au long de la vie », ainsi la statistique est relative à une période beaucoup plus longue (Bolečeková, 2013).
[6] Cf. <http://www.slovenskezahranicie.sk/sk/stranka/24/sucasne-migracne-pohyby> (20.2.2014).

Graphique n° 3. Base de la formation acquise

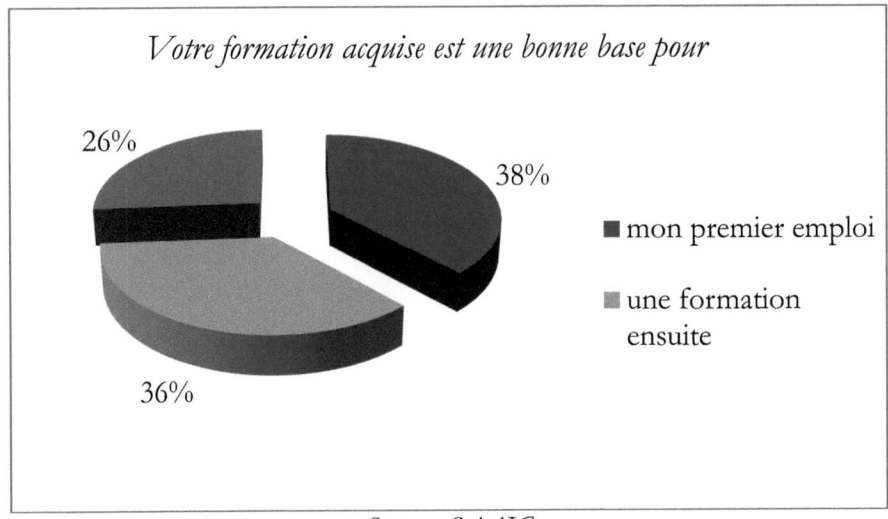

Source : *SAAIC*

Si, depuis 2008, des milliers de jeunes Slovaques sont revenus en Slovaquie à cause de la crise économique, surtout ceux qui étaient partis en Grande-Bretagne ou en Irlande[7], la situation sur le marché du travail change progressivement et les Slovaques ont commencé de nouveau à quitter la Slovaquie pour trouver un travail dans les pays européens.

Obtenir un premier emploi correspondant strictement à la formation initiale n'est souvent pas la norme, en dehors de quelques professions ou formations bien réglementées. Cependant, 59 % des jeunes Slovaques ayant participé au programme Erasmus, interviewés par SAAIC, estiment que la formation acquise correspond aux besoins de leur travail. 28 % des répondants ont reçu une éducation, qui est plus élevée que ne leur demande leur poste actuel, et seulement 13 % d'entre eux ont reçu une éducation inférieure aux besoins de leur travail. Mais si le niveau de diplôme assure en général un risque de chômage moindre et un salaire plus élevé, l'impact de la spécialité de formation est plus complexe.

Dans l'éventail de toutes les formations, 58 % des personnes interrogées ont la chance de travailler dans le domaine de leurs études, 22 % travaillent dans un domaine proche de leurs études et 20 % en dehors du champ de leurs études.

Les séjours Erasmus sont considérés comme un facteur important, exclusif, favorisant la compétitivité dans la recherche d'un emploi. Ces

---

[7] Selon Gilles Rouet, on aurait pu s'attendre à des problèmes sociaux, mais une autre caractéristique culturelle slovaque, la solidarité familiale a permis d'absorber les retours. Ce qui aurait posé d'énormes problèmes dans certains pays a été ainsi amorti en Slovaquie.

opportunités doivent encourager les États européens à chercher des moyens favorisant, motivant et facilitant les mobilités des étudiants, ce qui aura une influence majeure sur la dynamisation du marché de travail. L'importance de la mobilité augmente. Les anciens étudiants Erasmus sont les nouveaux citoyens européens. S'ils n'hésitent pas à bouger pour acquérir une bonne formation, ils n'hésitent pas non plus à bouger pour avoir un bon travail sur le marché international.

Il est important de signaler l'existence d'une interdépendance entre l'emploi et l'utilisation des compétences acquises pendant les études. C'est un élément très positif pour le progrès des programmes d'études et leur composition. Les étudiants Erasmus en Slovaquie sont prêts à continuer leur formation pour améliorer leur savoir-faire et pour augmenter leur bien-être. En Slovaquie, Erasmus est alors un programme souhaitable et appréciable qui aide à développer une croissance intelligente, qui favorise la compétitivité sur le marché du travail tout en ouvrant un éventail d'acquisition de nouvelles compétences. L'enseignement supérieur a un rôle crucial à jouer pour assurer le développement durable d'une société.

3. La mobilité dans le contexte de l'intégration et de la coopération régionales

Gilles Rouet (Rouet, Rošteková, 2014) soutient l'idée que l'Europe, et en son sein l'Union européenne, est plus riche que pauvre de sa fragmentation et de ses diversités. Mais cette fragmentation, dans un contexte de confédération particulière de 28 États, est difficile à articuler avec le résultat d'une évolution et d'une histoire, celle de l'externalisation d'une très grande partie de la gestion quotidienne communautaire à la Commission européenne, et de la politique monétaire à la Banque centrale européenne. Dans ce contexte, il suggère que l'Europe peut en effet évoluer vers un ensemble de groupes régionalisés, qui peuvent avoir des idées différentes sur plusieurs sujets (la sécurité ou bien les questions économiques), mais surtout qui auraient la possibilité d'organiser au sein de leurs pays membres une réflexion et une préparation à des décisions plus globales. De plus, ces groupes régionalisés peuvent avoir des contours qui se recoupent, car des pays ont la possibilité d'appartenir à plusieurs groupes, d'un point de vue géopolitique comme économique. Et c'est aussi dans ce contexte que la question de l'enseignement supérieur mérite d'être analysée.

Dans le cas de la Slovaquie, le Groupe de Visegrád (V4), une organisation régionale qui a été créée pour accompagner le « retour en Europe » des pays d'Europe centrale, revêt une importance particulière. La déclaration de Visegrád, signée en 1991, s'insère dans une longue tradition de collaboration entre les pays voisins qui partagent un même destin[8], réunis par la proximité

---

[8] Cette rencontre rappelant celle de 1335, lorsque les rois tchèque, polonais et hongrois se sont réunis au Château royal de Visegrád surplombant le Danube.

géographique, culturelle, économique et historique. Le groupe est en effet né de la volonté de trois, puis quatre pays, qui se considéraient comme faibles politiquement et économiquement après leur indépendance. Il s'agissait de s'affranchir du communisme, d'éradiquer les tensions en Europe centrale et d'accomplir les réformes nécessaires dans la perspective d'une adhésion complète aux institutions euro-atlantiques (UE et OTAN).

Grâce à son cadre flexible, cette organisation régionale a permis de mettre en place des coopérations à plusieurs niveaux qui ont été efficaces dans le cadre des négociations d'adhésion à l'Union européenne. Les objectifs de la première décennie du V4 ont ainsi été atteints malgré plusieurs difficultés, mais cette alliance régionale n'a pas perdu sa raison d'être. Les Premiers ministres des quatre pays se sont mis d'accord sur la continuation du groupe et ont signé, en mai 2004, la déclaration de Kroměříž (nouvelle déclaration de Visegrád) par laquelle ils se sont engagés à œuvrer pour une plus grande coopération entre l'Union européenne élargie et ses voisins immédiats de l'Est, en mettant l'accent sur les activités et les initiatives régionales visant à renforcer l'identité de la région d'Europe centrale et sur le caractère souple et ouvert de cette coopération (Déclaration de Kroměříž, 2013).

Non seulement le groupe a été maintenu après l'adhésion de 2004, mais ses activités ont évolué. Désormais, le V4 constitue un groupe régional actif qui permet aux quatre pays de parler d'une seule voix, en interne comme en externe. Les pays membres font des efforts pour coopérer afin de mieux accéder aux programmes européens, ils cherchent des solutions à leurs difficultés communes. La coopération locale et régionale a alors été renforcée, à la fois avec de nouvelles relations avec les sociétés civiles, mais aussi en établissant de nouvelles formes de relations avec d'autres organisations régionales (comme le Benelux), ou d'autres pays, comme l'Autriche et la Slovénie (dans le cadre d'un partenariat régional) et les pays encore plus à l'est (le V4+, dans le cadre d'une politique volontariste sur le partenariat oriental).

Graphique n° 4. IVF, bénéficiaires, pays et régions (39,5 millions d'euro, 2000-2011)

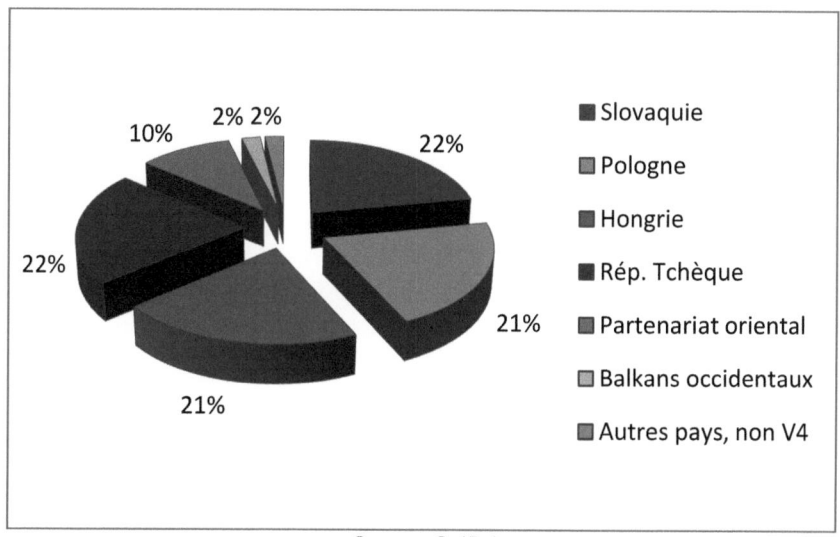

Source : SAIA

L'avenir de la coopération de Visegrád est ouvert, cette ouverture étant liée, en grande partie, au caractère non formel de son fonctionnement. Si le groupe de Visegrád ne s'est jamais transformé en bloc politique institutionnalisé, c'est le Fonds international de Visegrád (IVF, International Visegrad Fund), basé à Bratislava, qui représente la seule institution officielle créée depuis l'existence du V4. Depuis sa création en 2000, l'IVF vise à développer la région grâce aux échanges culturels, artistiques, scientifiques et bien évidemment grâce aux projets éducatifs.

Les programmes académiques de mobilité dans le cadre du Fonds international de Visegrád proposent les mobilités classiques, mais il existe des types de bourses d'études ciblées pour les candidats de certains pays tiers. Les bourses pour les étudiants entrants sont proposées aux jeunes d'Albanie, d'Arménie, d'Azerbaïdjan, de Biélorussie (programme spécifique), de Bosnie-Herzégovine, de Croatie, de Géorgie, du Kosovo, de Macédoine, de Moldavie, du Monténégro, de Russie, de Serbie et d'Ukraine (programme spécifique) qui désirent effectuer des études ou un séjour de recherche dans un établissement supérieur accrédité, public ou privé, ou au sein des instituts de recherche nationaux dans les pays de V4[9]. Selon les données statistiques allant de l'année universitaire 2006/2007 jusqu'en janvier 2012, un total de 123 bourses ont été attribuées à des candidats qui, pour la plupart, étaient originaires d'Ukraine et de Biélorussie (puisqu'il existe des programmes spécifiques créés pour eux dans

---

[9] La bourse est attribuée pour 1 ou 2 semestres, ou pour toute la durée du programme d'études du 2e cycle.

le cadre du Fonds), les autres étant issus de Serbie et de Russie. De plus, depuis l'année 2012, le Fonds international de Visegrád, en coopération avec le Conseil national scientifique de Taïwan (NSC), offre des bourses pour les ressortissants de Taïwan, afin d'encourager les échanges avec les pays des régions éloignées.

Il ne faut pas oublier un autre programme régional regroupant tous les pays d'Europe centrale (y compris l'Autriche), qui est plus ancien que l'IVF et dont la Slovaquie est l'un des membres fondateurs[10], il s'agit du Programme d'échange centre-européen pour les études supérieures (CEEPUS). Il a été lancé sur la base de l'accord entré en vigueur en décembre 1994 et en mars 2013, les États membres ont signé un nouvel accord relatif à la poursuite du programme (CEEPUS III) pour une période de 7 ans[11].

De manière significative, le CEEPUS complète le plus grand programme européen de mobilité, c'est-à-dire Erasmus, et attire les candidats non seulement par ses partenariats signés entre les universités des pays historiquement et culturellement très proches, mais aussi par l'administration relativement faible disposant d'un système fonctionnel et efficace pour la gestion et l'administration de l'information.

Comme pour l'IVF, le CEEPUS est également ouvert aux pays non membres de l'UE, actuellement, l'Albanie, la Bosnie-Herzégovine, le Monténégro, la Macédoine, la Moldavie et la Serbie et depuis l'année scolaire 2009/2010, une université de Pristina au Kosovo est invitée à participer à ce programme [12]. Les candidats étrangers ayant la nationalité d'un des pays membres du programme et étudiant dans l'un des établissements supérieurs des États membres du programme peuvent postuler pour la bourse du programme CEEPUS. Les bourses peuvent également être attribuées aux citoyens des pays non associés au programme, sous condition qu'ils étudient (étudiants) ou travaillent (enseignant) à l'université d'un État membre et qu'ils remplissent la condition d'*equal statu* (c'est-à-dire qu'ils possèdent le même statut dans ce pays que les citoyens nationaux).

Entre 2006 et 2011, il y a eu au total 382 bénéficiaires de bourses d'études (étudiants, doctorants et enseignants) des pays tiers, ce qui représente 17,6 % du total de bourses octroyées. La plupart de ces boursiers étaient d'origine de Croatie, de Serbie et du Monténégro, où les étudiants de master étaient plus intéressés par la bourse que les thésards.

---

[10] Les pays fondateurs sont l'Autriche, la Slovaquie, la Pologne, la Hongrie, la Bulgarie, la Croatie et la Slovénie.
[11] Pour la diffusion de l'information, le site a été créé et est dirigé par la partie autrichienne du programme : <www.ceepus.info>. Chaque bureau national peut diffuser les informations générales pour les personnes. Le Bureau national CEEPUS-Slovaquie informe les candidats du programme CEEPUS sur le site <www.saia.sk>. Les organes responsables de la coordination et de la gestion coopèrent par le biais de médias traditionnels et électroniques.
[12] C'est un compromis dans la mesure où tous les États membres du programme ne reconnaissent pas l'indépendance du Kosovo.

Dans le cadre du programme en 2012, les établissements slovaques ont accueilli 632 boursiers étrangers : ces étudiants de 1er et 2ème cycle étant au nombre de 330, les doctorants au nombre 81 et les enseignants au nombre de 221 (cf. Graphique n° 5).

Graphiques n° 5 & 6

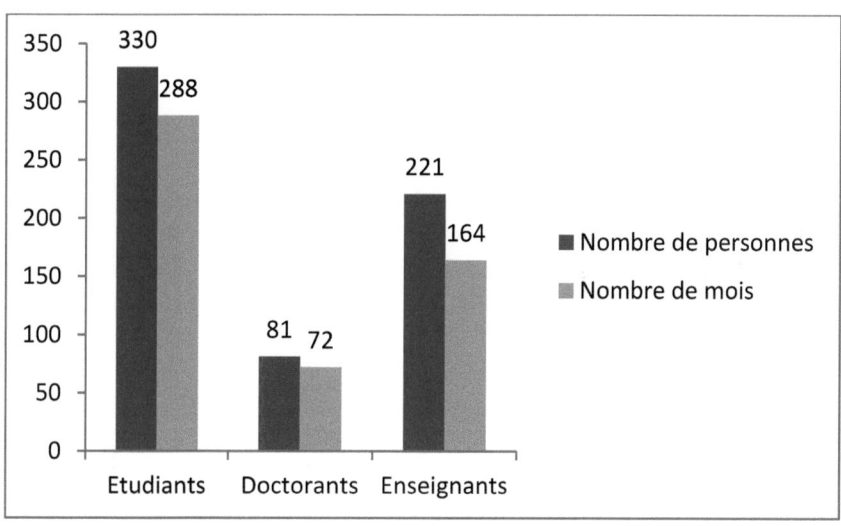

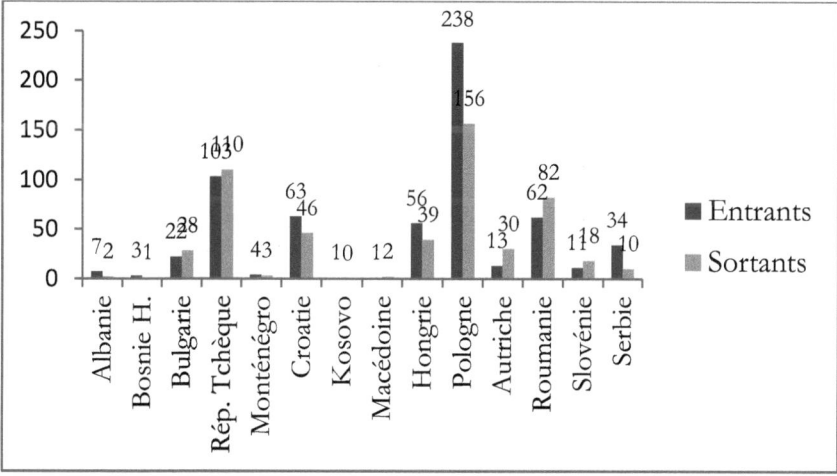

Source : SAAIC

La coopération de la Slovaquie est plus intense avec les pays du groupe de Visegrád, c'est-à-dire avec la Pologne, la République tchèque et la Hongrie, en dehors du V4, il s'agit surtout de la Roumanie et de la Croatie, tous ces pays étant membres de l'Union européenne. Ce qui est positif en comparant avec le programme Erasmus, c'est l'équilibre évident entre des étudiants entrants et sortants, comme on peut le voir sur le graphique n° 6 : dans le cas de la Pologne, on observe une différence de 235 étudiants entrants contre 156 étudiants sortants, pour la Croatie, 63 contre 46, et pour la Hongrie, 56 contre 39.

4. L'internalisation et la qualité de l'enseignement supérieur slovaque

La création du programme Erasmus et plus largement la mise en place de protocoles d'échanges d'étudiants au sein de l'Union européenne ont montré des bénéfices incontestables pour l'intégration européenne, ce que montre aussi l'Eurobaromètre de 2007 où la libre circulation des marchandises, des capitaux et des personnes est considérée comme le résultat le plus positif de la construction européenne. Si les statistiques officielles élaborées régulièrement montrent que les mobilités ne concernent qu'un nombre de personnes assez peu élevé, on ne peut pas nier qu'Erasmus participe à la formation du citoyen européen.

Mais le paysage de l'enseignement supérieur international connaît constamment des mutations profondes, et l'Europe doit actuellement faire face à d'autres enjeux, dont, par exemple, la concurrence accrue que livrent des pays comme la Chine et l'Inde [13]. Non seulement l'Europe doit attirer plus d'étudiants des autres continents, mais elle doit aussi doter les diplômés européens des compétences nécessaires pour mener une carrière internationale.

Si l'attractivité des universités européennes existe, elle reste très sélective. Selon l'OCDE en 2003, les établissements qui accueillaient le plus grand nombre d'étudiants étrangers, y compris non européens, sont surtout des établissements situés en Allemagne, en France et en Grande-Bretagne (Ballatore & Blöss, 2008).

Pour la France, par exemple, les étudiants étrangers inscrits en 2003 représentaient un taux de 10 % alors qu'entre les années académiques 1990-91 et 1998-99 le nombre d'étudiants étrangers était tombé de 136 300 à 122 100. Depuis, leur effectif progresse à un rythme annuel d'environ 12 %, supérieur à celui des étudiants français (Fabre et Tomasini, 2006). Au total, en 2003, les étudiants étrangers représentaient 13,7 % des effectifs des universités

---

[13] En 2003, selon les données de l'OCDE, la mobilité étudiante internationale se concentre autour de cinq pays : les USA (28 % d'étudiants étrangers), le Royaume-Uni (12 %), l'Allemagne (11 %), la France (10 %) et l'Australie (9 %) attirent 8 étudiants étrangers sur 10. Selon ces mêmes sources, il y aurait 1,5 million d'étudiants étrangers dans les pays de l'OCDE, dont 56 % proviennent de pays extérieurs à la zone OCDE. Le groupe national le plus important est représenté par les étudiants chinois, suivis des étudiants coréens et japonais. Quant à la France par ex., en 2003-2004, 245 300 étudiants étrangers poursuivent des études dans l'enseignement supérieur français, et 20 275 entrent par le programme Erasmus (8,2 % de l'ensemble des mobilités entrantes cette année-là en France).

françaises[14]. En Angleterre, la même année, ce taux était de 12 % de l'ensemble des inscrits, c'est-à-dire à un niveau comparable à la France.

Selon la Commission européenne, il est ainsi nécessaire de revoir le fonctionnement des 4 000 universités européennes, non pas uniquement sous l'angle international, mais aussi au regard de l'enseignement qu'elles dispensent aux étudiants européens dans leurs pays d'origine. Dans ce contexte, elle a inauguré, en juillet 2013, une nouvelle stratégie, intitulée « L'enseignement supérieur européen dans le monde », dont l'objectif est de garantir que les diplômés européens soient dotés des compétences internationales nécessaires pour travailler partout dans le monde et que l'Europe demeure la destination la plus attrayante pour les étudiants des autres continents.

La commissaire chargée de l'Éducation, de la Culture, du Multilinguisme et de la Jeunesse, Androulla Assiliou, s'est exprimée ainsi : « les universités européennes doivent avoir une vision mondiale. Il importe qu'elles mettent en place des stratégies destinées à tirer parti de la réputation d'excellence de l'enseignement supérieur en Europe. Elles doivent promouvoir la mobilité internationale de leurs étudiants et de leur personnel et offrir des programmes de cours innovants de qualité mondiale ainsi que d'excellentes possibilités d'enseignement et de recherche. Si de nombreuses universités européennes ont un bon réseau de relations au sein de l'UE, beaucoup, en revanche, n'ont pas de stratégie claire lorsqu'il s'agit de renforcer leurs liens avec des partenaires non européens. Il est urgent que les choses changent. La Commission aidera les États membres à constituer leurs réseaux internationaux d'enseignement supérieur. Il n'existe aucun modèle universel en la matière : chaque pays doit exploiter ses propres atouts » (Rapport Vassiliou, 2013).

Selon Gilles Rouet, l'enseignement supérieur slovaque a plusieurs points forts pour l'organisation de coopérations internationales (Rouet, Rošteková, 2013). En premier lieu, la loi sur l'enseignement supérieur accorde une grande autonomie, en matière de définition des programmes, de montage de programmes conjoints en partenariats internationaux, mais la « liberté » accordée est rarement utilisée par les acteurs du système. Vient ensuite le système d'accréditation des programmes d'enseignement, avec la garantie obligatoire d'un professeur des universités qui s'attache à mettre en correspondance les expériences et compétences des équipes avec les programmes et qui lie de fait les programmes avec l'activité scientifique. Le maintien d'un système sélectif à l'université, avec la prise en compte possible des résultats du secondaire et des modalités particulières pour les étudiants étrangers est un élément positif également. Enfin, l'organisation des études « externes » permet de trouver des modalités flexibles pour le montage de programmes spécifiques.

---

[14] Particulièrement nombreux en troisième cycle (où un étudiant sur quatre est étranger), ils sont également plus nombreux dans des filières comme « Économie et AES » (Administration économique et sociale), « Lettres et Sciences humaines » et « Sciences ».

Mais il y a aussi des points faibles, ainsi le financement de l'enseignement reste difficile. Malgré une multiplication par trois du nombre d'étudiants de premier cycle et de doctorat, la part des dépenses publiques consacrées à l'enseignement supérieur dans le PIB est passée de 0,98 % à 0,71 % entre 1989 et 2010. Cette diminution des dépenses réelles a évidemment affecté la qualité du système d'enseignement supérieur public. Les établissements doivent tenter de maximiser leur dotation budgétaire qui se décompose en deux parties : le financement institutionnel (transfert du budget de l'État et des subventions du fonds de la recherche VEGA) qui s'appuie sur des critères, en particulier relatifs à l'activité scientifique des équipes et le financement par projets après mise en concurrence (subventions de programmes spécifiques, fonds structurels, etc.).

L'importance et la nécessité d'une véritable stratégie internationale comme élément substantiel de la politique globale des établissements sont souvent évoquées par les responsables et les décideurs de tous les niveaux. Les défis à relever reposent tout à la fois sur une adhésion collective à un projet politique, sur une stratégie de marque et une démarche de ciblage précise. La dimension qualitative est comme le fil conducteur de la stratégie d'internationalisation des universités. Les démarches d'assurance de la qualité devraient contribuer à l'atteinte de ces objectifs.

Quelles sont alors les stratégies dans le domaine de l'enseignement supérieur en Slovaquie ? La question de la qualité est à l'ordre du jour de plusieurs gouvernements qui se sont succédé ces dernières années. Jozef Jurkovič du ministère de l'Éducation a souligné le fait que la qualité de l'enseignement est principalement de la responsabilité des établissements d'enseignement supérieur eux-mêmes ; ceux-ci étant autonomes, ils doivent adopter l'assurance qualité interne pour le bon fonctionnement du système. Il a souligné aussi que les universités ne se sont toujours pas approprié de stratégies marketing pour la promotion de leurs propres programmes et qu'elles devraient améliorer ses compétences d'information et de communication.

Selon Eugene Jurzyca, ministre de l'Éducation nationale en 2012, c'est surtout la création des programmes d'études conjointes avec les meilleures universités du monde qui pourraient contribuer de manière significative à la qualité des établissements slovaques. « De cette façon, nous pourrions créer en Slovaquie des possibilités d'étudier dans les universités de pointe, et en même temps, on permettrait un import plus massif en Slovaquie du savoir-faire des meilleures universités du monde » (Jurzyca chce na Slovensko..., 2012).

L'internationalisation des curriculums en Slovaquie n'est pas un phénomène tout à fait nouveau, celle-ci étant bien présente depuis au moins une décennie. Mais au début, il s'agissait surtout de « l'internationalisation interne » par le biais de la traduction en langues étrangères des programmes existants, mais sans changements significatifs dans les curriculums et les programmes puisque seuls les étudiants internes étaient concernés. Toutefois, c'est l'adhésion de la Slovaquie à l'UE en 2004 qui a contribué à la mise en place des consortiums à l'échelle internationale et à la participation à des projets avec les pays membres, et, ce qui est encore plus important, avec les « pays tiers ». En ce qui concerne les programmes conjoints eux-mêmes ou encore les partenariats internationaux institutionnalisés, la Slovaquie coopère surtout avec les pays du Partenariat oriental et les pays de l'Asie centrale, comme la Biélorussie, la Russie, l'Ukraine, la Moldavie ou le Kazakhstan (Arménie et Géorgie étant complètement absents) et encore les pays des Balkans, particulièrement la Serbie, la Bosnie-Herzégovine, les autres pays de la région (Macédoine, Albanie, Monténégro) étant en dehors de cette coopération. Pour les autres régions du monde, la participation reste très rare. Encore une fois, les proximités géographique et historique y jouent un rôle important.

La promotion à l'international de l'enseignement supérieur existe au niveau national mais n'est pas réalisée de manière systématique. Les activités du ministère de l'Éducation, coordonnées avec le ministère des Affaires étrangères, visent surtout les coopérations sur le principe bilatéral en promouvant les pays selon le nombre des accords signés. Ainsi, la Slovaquie renforce la coopération avec les pays sur le principe de réciprocité, c'est-à-dire avec les pays qui sont intéressés par la mobilité des étudiants, les échanges de personnel, etc.

Grâce aux contrats signés avec le ministère de l'éducation slovaque, l'Agence d'information académique de Slovaquie (SAIA) peut promouvoir l'enseignement supérieur et la recherche dans son ensemble. Elle informe sur les bourses et les études à l'étranger, élabore le matériel de promotion et participe aux forums nationaux et internationaux. Ses actions sont coordonnées avec le ministère de l'Éducation : en 2011 par exemple une liste des pays stratégiques, dont la Turquie, la Russie, l'Ukraine et la Chine, était élaborée conjointement. Dans la période précédente, l'agence nationale a été impliquée également dans la promotion des activités supervisées par la Commission européenne, notamment lors des forums *European Higher Education Fairs/Asia Link*, dans le cadre desquels elle déployait ses activités en Chine, Inde, Indonésie et au Vietnam.

Il ne faut pas oublier les activités des ambassades qui travaillent avec les organismes sur place. On peut mentionner, par exemple, les activités régulières de l'ambassade de Slovaquie en Macédoine qui coopère avec une organisation locale « Jeunes Info ». Globalement, les établissements d'enseignement supérieur n'ont pas souvent de stratégies marketing visant les étudiants étrangers, à l'exception des établissements dont la tradition internationale est historique, notamment les universités de médecine ou vétérinaire, ou encore les universités pharmaceutiques.

Afin de promouvoir l'internationalisation, les pays formulent leurs politiques et leurs stratégies. Si dans le cas de la Slovaquie on ne peut pas encore parler de stratégies cohésives au niveau national, on peut observer plusieurs projets au sein des établissements. Citons par exemple l'Université de Žilina qui, depuis 2011, met en œuvre le projet « Développement de la culture de la qualité basée sur les normes européennes de l'enseignement supérieur », dont l'objectif est de créer une stratégie d'amélioration continue de qualité interne, y compris le système d'information, tant à l'intérieur qu'à l'extérieur, ainsi que le système de vérification de sa fonctionnalité et de son efficacité. Le projet vise à identifier les obstacles à l'application des normes et directives de l'enseignement supérieur compatibles avec les autres pays européens. Sont également importants les projets visant à encourager la mise en place de formations en partenariat international, cofinancées par le ministère de l'Éducation ou l'UE, qui pourraient aider à l'élaboration de stratégies internes d'assurance qualité, un véritable défi pour l'internationalisation. Citons, par exemple, le projet de l'Université Matej Bel de Banská Bystrica, intitulé « Aide à la mise en place des programmes d'études en langues étrangères », lancé en 2010, qui est dans sa dernière phase d'application.

Une approche stratégique à l'internationalisation est essentielle non seulement pour la prospérité des établissements eux-mêmes, mais aussi pour la prospérité nationale dans l'économie compétitive globale du savoir. L'enseignement international est lié à plusieurs politiques du pays, à savoir : l'enseignement et la recherche, les affaires étrangères, le commerce, le développement économique, l'innovation et l'immigration. Il faut déplorer que la faible formalisation d'une politique nationale induit une approche fragmentaire et peu coordonnée de l'internationalisation de l'enseignement supérieur, à l'évidence moins efficace.

Références

Ballatore, Magali, & Blöss, Thierry. 2008. L'autre réalité du programme Erasmus : affinité sélective entre établissements et reproduction sociale des étudiants. *Formation emploi*, 103, juillet-septembre, sur <http://formationemploi.revues.org/2478> (10.2.2014).

Bolečeková, Martina. 2013a. Využívanie slobody pohybu občanmi Európskej únie. In Bolečeková, Martina (ed.). *Dimenzie občianstva Európskej únie*. Banská Bystrica: Belianum. pp. 61-69.

Bolečeková, Martina. 2013b. Multidimenzionálny prístup pri výučbe o nástrojoch boja proti chudobe. In : Svitačová, Eva (ed.). *Globálne rozvojové vzdelávanie v edukačnom procese na ekonomických fakultách*. Nitra: Katedra spoločenských vied, Slovenská poľnohospodárska univerzita v Nitre, pp. 83-90.

Čajka, Peter, & Terem, Peter. 2007. Koncepcia budovania poznatkovo-orientovanej spoločnosti. In: *Znalostní ekonomika: trendy rozvoje vzdělávání, vedy a praxe*. Zlín : Univerzita Tomáše Bati.

Commission européenne, 2012, *Communiqué de presse du 8 mai*, IP/12/454, sur <http://europa.eu/rapid/press-release_IP-12-454_fr.htm?locale=fr> (15.2.2014).

Eurostat, 2009, *The Bologna Process in Higher Education in Europe. Key indicators on the social dimension and mobility*, sur <http://www.ond.vlaanderen.be/hogeronderwijs/bologna/conference/documents/2009_Eurostat_Eurostudent_social_dimension_and_mobility_indicators.pdf> (20.2.2014).

Fabre, Jérôme, & Tomasini, Magda. 2006. Les étudiants étrangers en France et français à l'étranger. In : *Données sociales. La société française*, sur <http://www.insee.fr/fr/ffc/docs_ffc/donsoc06l.pdf> (20.2.2014).

Godbert, Antoine. 2012. *25 ans d'Erasmus: un programme-ciment de la construction européenne*, sur <http://www.huffingtonpost.fr/2012/03/23/anniversaire-erasmus-echanges-etudiants-europe_n_1374750.html> (20.2.2014).

Gura, Radovan, & Rouet, Gilles. 2011. *Les Universités en Europe Centrale 20 ans après. Volume 1: Transformations et enjeux*. Bruxelles: Bruylant.

Holubová, Maria, & Sedlická. 2013. Prezentácia slovenskej identity v kontexte európskej únie. Využívanie slobody pohybu občanmi Európskej únie. In Bolečeková, M. (ed.) *Dimenzie občianstva Európskej únie*. Banská Bystrica: Belianum. 2013, pp. 135-144, ISBN 978-80-557-0651-1.

Jallade, Jean-Pierre, Gordon, Jean, & Lebeau, Noëlle. 1996. *Student mobility within the European Union : A statistical analysis*, Commission européenne, European Institute of Education And Social Policy.

Kosová, Beata & Rouet, Gilles. 2013. L'enseignement supérieur et le Processus de Bologne en Slovaquie. In *Revue internationale d'éducation Sèvres*, avril, n° 62, pp. 19-25.

Kroměříž declaration, 2004. Declaration of Prime Ministers of the Czech Republic, the Republic of Hungary, the Republic of Poland and the Slovak

Republic on cooperation of the Visegrád Group countries after their accession to the European Union, 12 May (The Kroměříž Declaration:), sur <http://www.visegradgroup.eu/2004/declaration-of-prime> (11.11.2013).

Kučerová, Jana, & Vetráková, Milota. 2011. Bologna process and implementation in tourism higher education at the Faculty of Economics, Matej Bel University, Banská Bystrica. In *Modernizacia i vnedrenie biznes obrazovatelnych programm podgotovki kadrov dla turindustrii*. Sbornik naučnych statej. Vitebsk, pp. 19-36.

Lesáková, Dagmar, Dzimko, Marian, & Farkašová, Viera. 2012 *Uplatnenie absolventov vysokých škôl na trhu práce*, Lifelong Learning, SAAIC, 2012, on-line <web.saaic.sk/llp/sk/doc/rozne/survey_employability.pdf>.

Mäsiar, Ondrej. 2012. *Erasmus na Slovensku v troch grafoch 2000-2010*, sur <http://www.mladiinfo.sk/01/05/2012/erasmus-na-slovensku-v-troch-grafoch-2000-2010/> (20.2.2014).

Pálková, Janka. 2011. Évolution des systèmes d'évaluation dans l'enseignement supérieur. In Gura, Radovan, & Rouet, Gilles. *Les Universités en Europe Centrale 20 ans après. Volume 1: Transformations et enjeux*. Bruxelles: Bruylant, pp. 147-152.

Rais, Ivan. 2006. *Vývoj ukazovateľov slovenského vysokého školstva v rokoch 1990 - 2005 a výhľad do roku 2020*. Bratislava: Ústav informácií a prognóz školstva, Odbor VŠ.

Rouet, Gilles, & Rošteková, Maria. 2013. *Regards croisés sur la Slovaquie contemporaine*. Banská Bystrica: Univerzita Mateja Bela.

Rouet, Gilles, & Rošteková, Maria. 2014. *The Visegrád Group - a model to follow?* A paraître.

SAAIC, 2012, Rapport, sur <http://www.saia.sk/_user/ceepus-sprava-za-rok-2012.pdf> (20.2.2014).

SME, 2012, Jurzyca chce na Slovensko dotiahnuť špičkové univerzity. 23.1.2012, sur <http://www.sme.sk/c/6228965/jurzyca-chce-na-slovensko-dotiahnut-spickove-univerzity.html> (20.2.2014).

Správa, Slovenskí študenti nemajú záujem o Erazmus, 2011, in *Hospodárske noviny*, sur <http://hnonline.sk/c1-53835450-slovenski-studenti-namaju-zaujem-o-erazmus)> (20.2.2014).

Sussex Centre for Migration Research, University of Sussex, and Centre for Applied Population Research, University of Dundee. 2004, *Report on International student mobility*, Juillet, Commissioned by HEFCE, SHEFC, HEFCW, DEL, DfES, UK Socrates Erasmus Council, HEURO, BUTEX and the British Council, Issues paper, 115 p.

Terem, Peter. 2013. *Úvod k Zborníku vedeckých prác k Európskemu roku občanov. Dimenzie občianstva Európskej únie*. Banská Bystrica: Belianum. Vydavateľstvo Univerzity Mateja Bela v Banskej Bystrici, Fakulta politických vied a medzinárodných vzťahov, 2013.

Uhlerová, Maria. 2012. *Odbory na Slovensku po roku 1989 v kontexte sociálneho partnerstva*. Banská Bystrica: Univerzita Mateja Bela.

Vassiliou, Andoulla. 2013, *Les universités européennes doivent avoir une vision mondiale*. Rapport pour la Commission européenne. IP/13/678. 11.7.2013, sur <http://europa.eu/rapid/press-release_IP-13-678_sk.htm> (20.2.2014).

Choisir sa mobilité : vers un nouveau classement européen des universités

MURIEL BOURDON

L'Union européenne s'est récemment dotée d'un nouveau classement des universités appelé U-multirank. Qu'apporte-t-il dans la suite des classements mis en œuvre depuis les années 2000, dont les plus célèbres d'entre eux sont ceux de Shanghai et du Times Higher Education ? La faible place réservée aux universités européennes semblerait être la première raison du lancement d'U-multirank dans une Europe qui souhaite rayonner sur la scène internationale. L'agenda de Lisbonne n'ambitionne-t-il pas de faire de l'Union européenne « l'économie de la connaissance la plus dynamique et la plus compétitive au monde » ? Cependant l'étude des critères mis en place dans ce nouveau classement laisse penser à une autre approche de l'enseignement supérieur et de ses missions. Elle semblerait confirmer la volonté européenne de favoriser la mobilité de 4 millions de personnes tout en permettant à l'utilisateur de faire son propre choix et selon ses propres critères. L'enjeu de cet article est donc de montrer qu'U-multirank est un outil complémentaire aux classements internationaux existants qui pourrait séduire de nombreux pays sous-représentés dans le palmarès mondial des universités.

Actuellement, l'Europe accueille environ 45 % de l'ensemble des étudiants internationaux. Cependant avec la Chine, l'Inde et les autres grandes puissances économiques qui investissent de plus en plus dans l'enseignement supérieur, l'image de marque des universités européennes est un élément clé (Hall, 2013).

L'image de marque des universités européennes qu'évoque le chercheur Marc Hall est depuis une décennie mise à mal par les classements internationaux. Or les critères avancés par les palmarès universitaires mondiaux depuis les années 2000 semblent s'adresser essentiellement à une élite. L'annonce faite en 2013 par l'Europe d'un nouveau classement répond-elle à la nécessité d'exister sur un marché global de l'enseignement supérieur ou signifie-t-elle une nouvelle façon d'évaluer les universités ?

Afin de mieux comprendre les enjeux qui se trament derrière les classements internationaux, une approche historique permettra dans un premier temps d'en explorer les fondements, les normes qualité et la légitimité. Elle concernera les deux systèmes d'évaluation devenus célèbres : ceux de Shanghai et du *Times Higher Education*. Dans cette perspective, l'initiative européenne U-Multirank sera ensuite étudiée en tant que stratégie, système et dans sa mise en œuvre. De ces deux analyses des systèmes internationaux de classement et du système européen pourra alors en seconde partie émerger une analyse critique de U-Multirank et de sa signification : s'agit-il d'une réponse à la mondialisation ou d'une nouvelle approche de l'évaluation de l'enseignement supérieur ?

1. Anciens et nouveaux classements

À l'aube du XXIè siècle, plusieurs classements des universités ont émergé dans un contexte de globalisation avec notamment deux références phares : l'ARWU et *The Times Higher Education* (THE). De nombreux rapports ont souligné la nécessité de remettre en cause ces systèmes élitistes. L'Union européenne a ainsi décidé de lancer son propre classement au nom d'une approche impartiale, multicritères et facile d'utilisation pour les étudiants.

Une approche historique des classements

L'origine des systèmes de classement daterait des années 1980. Comme le rappellent les chercheurs Susan L. Robertson et Kris Olds : « Depuis les années 1980, en lien avec le déploiement du néo-libéralisme en tant que projet de réorganisation » (Harvey 2005), l'idée que les étudiants étaient des consommateurs et que leurs choix (de consommateurs) dépendaient de l'information sur la qualité d'une institution a abouti à l'expansion rapide d'un commerce de publications sur les « meilleures affaires ». Ce commerce constitué de journaux et organisations dédiées à l'éducation a commencé à publier des guides sur les meilleures universités et grandes écoles du *Good universities guide* (Australie) à la Bertelsmann Stiftung en Allemagne. Cependant ceux-ci étaient majoritairement nationaux dans leur orientation (Robertson, Olds, 2011).

Le classement de Shanghai : En 1998, l'université Shanghai Jiao Tong est sélectionnée par le gouvernement chinois pour établir un classement mondial des universités. En 2003, le classement de Shanghai (*Academic Ranking of World Universities* – ARWU) est le premier à considérer un classement au niveau global. Il s'adresse majoritairement au monde de la recherche, comptant dans ses six indicateurs le nombre de prix Nobel et médailles Fields, le nombre de publications dans des ouvrages scientifiques (Nature and Science) et d'articles indexés (Science citation index), le nombre de chercheurs les plus cités et la performance académique au regard de l'institution. Depuis 2006, le classement se fait par disciplines scientifiques.

Par exemple, en 2013 les vingt premières universités sont américaines avec en tête Harvard et Stanford suivies de Berkeley et du MIT. En Europe, l'Allemagne a pour la première fois plus d'universités que le Royaume-Uni. Cependant, si quatre d'entre elles figurent dans le top 100, les Anglais en ont neuf (MacGregor, 2013). L'Europe compte 202 universités dans le top 500, les Amériques 182, l'Asie Océanie 112 et l'Afrique 4. Dans le classement par matières, les seules universités européennes présentes sont Cambridge, Pierre et Marie Curie et l'ETH de Zurich comme le montre le tableau ci-dessous :

Natural sciences and mathematics	Harvard, Berkeley, Caltech, Princeton and Cambridge
Engineering-technology and computer sciences	MIT, Stanford, Berkeley, University of Texas Austin and University of Illinois at Urbana–Champaign.
Life and agricultural sciences	Harvard, Cambridge, MIT, University of California (UC) San Francisco and Washington (Seattle).
Clinical medicine and pharmacy	Harvard, UC San Francisco, Washington (Seattle), Johns Hopkins and Columbia.
Social sciences	Harvard, Chicago, Stanford, Columbia and Berkeley.
Mathematics	Princeton, Harvard, Berkeley, Cambridge and Pierre & Marie Curie.
Physics	Harvard, MIT, Berkeley, Caltech and Princeton
Computer science	Stanford, MIT, Berkeley, Princeton and Harvard
Economics-business	Harvard, Chicago, MIT, Stanford and Berkeley
Chemistry	Harvard, Berkeley, Stanford, Cambridge and ETH Zurich.

Le classement du Times Higher Education : Le classement du *Times Higher Education* initié en 2004, soit un an après celui de Shanghai, prend en compte six critères couvrant l'enseignement et la recherche. Il est fondé sur des données bibliométriques et des sondages de réputation auprès des pairs et des employeurs. Depuis 2009, le *Times Higher Education* a choisi d'abandonner sa collaboration avec Quacquarelli Symonds pour s'associer à l'institut de sondage Reuters.

Le dernier classement, en date d'octobre 2013, fait ressortir la domination des États-Unis et de la Grande-Bretagne dans le top 30, une progression de l'Asie dans le top 50, mais un recul de l'Europe. Selon le professeur Hans de Wit de l'université d'Amsterdam, cette baisse s'expliquerait par le contexte économique. Selon ses propos adressés au *Times Higher Éducation* « depuis plusieurs années, les gouvernements européens ont réduit ou gelé les investissements dans l'enseignement supérieur et la recherche, en raison de la crise économique – bien qu'ils aient dans le même temps prétendu l'inverse, étant donnée l'importance du secteur dans l'économie globale de la connaissance » (Blitman, 2013). Or, poursuit l'enseignant, cette réduction des dépenses intervient « au moment où ailleurs, notamment en Asie, l'investissement augmente, qu'il s'agisse de ressources publiques ou privées ». Enfin, l'écart se creuse entre l'Europe du Nord et celle du Sud où les universités espagnoles, italiennes, grecques ou portugaises n'atteignent pas le top 200.

Les classements présentés ci-dessus ont fait l'objet de rapports de la part de différents organismes.

UNESCO : Ellen Hazelkorn est l'auteur principal d'un récent rapport de l'UNESCO et de l'OCDE sur le classement des universités intitulé *Rankings and Accountability in Higher Education : Uses and Misuses* (Hazelkorn, 2013). Elle note que le succès des universités américaines est lié à d'énormes sources de financement. À titre d'exemple, en 2010, l'université d'Harvard a reçu 596,96 millions de dollars de dons. Or elle souligne que 90 à 95 % des étudiants ne vont pas étudier dans ces institutions dont le budget serait d'un milliard et demi pour les 100 premières réunies.

Ellen Hazelkorn a sans doute été choisie pour coordonner la rédaction du rapport de l'UNESCO en raison de son livre intitulé *Rankings and the Reshaping of Higher Education: The Battle for Excellence* paru en 2011 et qui a trouvé un large écho dans la presse. Selon elle, « certaines facultés sont d'avis que les classements ont généré un sentiment de panique au sein des dirigeants de l'enseignement supérieur ». Cette « pathologie » s'est exacerbée avec la crise. Ainsi, les classements « sont l'aboutissement inévitable et la métaphore de l'intensification de la compétition mondiale. L'enseignement supérieur… l'ancêtre du capital humain et du savoir est devenu l'enjeu de confrontations géopolitiques visant à acquérir une plus grosse part du marché mondial ».

Elle note ainsi l'émergence d'une culture de l'audit qui a un impact sur les enseignants et leur façon de concevoir leur métier. Leur conception a ainsi basculé d'une « profession relativement autonome opérant avec un code autorégulé de collégialité vers une main-d'œuvre gérée de façon organisationnelle tout comme les autres employés ». Par conséquent, les contrats d'embauches sont de plus en plus liés aux performances académiques et aux publications et les institutions recherchent les meilleurs profils.

Dans ce même rapport de l'UNESCO figure l'analyse du professeur Okebukola sur « une perspective africaine des classements. » Le système d'enseignement supérieur africain connaîtrait la plus forte croissance selon les statistiques de l'UNESCO parues en 2010. Ce phénomène pose un problème de qualité de l'enseignement face à la croissance du nombre d'étudiants note Okebukola. Il constate par ailleurs que les classements de Shanghai ou encore du *Times Higher Education* ne sont pas adaptés à la situation locale dans la mesure où « plus de 90 % des institutions ne sont pas pris en compte par les top leagues » (Okebukola, 2013). Seules trois universités sud-africaines figuraient en 2010 dans le top 500 du classement ARWU.

Pourtant le Nigéria fut le premier État subsaharien à classer ses universités en 2001. La Tunisie a également très tôt adopté un système. Face à l'absence des universités africaines dans les classements internationaux, l'Union africaine a mis en place en 2010 l'*African Quality Rating Mechanism* (AQRM) qui rassemble 34 institutions et dont les critères figurent dans le tableau ci-dessous.

Standard	No of rating items
1. Institutional Governance and Management	9
2. Infrastructure	8
3. Finance	7
4. Teaching and Learning	8
5. Research, Publications and Innovations	8
6. Community/Societal Engagement	8
7. Programme Planning and Management	8
8. Curriculum Development	7
9. Teaching and Learning (in relation to Curriculum)	7
10. Assessment	6
11. Programme Results	4

Figure 1. AQRM Standards/Clusters d'indicateurs
(Okebukola, 2013, p 148)

Le professeur Okebukola note comme point de convergence avec les classements internationaux, la promotion de la qualité de l'enseignement supérieur, objectif affiché du plan d'action de la deuxième décennie d'éducation de l'Union africaine. Toutefois il remarque que la gouvernance, la gestion et les finances sont absentes des indicateurs internationaux. Il est intéressant de noter dans ses propos que la logique qui gouverne cette évaluation n'est pas dirigée contre une autre institution dans un esprit de compétition, mais qu'elle a pour but d'améliorer la performance de l'institution évaluée.

Qu'en est-il de l'Amérique latine ? Selon Imanol Ordorika et Marion Lloyd, malgré une tradition d'enseignement datant de plus de 500 ans, seules une douzaine d'universités sont représentées dans le top 500. D'après les auteurs, les principaux facteurs de cette absence sont d'une part le manque de moyens pour la recherche et surtout la non-prise en compte du rôle plus global des universités en Amérique latine (Ordorika, Lloyd, 2013). Les universités joueraient un rôle d'aide à la construction de l'État et de ses institutions et auraient un impact social et culturel que les classements internationaux ne prennent pas en compte.

Ainsi en mai 2011, les acteurs principaux du monde de l'éducation supérieure en Amérique latine et dans les Caraïbes se sont réunis sous l'égide de l'UNESCO. Ils ont signé un document dénonçant les effets négatifs des classements. Parmi les points évoqués figure le fait d'imposer, à travers les classements, un modèle d'université qui ignore la diversité des systèmes. Selon les deux auteurs « la logique et la méthodologie vont à l'encontre des déclarations internationales sur l'enseignement supérieur ». L'UNESCO a en effet adopté en 1998 le principe de bien public à l'égard de l'éducation dont le but est d'éliminer « la pauvreté, l'illettrisme, la faim, la dégradation de l'environnement et les maladies » (UNESCO, 1998). De même, en 2008, la délégation d'Amérique latine a défendu lors de la conférence mondiale le principe humaniste de l'éducation en affirmant que celle-ci « ne doit pas seulement développer des compétences pour le monde présent et futur, mais également contribuer à l'éducation de citoyens éthiquement responsables, engagés dans une culture de la paix, la défense des droits de l'homme, et des valeurs démocratiques » (ISEALC, 2011). À titre d'exemple de cette mission universelle (universitas) les auteurs citent l'*Universidad Nacional Autonoma* de Mexico qui a participé à la mise sur pied du système judiciaire mexicain, formé de nombreux fonctionnaires, et participé au renouveau culturel de la région. Or, les classements ne prennent en compte que ses performances en matière de recherche et d'enseignement.

Tout comme en Afrique, un système d'évaluation a été mis en place qui omet volontairement d'établir d'une hiérarchie entre les institutions, mais permet aux utilisateurs d'utiliser ses propres indicateurs. Il s'agit d'ECUM, proposé par l'UNAM qui propose un outil en ligne interactif regroupant 2 600 universités et centres de recherche.

Concernant l'Asie, l'exemple de la Malaisie pris par Sharifah Hapsah montre l'impact de la chute de deux universités dans le classement en 2005 sur le pays. Le leader de l'opposition au Parlement a été conduit à demander une enquête à la Commission royale à ce sujet. La stratégie du gouvernement malais, intitulée « Au-delà de 2020 » (2007-2010) s'imprègne selon Sharifah Hapsah des exigences des classements et ambitionne de faire des institutions de l'enseignement supérieur les meilleures au monde. Cette stratégie a cependant été revue à la baisse en raison des moyens financiers et humains considérables nécessaires : « Les meilleures vingt universités ont environ 2 500 employés, sont capables d'attirer et de garder les meilleurs personnels (haute sélection) et ont un budget d'environ 1 milliard de dollars en dotation et de 2 milliards de dollars en budget annuel » (Sharifa Hapsah, 2013).

EUA : L'Union des universités européennes, basée à Bruxelles, a elle aussi publié deux rapports sur le classement des universités dont le dernier paru en 2013 s'intitule *Global university rankings and their impact* (Rauhvargers, 2013).

L'auteur de ce rapport, Andrejs Rauhvarger reproche aux systèmes de classement de ne couvrir qu'une petite partie des institutions soit 1 à 3 % de l'ensemble des universités. De plus, certaines disciplines telles que les sciences sociales, les arts et les humanités sont sous-représentées en raison des critères bibliométriques. Par ailleurs, l'anglais est la langue dominante des publications, ce qui exclut de nombreux articles rédigés dans d'autres langues. (Tamburi, 2011). À titre d'exemple, en Amérique latine, parmi les bases de données recensant les journaux scientifiques telles que Latindex, 71 % des productions sont en espagnol, 18 % en portugais et 11 % en anglais (Ordorika, Lloyd, 2013).

Enfin, toujours selon Rauhvarger, le classement conduit à des inégalités de recrutement. À titre d'exemple, la politique d'immigration des Pays-Bas favorise les étudiants ayant des diplômes issus des meilleurs 200 établissements. En effet, depuis 2008 les étudiants postulant au statut de migrant très qualifié doivent posséder un diplôme de Master d'un des 200 meilleurs établissements classés par THE, ARWU ou QS. Il en est de même pour le Brésil et pour l'Inde en matière de coopération internationale et d'ouverture de nouveaux campus.

Rapport du Sénat français : Le Sénat français a également fait paraître un rapport en 2008 intitulé « Enseignement supérieur, le défi des classements » présenté par Joël Bourdin. Celui-ci a mené une enquête sur l'impact des classements sur les universités françaises. Parmi les 106 dirigeants d'établissements interrogés, 75 % ont répondu. Les résultats sont les suivants :
- 71 % jugent le classement de Shanghai utile ;
- 61 % ont pour objectif explicite d'améliorer leur rang dans le classement de Shanghai ;
- 83 % ont pris des mesures concrètes destinées à améliorer leur rang dans les classements internationaux.

Néanmoins :
- 15 % pensent que le classement de Shanghai est nuisible ;
- 31 % déclarent ne pas connaître leur place dans ce classement ;
- 24 % ne connaissent pas les indicateurs et le classement du *Times Higher Education*.

Joël Bourdin met en avant une des particularités du système français qui expliquerait la faiblesse des résultats dans les classements : « cet aperçu des performances […] souligne le fossé existant entre grandes écoles et universités, et suggère que ce fossé est l'une des causes des faiblesses de la recherche française, puisqu'il continue à drainer massivement les meilleurs étudiants vers les entreprises et la haute administration, sans passage par le doctorat, pourtant considéré comme la clef de la réussite dans d'autres pays » (Bourdin, 2008).

Il montre que les chercheurs français sont désavantagés par rapport à leurs homologues anglo-saxons : « les bases favorisent nettement les chercheurs anglophones puisque les articles référencés sont presque exclusivement en anglais. En conséquence les disciplines internationalisées sont favorisées, là encore au détriment des sciences humaines et sociales. »

L'auteur suggère au gouvernement de devenir acteur du classement avec « la définition de règles du jeu connues d'avance. » Il propose une classification européenne des établissements partant du constat qu'il n'existe aucune typologie ni à l'échelle européenne, ni à l'échelle mondiale. Il insiste sur le fait que les établissements ne partagent pas *de facto* les mêmes objectifs : pluridisciplinarité/spécialisation, rayonnement mondial/régional, recherche/exploitation professionnelle des savoirs, formation professionnelle de tous les âges. Il propose une classification multidimensionnelle et flexible. Il souligne également la nécessité de laisser à l'utilisateur le choix de ses priorités parmi les indicateurs mis à sa disposition. Il cite pour exemple le *ranking* allemand effectué par le *Centrum für Hochschulentwicklung*.

> Exemples d'indicateurs utilisés par le *Centrum für Hochschulentwicklung* (CHE) pour ses évaluations
>
> - *Indicateurs factuels* :
> * montant moyen des financements extérieurs (rapporté au nombre d'universitaires) ;
> * nombre moyen de doctorats (par professeur) ;
> * nombre de publications par universitaire (sur trois ans) ;
> * nombre moyen d'« inventions » (pour les disciplines scientifiques) ;
> * nombre de citations par publication.
> - *Indicateurs d'opinion : l'opinion des étudiants*
> * sur la relation avec les professeurs ;
> * sur la relation avec les autres étudiants ;
> * sur les cours proposés ;
> * sur l'organisation des études ;
> * sur la bibliothèque ;
> * sur les locaux ;
> * sur les moyens multimédias ;
> * sur la préparation à l'entrée sur le marché du travail ;
> etc.
> - *Indicateurs d'opinion : l'opinion des professeurs*
> * institutions recommandées par les professeurs pour la qualité de l'enseignement ;
> * institutions recommandées par les professeurs pour la qualité de la recherche.
>
> Source : CHE sur <http://www.che.de> (15.3.2014)

Ce constat a certainement pesé dans l'initiative de la présidence française de l'Union européenne d'instaurer un nouveau classement européen.

2. Une initiative européenne : U-multirank

L'Union européenne a donc décidé d'impulser son propre classement à l'initiative de la présidence française de Nicolas Sarkozy en 2008. Deux millions d'euros de financement ont été accordés par le programme Éducation et formation afin de développer le système de classement.

Le but d'U-multirank : selon Odile Quintin, directrice générale Éducation et culture à la Commission européenne, le classement de Shanghai serait essentiellement ancré sur la production de prix Nobel et donc trop limité. Elle pense que les universités ont un grand rôle à jouer dans le domaine de la recherche, mais aussi dans l'enseignement et l'employabilité des étudiants. Pour cette raison, l'Union européenne souhaite promouvoir un classement alternatif afin de mesurer toutes ces dimensions : il s'agit d'U-Multirank. L'annonce d'un appel d'offres a été faite le 13 novembre 2008.

Ce projet est actuellement conduit par le centre pour le développement de l'Enseignement supérieur en Allemagne et par le Centre d'études pour la politique en matière d'enseignement supérieur aux Pays-Bas. La stratégie dévoilée le 11 juillet 2013 vise à donner un système de classement impartial, multicritères et facile d'utilisation pour les étudiants afin de leur fournir les compétences leur permettant de travailler dans le monde tout en faisant de l'Europe une destination de choix (Hall, 2013). Le but est d'offrir un guide à l'interface plus interactive qu'une liste d'universités.

À travers ce choix ressortent plusieurs objectifs de la Commission européenne. Le premier vise à sortir d'un classement élitiste favorisant les universités américaines. U-Multirank entend faire rayonner les universités européennes dont le système universitaire est parfois très différent du système anglo-saxon, ce qui les pénalise. En France ou en Allemagne, ce sont des instituts indépendants de l'université qui conduisent majoritairement des travaux de recherche. Le second objectif d'U-Multirank est de lutter contre les inégalités de recrutement dues au classement des universités. Enfin et surtout ce classement ambitionne d'offrir aux étudiants d'autres critères que celui de la recherche.

Une phase test avec U-map pour le profilage des institutions : de 2004 à 2009 l'Union européenne a financé U-map, un système de classement s'inspirant du modèle américain de classification appelée Carnegie. Le programme a été conduit par le *Center for Higher Education Studies* de Twente aux Pays-Bas sous la direction de Frans van Vught. Le premier rapport décrivant les principaux axes du programme est paru en 2005. Plusieurs rapports ont suivi, la phase de mise en œuvre ayant eu lieu en 2010-2011. Les Pays-Bas et les pays nordiques ont décidé de soutenir largement cette initiative. Ainsi plus de cinquante institutions aux Pays-Bas et d'une centaine en Islande, Danemark, Finlande, Norvège et Suède ont participé à ce programme.

Cet outil de classification et non de classement des universités représente ce que font les institutions en fonction de critères précis et permet aux utilisateurs d'interagir. Le résultat est présenté sous forme de diagrammes décomposés en rayons appelés « Sunburst graphs ». Six dimensions constituent l'essentiel de l'outil : enseignement et apprentissage, transfert de connaissances, le corps étudiant, l'orientation internationale, l'implication dans la recherche et l'engagement régional.

Actuellement, la base de données regroupe environ 300 profils. En dehors de l'Europe, le Martin Institute de l'université de Melbourne en Australie a adopté ce système.

U-multirank pour un classement multidimensionnel des universités : l'apport de U-multirank qui s'appuie sur cette première expérience est de préciser la façon dont les universités remplissent les missions détaillées dans U-map et de les classer (Hazelkorn, 2013).

La première phase test (de novembre 2010 à mars 2011) a porté sur 157 établissements présents dans 57 pays. Les résultats présentés le 9 juin 2011 par Frank Ziegele, responsable du projet porté par le consortium CHERPA se sont avérés concluants (Oui, 2011). Si les États-Unis et la Chine ont été peu présents, le Moyen-Orient et l'Amérique latine, l'Afrique et l'Australie ont montré leur intérêt. Les données recueillies sous forme de questionnaires ont été recoupées avec les statistiques nationales.

Frank Ziegele reconnaît la difficulté de mesurer l'implication de l'université sur le territoire régional. À cet effet, des critères tels que les stages, l'insertion des diplômés, les relations universités/entreprises à travers la publication d'articles ont été retenus.

Le principe du schéma sous forme de rayons de soleil est utilisé au niveau institutionnel. Un autre schéma s'applique pour les comparaisons, celui d'un tableau utilisant les couleurs de feux de circulation (le vert, le jaune et le rouge pour la mention très bien, moyenne, insuffisante) afin de montrer la performance des institutions (Hazelkorn, 2013).

La phase d'application du classement européen U-Multirank s'est déclenchée en 2012. L'outil U-Multirank concerne actuellement plus de 500 institutions. Le système de classement doit répondre aux besoins de l'utilisateur (étudiant, chercheur, chef d'entreprise) lui donnant accès à un classement personnalisé en fonction de ses critères. Il se fonde sur une série de facteurs dans cinq domaines distincts : la réputation en matière de recherche, la qualité de l'enseignement, l'ouverture sur l'international, la réussite en matière de transfert de connaissances et de technologies (par exemple les partenariats avec les entreprises) et la contribution à la croissance régionale. Ce dernier indicateur est de poids en France où les collectivités locales participent activement au financement de l'enseignement supérieur. À terme, il est prévu que l'outil soit utilisé par des institutions implantées dans le reste du monde.

Dimension	Institutional ranking	Field-based rankings
Teaching & Learning		
Student-staff-ratio		X
Graduation rate (BA and - separately - MA)	X	X
Percentage of academic staff with PhD		X
Percentage of students graduating within normative period (BA and –separately - MA)	X	X
Rate of graduate employment	X	X
Inclusion of work experience in degree programme		X
Indicators from the student survey		X
Overall learning experience		X
Quality of courses & teaching		X
Organisation of program		X
Contact to teachers		X
Social climate		X
Facilities (libraries, laboratories, rooms, IT)		X
Research orientation of teaching programme		X
Inclusion of work experience /practical elements		X
Research		
External research income (per fte academic staff)	X	X
Doctorate productivity		X
Total research publication output (per fte academic staff)*	X	X
Art related output	X	
Field-normalised citation rate*	X	X
Highly cited research publications *	X	X
Interdisciplinary research publications*	X	X
Research orientation of teaching (student survey)		X
Number of post-doc positions	X	
Knowledge Transfer		
Income from private sources (service contracts, consultancies, licenses, royalties, clinical trials, etc.)	X	X
Joint research publications with industry*	X	X
Patents (per fte academic staff)*	X	X
Co-patents with industry (per fte academic staff)*	X	X
Number of spin-offs (average over three year period)	X	

Patent citations to research publications*	X	X
Revenues from Continuous Professional Development	X	
International Orientation		
Educational programmes (BA, resp. MA) in foreign language	X	
International orientation of degree programmes		X
Opportunities to study abroad (student survey)		X
Student mobility (composite of incoming, outgoing, joint degree students)	X	X
Percentage of international academic staff	X	X
Percentage of PhDs awarded to foreign students	X	X
International joint research publications*	X	X
International research grants	X	X
Regional Engagement		
Percentage of graduates working in the region	X	X
Student internships in regional enterprises	X	X
Degree theses in cooperation with regional industry		X
Regional joint research publications*	X	X
Income from regional sources	X	X

Figure 3. Les indicateurs de U-multirank

En février 2014, le premier classement des universités devait être publié. Il semble avoir pris du retard. Cet outil présentera également un palmarès de quatre disciplines : l'éco-gestion, la physique, les ingénieries mécaniques et électriques. À la fin de l'année 2014, les diplômes en informatique/nouvelles technologies, sociologies, psychologie, musique et carrières sociales devraient être pris en compte.

L'U-Multirank devrait ainsi progressivement s'étendre. Aujourd'hui, l'objectif de 500 universités est atteint. Parmi les institutions participantes, 75 % sont européennes. La Chine a fait savoir qu'elle était intéressée. L'Union européenne devrait encore financer U-multirank pour les années 2015 et 2016 avant de laisser la place à une fondation (Stromboni, 2013).

Le CERES, une cartographie française des universités : le 19 mars 2013, Geneviève Fioraso, ministre de l'Enseignement supérieur en France a choisi de lancer une cartographie des universités en complément d'U-Multirank. Si le recueil de données doit se faire en commun, des indicateurs supplémentaires ont été ajoutés dans CERES, à savoir la réussite des étudiants, l'insertion professionnelle, les droits d'inscription, la vie étudiante, les services d'accueil des handicapés. Un projet pilote d'une trentaine d'établissements devrait aboutir dans une quinzaine de mois. Les institutions sont invitées à alimenter CERES afin de s'approprier l'outil et à sortir de la position défensive vis-à-vis des classements (Oui, 2012).

L'évaluation des universités sur le plan mondial est un fait bien acquis. Mais qu'apporte le nouveau classement européen U-multirank ?

3. U-Multirank : réponse européenne à la globalisation de l'enseignement supérieur ou nouvelle vision de l'enseignement supérieur ?

Selon Susan L. Robertson, « les classements sont des projets politiques et sociaux conduits discrètement » (Robertson, 2011). Qu'en est-il d'U-multirank ?

Une réponse à la mondialisation de l'enseignement supérieur

Il est vrai que plusieurs initiatives européennes ont été créées afin d'exister sur la scène internationale. Le programme Erasmus Mundus n'est-il pas une réponse au programme Fulbright lancé par le gouvernement américain afin d'attirer les universitaires étrangers ? (Bourdon, 2010). Les propos d'Androulla Vassiliou illustrent tout à fait la volonté de l'Union européenne d'exister sur la scène internationale : « Les universités européennes doivent agir stratégiquement pour capitaliser sur la réputation de l'Europe pour une éducation supérieure de la meilleure qualité. Elles ont besoin de promouvoir la mobilité internationale des étudiants et du personnel, de fournir des curricula innovants et de classe internationale, de même que l'excellence dans la recherche et l'enseignement… il n'y a pas un modèle unique pour tous : les pays doivent jouer selon leurs atouts » (Hall, 2013).

Depuis le lancement de l'agenda de Lisbonne visant à faire de l'Union européenne « l'économie de la connaissance la plus dynamique et la plus compétitive au monde », les mauvais résultats des universités dans les classements l'ont conduite à réagir.

L'impact de ces palmarès est tel que le chef du projet U-Multirank s'inquiéterait de la légitimé du système de classement U-multirank si les universités les plus prestigieuses n'y figuraient pas (Oui, 2011). L'initiative européenne répond donc aux pressions de la mondialisation.

Cette volonté se confirme par le désir de l'Union européenne de rayonner sur la scène mondiale en attirant de nouveaux étudiants. Cet objectif est l'une des préoccupations majeures du programme Erasmus+ lancées récemment pour la période 2014-2020. À cet égard, l'outil U-multirank devrait permettre aux étudiants de mieux pouvoir choisir leur université.

Cependant, cette initiative européenne ne plaît pas à tous, et notamment aux universités qui sont classées. La ligue des universités européennes de recherche (LEUR) dont les vingt et un membres regroupent notamment les universités de Cambridge et d'Oxford, s'est retirée du projet en janvier 2013 en exprimant ses préoccupations quant à l'utilité et au coût d'U-Multirank. Mais cet outil ne serait-il pas un instrument complémentaire des anciens classements dans la mesure où il propose une nouvelle vision de l'enseignement supérieur ?

Une nouvelle vision de l'enseignement supérieur

À travers U-Multirank il semblerait que l'Union européenne tente d'exister autrement dans le monde de la connaissance.

Refléter la diversité : l'Europe s'est toujours caractérisée par son plurilinguisme et le développement d'un outil tel que l'U-Multirank permettrait de préserver cette diversité et de respecter l'Union dans sa tradition culturelle. En effet, il est à noter que l'aboutissement du Processus de Bologne n'a pas conduit à une standardisation de l'enseignement supérieur, mais à une harmonisation conduisant à plus de transparence. Comme le souligne l'universitaire Anne Corbett dans sa communication auprès du Parlement anglais : « l'U-multirank force les universités à utiliser leur autonomie pour mieux définir leurs propres objectifs. Il force les futurs étudiants à clarifier leurs idées sur leurs souhaits d'études. Si l'U-multirank s'avère être un modèle pérenne, il accompagnera grandement les efforts encourageant la diversité au sein des systèmes » (Corbett, 2011). Ce témoignage d'une spécialiste de l'Europe de l'éducation est d'autant plus significatif que la chambre des Lords a qualifié de gaspillage la mise en œuvre de cet outil, estimant que l'Union européenne avait d'autres priorités. Il est vrai que le Royaume-Uni est actuellement traversé par un courant eurosceptique fort comme le note Ellen Hazelkorn dans un article publié au *Washington monthly magazine* intitulé « Europe enters the college Rankings game ».

Erasmus+ vise une mobilité de 4 millions de personnes : le nouveau classement européen vise à être au service de l'ensemble des étudiants et non uniquement à celui d'une élite. En effet, le nouveau programme Erasmus est destiné à permettre la mobilité de quatre millions de personnes. L'U-multirank répond à la démocratisation de l'enseignement supérieur en permettant aux futurs étudiants de choisir en connaissance de cause. Il vise même à déjouer les pièges d'un classement international et de ses effets insidieux sur le marché de l'emploi. Comme le remarque le journaliste Marc Hall : « s'ils sont mal utilisés, les classements des universités peuvent accroître les inégalités sociétales et influencer le marché de l'emploi lorsque les employeurs se concentrent sur des diplômés issus des quelques universités coûteuses et classées » (Hall, 2013).

L'U-multirank a pour but de rendre les étudiants actifs dans le choix de leurs universités. Si la démarche européenne reflète un souci de démocratisation de l'accès à l'enseignement supérieur, le choix de mobilité nécessite de la part de l'utilisateur des compétences et des connaissances, c'est-à-dire d'un véritable savoir-faire pour lequel il devra être formé. Il permettra la diversité dans la mesure où chacun pourra définir ses axes prioritaires (économiques, académiques…).

L'outil a été testé auprès de *stakeholders* qui ont été près de 6 000 à vérifier la pertinence des critères retenus durant la phase préparatoire. De plus, la Commission européenne a lancé le projet EUMIDA (*European University Data Collection*) permettant la collecte de données nationales par les instituts des pays membres coordonnés à travers Eurostat. L'étude de faisabilité étant concluante, l'outil devrait être mis en place prochainement.

Des universités participant au recueil de données : l'intérêt d'U-multirank est de rendre les universités parties prenantes dans leur évaluation. En effet, avec la globalisation de l'enseignement supérieur, les universités ont eu le sentiment de perdre peu à peu leur autonomie. Comme le notent les auteurs Salmi et Saroyen, les universités ont « traditionnellement bénéficié d'une considérable autonomie, mais sont aujourd'hui défiées de donner des comptes sur leur performance et l'utilisation de ressources publiques » (Robertson, Olds, 2011). Beaucoup d'entre elles vivent mal les classements internationaux effectués par des organes à visée commerciale.

U-Multirank incite les universités à plus de transparence tout en les faisant participer activement. Certaines critiques affleurent sur la fiabilité des données recueillies. À cette critique, Frank Ziegele, chef du projet, affirme que les données sont recoupées avec des statistiques nationales et les questionnaires renvoyés en cas d'incohérence. Le journaliste Mathieu Oui compare ce processus de recueil de données à « la solution d'un classement européen de type fédéral ». À partir de ce constat d'un processus partant vers le bas, il est possible de comparer U-multirank à l'approche *bottom-up* préconisée par les fondateurs d'Erasmus tels qu'Hywel Ceri Jones et son maître d'ouvrage Alan Smith. Elle serait au fondement du succès du programme de mobilité.

L'enseignement et l'apprentissage enfin pris en compte : d'autres critiques se portent sur la multiplicité des critères (Monod, 2013). Selon Androulla Vassiliou, Commissaire à l'éducation, le but est d'offrir un classement impartial accessible aux étudiants : « Quand vous recherchez une université, savoir combien de prix Nobel ont été obtenus par une institution au cours des cinquante dernières années n'est peut-être pas le critère le plus important ».

Le futur classement européen se basera sur une série de facteurs dans cinq domaines distincts : la réputation en matière de recherche, la qualité de l'enseignement, l'ouverture sur l'international, la contribution à la croissance régionale et la réussite en matière de transfert de connaissances (par exemple les partenariats avec les entreprises). Ce dernier critère est innovant dans la mesure où il inclut les partenariats avec les entreprises, la création de start-up, le dépôt de brevets. Il contribue à ancrer le rayonnement de l'université dans la vie locale nationale et internationale. Il est intéressant de noter que du côté des employeurs, l'expérience professionnelle du candidat est un critère décisif pour

33 % des sondés par Emerging, un cabinet de ressources humaines, lors d'une enquête conduite en 2013 auprès de 2 700 managers issus de 20 pays à l'échelle de la planète (Emerging, 2013). Leurs principaux critères pour une université idéale seraient : l'acquisition d'un savoir-faire pratique et la combinaison d'un savoir théorique et pratique. 50,1 % sont d'avis que l'université devrait allier des compétences « douces » (*soft skills*) à une intégration professionnelle. Ce sondage révèle par ailleurs que la coopération université/entreprise s'effectue essentiellement à travers les stages pour 56,8 % contre 24 % pour la recherche.

À titre d'illustration d'un profil sur U-multirank, la figure suivante est le *Sunburst chart* d'une grande université scandinave, utilisé dans l'article de Matthew Richardson, « A democratization of university ranking : U-multirank » (Richardson, 2011). Plus le rayon est large, meilleur est le score de l'université.

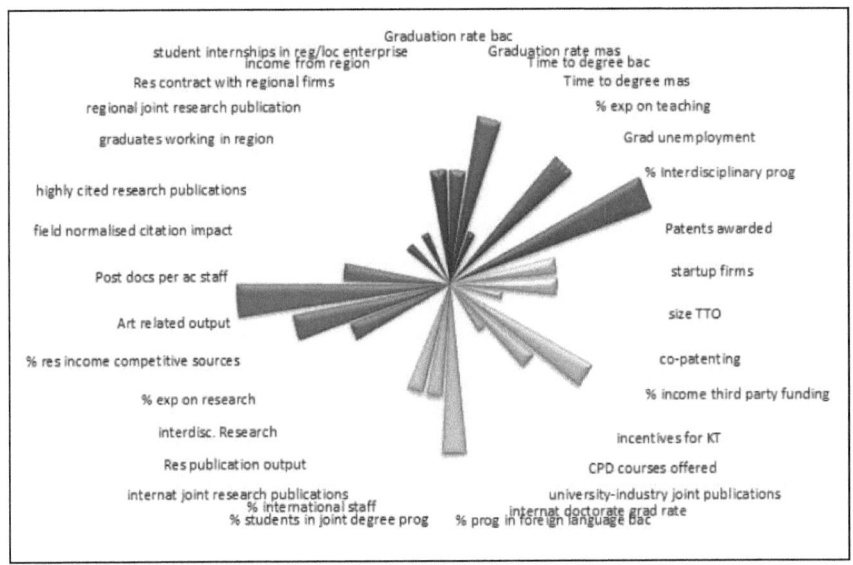

Figure 4. Sunburst chart d'une université scandinave

Ellen Hazelkorn, auteur du rapport pour l'UNESCO sur *Rankings and Accountability in Higher Education, Uses and Misuses*, reste néanmoins sceptique sur la mesure de la qualité de l'enseignement et de l'apprentissage. Elle est déçue de voir que le développement de l'outil AHELO de l'OCDE (*Assessment of Higher Education Learning Outcomes*) n'ait pu aboutir après sa disparition annoncée en mars 2013. L'évaluation en est donc réduite aux dépenses, au nombre de diplômés et aux performances académiques.

Il semble donc qu'au-delà du désir d'exister dans un monde globalisé, l'Union européenne présente à travers U-multirank une nouvelle vision du monde éducatif plus proche de l'ensemble des citoyens.

Certes, le terme même de classement fait débat, certains lui préférant l'attribut d'outil interactif (Monod, 2013). Pour Simon Marginson, de l'université de Melbourne, « il reste à voir si le nouveau classement européen tient ses promesses. Mais plus nous possédons d'éléments comparatifs, plus cela est profitable aux étudiants, parents, employeurs et hommes politiques tant que les données sont fiables » (Slattery, 2009).

U-multirank s'avère être un outil complémentaire aux classements de Shanghai et du *Times higher education*. Il comble le vide laissé jusque-là par des palmarès élitistes et s'adresse à l'ensemble des étudiants, apprentis, chefs d'entreprises et à toute personne désireuse de poursuivre son apprentissage tout au long de la vie. Car tel est l'enjeu : l'éducation n'est plus limitée à une période donnée d'apprentissage, mais le savoir s'acquiert et s'approfondit sans cesse durant la vie professionnelle.

À cet égard, l'apparition des MOOC (*Massive Open Online Courses*) risque de bouleverser la donne. Ces cours gratuits ouverts à un large public proviennent des meilleures universités. Une étude auprès des recruteurs montre qu'« ils observent avec grand intérêt cette nouvelle pédagogie avec la certitude qu'elle aura un impact significatif sur le modèle économique des universités par la réduction des coûts qu'elle engendre » (Emerging, 2013). La proposition de l'acquisition d'un curriculum en ligne sera-t-elle un nouveau critère à intégrer dans les classements ?

Références

Blitman, Sophie. 2013. Classement du Times Higher Education : 2013, 2014, les meilleures universités virent à l'Est, *L'Etudiant*, 3 octobre, sur <http://www.letudiant.fr/educpros/actualite/classement-du-times-higher-education-2013-2014-le-centre-de-gravite-des-meilleures-universites-mondiales-glisse-vers-l-est.html> (23.12.13).

Emerging. 2013. A Global employability survey and university ranking 2013. Recruiters worldwide describe their ideal university. 6 Août, sur <http://emerging.fr/Global%20employability%20survey%202013%20-%20Main%20report%20PDF.pdf> (18.4.2014).

Hall, Marc. 2013. Experts warn of university rankings bias as EU prepares new table. *Euractiv*, 19 juillet, sur <http://www.euractiv.com/innovation-enterprise/experts-warn-university-rankings-news-529259> (23.12.2013).

Hapsah, Sharifah. 2013. The national and institutional impact of rankings in Malaysia. In Hazelkorn, Ellen (dir.). *Rankings and Accountability in Higher Education : Uses and Misuses*, pp. 187-196. Paris: UNESCO.

Hazelkorn, Ellen. 2011, *Rankings and the Reshaping of Higher Education: The Battle for Excellence*. Palgrave, MacMillan.

Hazelkorn, Ellen. 2013. Europe enters the College Rankings game. *Washington monthly magazine*, sur <http://www.washingtonmonthly.com/magazine/september_october_2013/features/europe_enters_the_college_rank046894.php?page=all> (23.12.2013).

Hazelkorn, Ellen. 2013. *Rankings and Accountability in Higher Education : Uses and Misuses*, Paris : UNESCO.

MacGregor, Karen. 2013. Few surprises in 2013 Shanghai ranking of universities. *Universityworldnews,* Issue n° 283, 16.8., sur <http://www.universityworldnews.com/article.php?story=20130816150251456> (23.12.13).

Monod, Olivier. 2013. Le classement U-Multirank fait débat. *letudiant.fr*. 4.2.2013, sur <http://www.letudiant.fr/educpros/actualite/les-points-de-debats-du-classement-u-multirank.html> [consulté le 23.12.2013]

Okebukola, Peter, A. 2013, An African perspective on rankings in higher education. In: Unesco, *Rankings and Accountability in Higher Education, Uses and Misuses*, pp. 141-170.

Oui, Mathieu. 2011. Classement européen des universités, phase test positive, *letudiant.fr*. 16.6.2011, sur <http://www.letudiant.fr/educpros/actualite/classement-europeen-des-universites-phase-test-positive.html> (23.12.2013).

Oui, Mathieu. 2012. Le classement européen sur les rails ?. *letudiant.fr*, 30.5.2012, sur <http://www.letudiant.fr/educpros/actualite/le-classement-europeen-sur-les-rails.html> (23.12.2013.)

Rauhvargers, Andrejs. 2013. *Global university rankings and their impact*. Bruxelles : EUA.

Rey-Lefèvre, Isabelle. 2013. U-Multirank, la réponse européenne aux classements des universités, plusieurs sont sceptiques. *Le Monde*, 30 janvier.

Robertson, Susan L., & Olds, Kris. 2011. World University Rankings: On the New Arts of Governing (Quality), communication présentée aux *Rencontres pluridisciplinaires sur les mécanismes d'assurance qualité et l'évaluation des formations universitaires*, Séminaire international, UCL-Mon, 9-11 septembre.

Rowbotham, Jill. 2011. Ranking panic and its aftermath. *The Australian*, 6.7.2011.

Slattery, Luke. 2009. Europe to launch rival index ranking. *The Australian*, 9.6.2009, sur <http://www.theaustralian.com.au/higher-education/europe-to-launch-rival-ranking-index/story-e6frgcjx-1225720495784> (23.12.2013).

Stromboni, Camille. 2013. U-Multirank : lancement du projet de cartographie français CERES. *letudiant.fr*, sur <http://www.letudiant.fr/educpros/actualite/u-multirank-lancement-du-projet-de-cartographie-francais.html> (23.12.2013).

Tamburri, Rosanna. 2011. University rankings gain influence despite obvious drawbacks. *University affairs*. Canada, sur

<http://www.universityaffairs.ca/university-rankings-gain-influence-despite-obvious-drawbacks.aspx> (23.12.2013).

Van Vught, Frans A., & Ziegele, Frank. 2010. *U-Multirank: Design and Testing the Feasibility of a Multidimensional Global University Ranking*. Bruxelles : European Commission Directorate of Éducation and Culture, sur <http://ec.europa.eu/education/higher-education/doc/multirank_en.pdf> (23.12.2013)

Van Vught, Frans A., & Ziegele, Frank. 20120. *Multidimensional Ranking. The Design and Development of U-Multirank*. Heidelberg: Springer.

Van Vught, Frans A., & Ziegele, Frank. 2013. U-Multirank: a user-driven and multi-dimensional ranking tool in global higher education and research. In Marope, P. T. M, Wells, Peter J., & Hazelkorn, Ellen. *Rankings and Accountability in Higher Education: Uses and Misuses*, Paris : UNESCO, sur <http://unesdoc.unesco.org/images/0022/002207/220789e.pdf> (23.12.2013).

Accompagner les mobilités étudiantes

Dominique VINET

Les mobilités dites « encadrées » offrent une caution légale et institutionnelle aux étudiants qui garantit le continuum universitaire et comptabilise le volume de travail demandé sous forme de crédits (ECTS). Des contrats d'études sont élaborés pour assurer la cohérence des parcours d'apprentissage ; mais le séjour dans l'établissement partenaire suppose un double enjeu : un enjeu académique d'acquisition des prérequis nécessaires à la poursuite d'études, souvent très spécialisées dès la licence en France, et un enjeu transculturel, que nos institutions, trop focalisées sur les besoins cognitifs, négligent ou ne savent pas intégrer dans le cursus universitaire. À son retour, l'étudiant est alors parfois amené à faire la preuve de ses compétences, ou plutôt de ses connaissances, qui ne coïncident pas toujours avec le moule dans lequel il est censé se couler. Il lui est, de plus, souvent difficile de valoriser son bagage linguistique et culturel, voire les compétences métacognitives acquises, qui ne pourront être reconnues qu'a posteriori, dans les travaux ou les interventions orales où ils montreront recul et esprit critique. C'est pourquoi nous avons développé un logiciel en ligne permettant à l'étudiant de consigner des notes de lecture, de sauvegarder ses travaux écrits ou oraux, de tenir un carnet de voyage et une liste de vocabulaire pour la/les langue(s) étrangère(s) utilisée(s), et un portfolio de langues. Les enseignants de l'établissement d'accueil comme ceux de l'établissement d'origine ont accès à l'ensemble et peuvent ainsi accompagner l'étudiant dans ses travaux et partager sa découverte de la différence en suivant le développement de son carnet de voyage. Cette expérience ayant débuté très récemment, c'est donc d'un point de vue théorique que la question de l'accompagnement sera abordée, car nous n'avons encore aucun retour sur la façon dont les étudiants s'approprieront le logiciel et sur le mode d'accompagnement que choisiront les enseignants et dont nous tenterons de tracer les pistes.

1. Le cadre institutionnel, garantie théorique du continuum universitaire

La mobilité étudiante n'est pas limitée, en France, comme elle l'est souvent en Grande-Bretagne ou en Irlande par exemple, à un séjour à l'étranger destiné à élargir l'horizon des étudiants, à leur faire découvrir des méthodes de travail différentes, et à acquérir des compétences nouvelles qui nourriront une culture plus éclectique que celle des jeunes Français. L'interruption volontaire d'un parcours universitaire très précisément fléché, comme c'est le cas en France, notamment pour des filières telles que le droit ou les sciences économiques, pose le problème du *continuum* universitaire, et plus précisément, de l'accumulation de connaissances déclarées nécessaires pour le passage dans l'année supérieure. Cette particularité des universités françaises est en partie due à l'application des contrats quadriennaux passés avec le ministère de l'Enseignement supérieur et de la Recherche (MESR), fixant les parcours de licence et de master, qui leur permettent de délivrer des diplômes ayant le même niveau et la même valeur quel que soit l'établissement de délivrance.

Un séjour à l'étranger, s'il n'est pas inscrit dans le programme universitaire au titre de la découverte, vient donc interrompre la longue sédimentation des connaissances à acquérir selon un ordre précis et une difficulté croissante, définies par des parcours imposés en licence – le premier cycle – qui permettront de postuler à des masters – le second cycle – déjà très spécialisés en première année (M1).

Ce problème a été – partiellement – résolu par le biais de contrats d'études et l'attribution de crédits – selon le système ECTS développé par l'Union européenne [1] – dont le nombre imposé à toutes les universités européennes est de trente par semestre. Pour les universités non européennes, des crédits sont généralement attribués selon des critères qui peuvent varier, mais restent une mesure quantitative du travail fourni. Un crédit ECTS correspond à trente heures de travail, cours et recherche inclus. Ce système, mis en place dans le cadre du processus de Bologne[2], ne permet cependant pas une reconnaissance systématique de la valeur des crédits attribués, car il ne mesure pas le niveau et la valeur des cours que les crédits sanctionnent, ce qui ouvre le champ à la critique.

Lors d'une mobilité encadrée, chaque étudiant doit élaborer son contrat d'études, c'est-à-dire une liste des cours qu'il suivra – chacun étant assorti d'un certain nombre de crédits. Ce contrat doit montrer la cohérence de ses choix par rapport, d'une part, à ses acquis – on suppose qu'un étudiant de troisième année de licence ne pourra pas suivre des cours de master – et, d'autre part, au diplôme auquel il a choisi de s'inscrire à son retour – il devra sélectionner des matières correspondant au programme de la première année de master (M1) s'il était resté dans son université d'origine. Les contrats d'études sont ensuite proposés, selon les établissements d'origine, à un ou plusieurs responsables académiques chargés de juger de leur pertinence. Le nombre des validateurs varie en fonction des établissements. Pour la Faculté de droit de l'Université de

---

[1] Voir à ce sujet l'article de Wikipedia : <http://fr.wikipedia.org/wiki/Syst%C3%A8me_europ%C3%A9en_de_transfert_et_d'accumulation_de_cr%C3%A9dits> (10.1.2014).
[2] Les objectifs du Processus de Bologne : <http://www.touteleurope.eu/fr/actions/social/education-formation/presentation/l-enseignement-superieur-dans-l-ue/le-processus-de-bologne.html> (10.1.2014).

Bordeaux, où les étudiants partent étudier à l'étranger pour valider leur troisième année de licence, ils sont deux : le/la responsable de l'année en cours (deuxième année de licence) et celui/celle de la première année du master que l'étudiant a choisi de faire à son retour. Le contrat doit aussi être validé par le Service des Relations internationales et peut être modifié par l'établissement d'accueil en fonction des cours sélectionnés, qui ne sont pas toujours ouverts aux étrangers ou sont soumis à des *numerus clausus*. Dans ce cas, le contrat devra de nouveau être validé à Bordeaux.

Le problème de l'élaboration du contrat se pose tout particulièrement pour les étudiants de droit, qui ne sont pas autorisés à envisager une mobilité avant la fin du premier cycle, tout particulièrement dans des universités d'accueil anglo-saxonnes, car on n'y enseigne habituellement les technicités du droit qu'en second cycle, le premier cycle étant destiné à offrir une culture générale associée à une simple initiation au droit. Les étudiants français se voient donc contraints de sélectionner certaines matières de second cycle. Par ailleurs, leur choix est souvent très limité, car, en vertu de la sacro-sainte cohérence des contrats, ils doivent choisir un minimum de matières imposées dont ils auront besoin à leur retour en deuxième année de master (M2). Le cœur du problème est qu'il subsiste toujours un doute quant à la validité des apprentissages en cours de mobilité. Certains directeurs de M2, responsables du recrutement des étudiants, vont même jusqu'à prévenir ceux-ci qu'ils ne pourront pas s'inscrire dans leur master s'ils n'ont pas suivi certains cours fondamentaux du M1, ce qui équivaut à les priver de toute mobilité.

Outre le choix des matières, un second écueil est le niveau de celles-ci. Un étudiant sous contrat Erasmus peut choisir de s'inscrire en mobilité simple – ce qui lui permet de sélectionner des matières de tous niveaux, de la première année de licence à la première année de master. Il peut aussi tenter de passer un diplôme de l'université d'accueil, ce qui l'oblige à suivre tous les cours de ce niveau. Il convient donc de veiller à ce que certains étudiants ne soient pas tentés de choisir les matières les plus accessibles, d'un niveau inférieur à celui auquel ils peuvent prétendre, ce qui leur permettrait d'obtenir leur diplôme français sans difficulté par validation de leur mobilité, puisque l'obtention de soixante ECTS pour une année entraîne automatiquement l'admission dans la classe supérieure aux termes du contrat Erasmus (les contrats de mobilité passés avec les universités non européennes se plient en général aux mêmes règles). On voit donc que les enseignants qui prétendent que les étudiants partent en mobilité pour être – quasi – sûrs de réussir, n'ont peut-être pas toujours tort.

2. Problématique de la valorisation des connaissances et compétences acquises en mobilité

Le paradoxe des mobilités encadrées réside dans l'écart entre l'objectif affiché par les agences nationales qui gèrent les accords Erasmus et le système de validation des acquis de la mobilité. Concrètement, l'Agence 2e2f, pour la France, promeut et gère des accords d'échange, notamment les accords Erasmus qui concernent les mobilités étudiantes, objet de notre article, et se fait le porte-parole des experts de Bologne[3]. L'objectif affiché de l'agence est « la transparence et la reconnaissance des qualifications acquises dans l'enseignement supérieur et la formation professionnelle supérieure en Europe ». Le terme de « qualification », qui se substitue à celui de « connaissances » généralement utilisé sur les sites web des universités, est à mi-chemin des « compétences » que souhaitent promouvoir et mesurer les experts. Ceci montre la difficulté qu'ont les universitaires à raisonner en termes de compétences et à développer des méthodes d'évaluation fondées sur les préconisations de Bologne.

La transparence des qualifications nécessite que le contenu des enseignements soit clair et détaillé, ce qui est l'objet du « supplément au diplôme » proposé par Bologne. Selon une décision de la Commission européenne datant de 1999, « Les établissements nationaux d'enseignement supérieur délivrent le supplément selon un modèle élaboré conjointement par la Commission européenne, le Conseil de l'Europe et l'UNESCO ». Le libellé n'est pas assez clair pour que l'indicatif signifie obligation, mais une réponse écrite émanant du ministère de l'Enseignement supérieur et de la Recherche (MESR) précise que « les universités ont l'obligation de délivrer un supplément au diplôme, document descriptif annexé au diplôme national, qui peut être rédigé également en anglais »[4].

Le supplément au diplôme Europass, instauré sur décision prise par le Parlement européen et le Conseil de l'Europe le 15 décembre 2004 et soutenu par l'Agence 2e2f, suppose une approche par compétences. Il ne suffit plus, en effet, de décrire le contenu des cours et les critères d'évaluation en termes de connaissances, comme on le fait dans un *syllabus* ; il faut expliquer les objectifs de chaque cours en termes de capacités opérationnelles, qui se déclinent en familles de compétences attendues (connaissances, compréhensions, aptitudes et habiletés)[5].

Parmi les compétences relationnelles rattachées aux aptitudes et habiletés, on note l'appréciation de la diversité et de la multiculturalité, et l'aptitude à travailler dans un contexte international et à communiquer en langue étrangère. Reste à savoir comment valoriser les compétences acquises par les étudiants

---

[3] Voir à ce sujet le site web de l'agence pour une définition des objectifs des programmes d'échange et ses rapports avec les experts de Bologne : <http://www.europe-education-formation.fr/page/experts-de-bologne> (10.1.2014).
[4] Réponse publiée au JO du 15/05/2012, p. 3861, en réponse à la question n° 126196 de M. Pierre-Christophe Baguet (Union pour un Mouvement Populaire - Hauts-de-Seine)
[5] Voir à ce sujet les travaux de l'atelier 2 de la CPU concernant l'approche par compétences et notamment le diaporama PowerPoint en ligne à l'adresse <http://www.cpu.fr/uploads/media/Atelier2-_Approche_par_les_competences_MFFB-GS-NQ.ppt#11>.

pendant leur mobilité, et comment les préparer au choc culturel et intellectuel qu'ils subissent à leur arrivée dans une université dont les objectifs, les pratiques et les méthodologies sont différents, pour ne pas dire déroutants.

Il convient donc de procéder en trois temps :
1. préparer les étudiants avant la mobilité ;
2. suivre leurs progrès pendant la mobilité ;
3. valoriser leurs compétences à leur retour.

Afin de répondre à la triple problématique posée par la valorisation de la mobilité, nous avons donc décidé de développer Erasmuslink[6], un outil en ligne permettant de proposer aux étudiants une préparation et un suivi linguistiques et culturels. Il s'agit d'une plateforme en ligne qui offre l'accès à tous les documents nécessaires à la mobilité et exigés au terme du contrat Erasmus, mais aussi à de nombreux modules permettant de valoriser leurs compétences et de constituer, à terme, un réseau des étudiants mobiles.

3. Préparation linguistique

Erasmuslink intègre un logiciel que nous avons développé depuis six ans et qui est disponible gratuitement en ligne sous le nom @genda 2.0[7]. C'est une plateforme d'apprentissage en ligne dédiée aux langues, couplée à un logiciel expert permettant de créer facilement des agendas de travail découpés en vingt-quatre séquences maximum par thème. Chaque séquence est constituée d'un espace réservé aux consignes et d'un maximum de cinq liens vers des documents de travail. Ceux-ci peuvent être des pages web, des documents écrits, audio, vidéo ou iconographiques. Chaque document peut être associé à un second document. Ils seront alors affichés dans deux fenêtres à l'intérieur de l'espace de travail. La proportion des fenêtres est choisie par le créateur de l'agenda. Il est ainsi possible d'associer un exercice autocorrectif à un fichier son, à une vidéo, ou à une page web contenant éventuellement une vidéo. Dans ce cas, le lecteur reste visible dans la fenêtre supérieure tandis que l'exercice peut défiler dans la fenêtre inférieure. Un fichier .psp correctif téléchargeable permet de modifier le logiciel libre Hot Potatoes©[8] pour récupérer les scores, mais tout autre générateur d'exercices est utilisable ; la possibilité de suivi des scores n'est alors pas possible.

---

[6] Inscription libre et gratuite en ligne à l'adresse <http://www.erasmuslink.eu>. Un code d'accès est fourni aux étudiants, un autre aux enseignants désirant suivre le travail de leurs étudiants ou des étudiants étrangers auxquels ils enseignent.

[7] @genda 2.0 est un logiciel proposé gratuitement actuellement aux enseignants des universités et du secondaire. Il permet de créer des cours en ligne pour toutes les langues. L'inscription des enseignants utilisateurs et des apprenants se fait à l'adresse <http://agenda-2-0.fr>.

[8] Hot Potatoes est un logiciel générateur d'exercices autocorrectifs en ligne distribué gratuitement par Half Baked Software Inc, une société soutenue par l'Université de Victoria au Canada. L'ensemble du logiciel est téléchargeable à l'adresse <http://hotpot.uvic.ca/>.

La préparation linguistique des étudiants en mobilité pose, d'emblée, le problème de la langue : faut-il réserver la préparation aux quatre langues de travail proposées en Europe : l'anglais, le français, l'allemand et l'espagnol, ou bien faut-il aider les étudiants à mieux comprendre la culture des pays qu'ils vont découvrir en leur offrant une initiation aux autres langues des pays d'accueil, que nous appelons pudiquement langues MoDiMEs[9] ?

Nous avons choisi de proposer deux formules : une formation courte sur le logiciel « Euromobil » financé avec le soutien de la Commission Européenne et développé par un *consortium* d'universités européennes, et deux formations longues de plus de cent heures, l'une en anglais économique et l'autre en anglais juridique, sur le logiciel @genda 2.0 intégré.

Euromobil « a été conçu pour préparer les étudiants à suivre des études dans un autre pays et pour les aider à gérer les situations de la vie quotidienne dans leur pays d'accueil. C'est un e-matériel hybride combinant des composantes interactives et informatives hors ligne et en ligne »[10]. L'apprenant peut choisir un enseignement monolingue de niveau avancé pour l'allemand, l'anglais, l'espagnol ou le français. Il est alors plongé dans des situations qu'il rencontrera à l'université. Il peut aussi choisir une formation en finnois, hongrois, polonais, tchèque et roumain pour laquelle la langue d'interface est l'anglais. Les situations sont alors celles du quotidien. Cette formation sera proposée aux étudiants sortants dès que les affectations dans les universités d'accueil seront connues. Les différents modules, sont installés sur les machines du centre de formation en langues (CFL) de l'université et disponibles aux heures ouvrables. Chacun peut utiliser le logiciel à son gré sur une machine collective, mais l'étudiant peut aussi le télécharger sur son propre ordinateur. Il n'existe cependant pas de suivi des progrès des étudiants, et donc aucun moyen de mesurer l'apport effectif de ce logiciel, qui reste très attractif, car son contenu culturel et son interactivité captent toujours l'intérêt des étudiants.

Les deux modules de préparation linguistique longs (anglais juridique et anglais économique) doivent être appréciés distinctement. La préparation à l'anglais économique s'adresse à tout étudiant qui suivra des cours d'économie, gestion ou commerce dans une université où l'enseignement est en anglais, quelle que soit la langue locale. Les concepts économiques restent les mêmes et la méthodologie ne diffère guère d'un pays à l'autre. Il n'en va pas de même pour le module d'anglais juridique qui, d'une part, est fondé sur la *common law*, système spécifique à l'Angleterre, et dans une certaine mesure aux autres pays anglophones, et qui, d'autre part, s'intéresse aux institutions britanniques et au système politique de la Grande-Bretagne. Son intérêt est donc limité aux – nombreux – étudiants qui ont choisi une université britannique. Une partie des

---

[9] les langues les Moins Diffusées et les Moins Enseignées (NdÉ).
[10] Extrait du site web de Euromobil. Le logiciel est téléchargeable en ligne à l'adresse : <http://www.euro-mobil.org/francais/programmes.php>. L'utilisateur doit choisir une des neuf langues proposées.

apprentissages peut néanmoins être utile aux étudiants effectuant une mobilité dans un pays de droit romain, mais celle-ci est forcément limitée au vocabulaire de base. Reste à développer de nouveaux modules pour les autres pays européens, dans une des langues de travail. Ceci est l'un des objectifs du projet e-Erasmus[11] auquel nous collaborons.

La préparation linguistique doit se faire sur une période assez longue pour permettre l'assimilation du vocabulaire technique et l'apprentissage des nouveaux concepts. Nous avons donc décidé de sensibiliser les étudiants dès le début de la première année de licence, longtemps avant la mobilité envisagée. Cependant, c'est au début de l'année qui précède le départ, pour ceux qui partent une année entière, et au début de l'année de départ pour ceux qui ne partent qu'au second trimestre que nous avons programmé la préparation, au moment de leur pré-inscription au programme de mobilité.

4. Méthodologie d'apprentissage

Les cours en ligne d'anglais juridique et d'anglais économique sont fondés sur trois types de documents et destinés à favoriser la compréhension écrite et orale, les compétences de production étant censées être développées en présentiel dans les établissements d'accueil :

1) Des cours en ligne proposés sous la forme de diaporamas PowerPoint animés et sonorisés en anglais afin de faire travailler la compréhension orale et écrite. Ces diaporamas ont été créés grâce au logiciel Speechi© qui permet d'enregistrer du son sur les diapositives et de télécharger le tout au format *flash*, permettant ainsi un transfert très rapide pour les cours en ligne. Ces cours en ligne sont associés à des exercices de restitution autocorrectifs créés avec le logiciel libre HotPotatoes©.

2) Des modules de découverte des institutions britanniques en libre accès, diffusés par la BBC et normalement destinés aux élèves des lycées britanniques, contenant de nombreuses vidéos et de courts exercices de compréhension proposés sur un mode ludique.

3) Des exercices de révision sous forme d'exercices lacunaires, d'exercices de reconstruction de phrases, associés ou non à des enregistrements audio ou vidéo, ces derniers étant destinés à développer la mémorisation orale en parallèle à la mémorisation écrite.

Les séquences de travail – 17 pour l'économie, 7 pour le droit, car elles sont plus longues – sont ordonnées en ordre croissant de difficulté, du niveau A2 au niveau B2+ pour l'économie et du niveau B1 au niveau C1 pour le droit,

---

[11] Projet européen porté par le professeur Albert-Claude Benhamou, Directeur de l'Université Numérique des Sciences de la Santé et du Sport, UNF3S, et le professeur Marcel Spector, de l'université Paris V, avec le soutien du MESR, de l'Agence 2e2f, de la Conférence des Présidents d'Université (CPU) et la collaboration de plusieurs universités françaises et britanniques.

car les étudiants en droit sont sélectionnés au niveau B2 pour la langue de travail, compte tenu de l'importance de la langue dans le droit.

L'espace de travail comporte aussi des outils d'aide à l'apprentissage tels que dictionnaires en ligne, lexiques spécialisés, documents de référence, modules d'oralisation de type *text-to-speech* permettant l'amélioration de la prononciation, etc. Ces outils ne sont pas réservés à la préparation linguistique ; ils peuvent aussi être utilisés pour l'aide à la compréhension et à la recherche dans le cadre des activités académiques pendant le séjour. L'étudiant dispose aussi d'outils d'aide à l'expression orale : un enregistreur audio et deux modules de vidéo-emails permettant un entraînement efficace, voire un substitut, aux exposés oraux[12].

5. Suivi des travaux des étudiants

L'élément clé de l'espace de travail est le porte-documents qui permet de télécharger des documents ou de placer des liens vers des sites de référence afin de constituer une bibliothèque personnelle. Les documents sont classés en quatre catégories : documents de référence, travaux personnels, éléments du carnet de voyage et documents privés.

Ces derniers ne peuvent être ouverts et consultés que par l'étudiant. Les autres documents peuvent être ouverts par le ou les enseignants qui désirent suivre les progrès de l'étudiant pendant son séjour, notamment s'ils lui ont donné des travaux à effectuer en complément du programme à l'étranger. Ils peuvent aussi être ouverts par les enseignants de la formation dans laquelle l'étudiant s'inscrit à son retour, permettant ainsi à ceux-ci de vérifier les acquis et leur niveau. Une déclaration à la Commission Nationale Informatique et Libertés (CNIL) sera donc nécessaire puisque des données personnelles seront ouvertes en libre accès à d'autres personnes que leurs auteurs.

Les enseignants de l'université d'accueil, tout comme ceux de l'université d'origine, peuvent suivre les progrès des étudiants et disposent d'un bloc-notes où ils peuvent donner des indications à l'étudiant. Ce bloc-notes est attaché au fichier de l'étudiant, non à l'enseignant, ce qui signifie qu'il est partagé par tous les enseignants ayant choisi d'opérer le suivi, ce dispositif permettant de croiser les avis des enseignants des deux universités. Ce choix, qui n'autorise pas l'anonymat des annotations, est destiné à rompre la relation traditionnellement descendante du maître à l'élève pour générer un dialogue, voire un trialogue amenant l'étudiant à réfléchir sur sa condition d'apprenant et permettant aux enseignants de l'université d'origine de mieux comprendre ce qui est attendu

---

[12] Ces vidéo-emails sont enregistrés en *streaming* sur un serveur distant et peuvent être lus sans téléchargement préalable. La durée maximum est de 30 minutes, mais leur durée de vie est *a priori* limitée à trente jours. Pour conserver ces documents vidéo et les utiliser comme preuves de compétence orale à insérer dans le portfolio de langues, il convient de rallonger le temps initial (aucune limite n'est imposée).

d'eux lors de leur séjour. Si cette option nécessite l'adhésion des enseignants concernés au mode de suivi partagé, elle ne devrait cependant pas générer de réticences de la part d'enseignants habitués à la double correction des copies.

Grâce à ce porte-documents, nous proposons donc à l'étudiant de valoriser ses connaissances et ses compétences (aptitudes à l'écriture, à la structuration des idées, à la prise de recul par rapport aux apprentissages), ce qui n'a rien de révolutionnaire en soi, mais l'avantage du logiciel utilisé est de permettre d'en évaluer l'évolution à distance et de créer un lien entre les enseignants des universités d'origine et d'accueil. Notons que l'enseignant qui souhaite conserver l'anonymat de sa relation peut communiquer avec l'étudiant par courriel, ou par vidéo-email, ou encore par vidéoconférence. Ces trois outils de communication sont intégrés et accessibles d'un clic.

Outre les compétences académiques, l'étudiant peut mettre en valeur les compétences linguistiques qu'il ne manquera pas de développer au cours du séjour. Pour ce qui est de l'écrit, sa production pourra être examinée à la fois par un/des enseignant/s de sa spécialité, mais aussi par des enseignants de langue, qui pourront ainsi donner des conseils aux étudiants sur le plan strict de la langue de travail.

Il est fortement conseillé aux étudiants à s'initier sur place à la langue locale, qui peut être différente de la langue de travail, par exemple le roumain – les enseignements en Roumaine sont généralement suivis en français ou en anglais – pour laquelle il leur est parfois proposé une formation, selon le type de contrat passé avec l'établissement[13]. Ils sont invités à placer dans leur porte-documents les travaux qu'ils feront en langue étrangère.

Parallèlement, les étudiants sont invités à tenir un carnet de vocabulaire annoté en ligne, qui présentera toutes les entrées en ordre alphabétique ou anti-chronologique, selon les besoins de l'apprenant. Ce carnet de vocabulaire est accessible à tout moment et peut être amplifié et enrichi par des apports tels que synonymes, antonymes ou illustrations. Il n'est cependant pas possible à l'heure actuelle de tenir plus d'un carnet de vocabulaire, pour plusieurs langues. En fonction des besoins exprimés, cette possibilité sera développée ultérieurement.

Outre l'apprentissage et le suivi, nous nous sommes aussi préoccupés de l'évaluation des acquis, plus particulièrement de l'auto-évaluation des compétences linguistiques des étudiants en mobilité.

6. Portfolio de langues

Un portfolio de langues reprenant le modèle du e-portfolio développé à l'université Montesquieu-Bordeaux IV et accrédité par le Conseil de l'Europe, est mis à disposition des étudiants pour y évaluer leurs compétences

---

[13] Dans le cadre de contrats Erasmus, des formations linguistiques aux langues modimes, appelées CIEL, sont organisées dans certains établissements d'accueil.

linguistiques. On y retrouve les trois parties classiques : passeport de langues, biographie et dossier. Les étudiants peuvent, d'un clic de souris, placer dans le dossier les documents en langues étrangères qu'ils jugent pertinents, à partir du porte-documents. Ce portfolio en ligne est un document déclaratif accessible par les enseignants qui peuvent en valider le contenu, mais il peut aussi être ouvert à de futurs recruteurs. Il suffit à l'étudiant de noter le lien qui lui est associé et de le fournir à la personne de son choix. Une version trilingue – anglais, français et espagnol – sera alors proposée au recruteur.

Le portfolio est fondé sur le CECRL[14]. Il se compose d'un passeport, où l'étudiant indique son niveau, de débutant (A1) à quasi bilingue (C2), pour chacune des cinq compétences déterminées par le Conseil de l'Europe : compréhension orale, écrite, production orale en continu et en interactivité, et production écrite. Il est associé à une grille d'aide à l'évaluation qui permet à l'utilisateur de mieux se situer par rapport aux descripteurs du CECRL fournis sous forme de tableau. Ces compétences générales sont doublées de compétences en milieu professionnel pour les étudiants effectuant une mobilité sous forme de stage[15].

Les compétences ainsi affichées peuvent être validées par un ou plusieurs enseignants. Leurs coordonnées apparaîtront alors sur le portfolio, de même que les conditions de la validation, afin de transformer l'outil déclaratif voulu par le Conseil de l'Europe en un instrument de certification.

Les étudiants sont invités à ouvrir leur passeport de langues au début du séjour et à le mettre à jour à la fin de chaque semestre. Il reste leur propriété après le séjour. Il leur est recommandé d'alimenter périodiquement la biographie – qui comporte deux segments : objectifs et difficultés rencontrées – de même que le dossier, qui peut être alimenté, comme nous l'avons signalé, directement depuis le porte-documents.

Afin de les aider à mieux évaluer leurs compétences linguistiques, ils disposent d'un lien vers le test DIALANG[16], qu'ils peuvent refaire à la fin du séjour afin de tester leurs progrès. Ce test, créé dans le cadre d'un projet européen et fondé sur le système de compétences du CECRL, est accessible gratuitement en ligne et actuellement hébergé par l'université de Lancaster en Angleterre. Il propose des tests de positionnement en quatorze langues

---

[14] Le Cadre Européen Commun de Référence pour les Langues, Common European Framework of Reference for Languages, CEFRL en anglais.

[15] L'étudiant coche des cases correspondant au degré d'aptitude auquel il est arrivé pour un certain nombre de compétences. À l'assertion « je peux rédiger un courriel technique concernant ma spécialité », par exemple, il indiquera s'il souhaite le faire, peut le faire avec beaucoup d'aide, un peu d'aide ou sans aide. Dès lors qu'il peut affirmer faire sans aide 70 % des tâches indiquées pour un niveau, on considère qu'il a atteint ce niveau. Les tâches indiquées sont empruntées au tableau d'aide diffusé par CercleS, la Confédération Européenne des Centres de Langues de l'Enseignement Supérieur.

[16] DIALANG est disponible à cette adresse :
<http://www.lancaster.ac.uk/researchenterprise/dialang/about.htm> (10.1.2014).

européennes. Il peut donc être utilisé tant pour la langue de travail que pour un bon nombre de langues MoDiMEs.

Le portfolio, pour aussi utile qu'il soit, ne pourra apporter une aide à l'étudiant que dans la mesure où celui-ci en comprend l'importance et l'utilité. De nombreuses études ont été menées sur l'usage du portfolio de langues et du e-portfolio, qui montrent que cela ne va pas de soi et que l'utilisateur doit être convaincu de son utilité pour en tirer profit, et il doit également bénéficier d'un suivi de la part de ses enseignants, car la culture de l'auto-évaluation est encore loin d'être répandue chez nos étudiants, comme nous avons déjà eu l'occasion de le montrer[17].

7. Coopération et collaboration

Les didacticiens (Johnson *et al.*, 2010) considèrent, en règle générale, que le développement des réseaux contribue à la co-construction des savoirs et devrait amener les universités à des approches plus transversales. C'est pourquoi les étudiants seront invités à utiliser une liste de diffusion, qu'ils pourront eux-mêmes paramétrer, et à prendre contact et partager leurs impressions avec les autres étudiants de leur université en mobilité, mais aussi avec les étudiants d'universités étrangères en mobilité dans leur université. Ils pourront envoyer des courriels individuels ou collectifs selon leurs besoins. À terme, si l'expérience s'étend et que d'autres universités choisissent d'utiliser le logiciel Erasmuslink, ils pourront communiquer avec des étudiants de tous horizons par courriel.

La communication individuelle peut aussi se faire par vidéo-email ou par connexion à une *chatroom* dédiée. La liste des membres du réseau indique quels étudiants sont actuellement en ligne et il est possible, d'un simple clic de souris, de les appeler à se connecter pour une vidéoconférence à deux ou plusieurs.

Le second outil mis à la disposition des utilisateurs est un forum ouvert à tous les étudiants de leur université en mobilité – ou ayant été en mobilité précédemment ou en instance de mobilité – ainsi qu'aux étudiants étrangers en mobilité dans leur université d'origine. Il n'a pas été jugé productif d'ouvrir ce forum à tous pour éviter la dispersion de l'information et favoriser l'impression de club restreint. L'objectif est, outre d'échanger des tuyaux et des conseils, de s'aider mutuellement à mieux comprendre les méthodes de travail en vigueur dans les établissements d'accueil.

Ce forum peut être modéré par le/les coordinateurs – responsables ou personnel du service des relations internationales de l'université, ou par un des

---

[17] Voir à ce sujet la communication de Anne-Marie Barrault-Méthy, Martin Walton et Dominique Vinet, « L'insertion d'un e-portfolio des langues dans un dispositf d'enseignement et d'apprentissage à l'université », *1er Colloque international francophone ePortfolio*, Québec, 2006, sur <http://www.eife-l.org/publications/eportfolio/proceedings2/que06/2B_gauthier_UCO.doc/view> (10.1.2014).

professeurs qui se connectent au logiciel. La coopération à travers le forum devra sans doute être stimulée par des animateurs, de préférence des étudiants participants. L'expérience montre que la participation initiale des enseignants, ou du/des personne/s en charge du suivi des étudiants, est souvent nécessaire pour initier les échanges. On pourra aussi envisager de faire intervenir des étudiants volontaires, membres d'associations étudiantes dont la vocation est le lien entre étudiants français et étrangers, comme c'est déjà le cas à l'université de Paris V ou celle de Grenoble.

Le troisième outil est une liste de diffusion permettant d'envoyer des messages individuels, ou collectifs, ceux-ci pouvant être ciblés ou non selon les critères de sélection suivants : pays ou université d'accueil, université d'origine, année de mobilité.

8. Problème du suivi : l'implication des enseignants

Les conditions d'apprentissage et de développement des compétences en cours de mobilité sont nécessairement très différentes de celles d'un cursus normal. Il s'agit ici de motiver des étudiants à distance et sans aucun moyen de coercition puisque l'autorité de contrôle est étrangère et ne participe pas – ou pas encore – à l'expérience Erasmuslink. Nous ne pouvons donc compter que sur la motivation des étudiants participant à l'expérience. C'est donc en leur montrant qu'ils peuvent valoriser le travail fourni dans les établissements d'accueil que nous espérons les inciter à tenir leur porte-document à jour. Celui-ci sera accessible aux enseignants de leur université d'origine qui souhaitent, soit suivre le travail supplémentaire qu'ils leur ont éventuellement conseillé de faire pour s'assurer de ne pas avoir de lacunes à leur retour, soit examiner et apprécier le travail fourni à l'étranger lors de leur retour, par exemple en préalable à un entretien de sélection en M2, si celui-ci a lieu en septembre.

Les étudiants devront accepter que leur travail soit accessible, en cliquant dans une boîte de dialogue, afin de préserver leur vie privée, conformément à la loi Informatique et Liberté. Ils pourront aussi classer les documents qu'ils y placeront comme documents de travail – leur propre production – ou documents de référence. Les deux autres catégories sont : les éléments du carnet de voyage et des documents personnels. Les documents personnels ne pouvant être ouverts que par leur propriétaire.

Si les enseignants interrogés se sont montrés très intéressés par la possibilité qui leur est offerte de découvrir, mais non de valider, le travail fait à l'étranger, et notamment la composition des plans de devoirs et autres travaux de recherche, il reste un doute sur l'effet induit. L'objectif affiché est la valorisation de ce travail, mais cela suppose qu'il soit de bonne qualité et justifie la validation de l'année passée en mobilité. S'il s'avère que certains ont remis des travaux dont la nature ou la valeur ne sont pas conformes à ce qui était escompté, ce sont les fondements mêmes du contrat Erasmus qui sont remis en cause. Les étudiants en ont été dûment informés et on peut supposer que seuls ceux qui estiment que leur travail doit être valorisé utiliseront cette vitrine de leurs compétences.

La question se pose donc de savoir s'il faut généraliser et imposer l'usage du porte-document comme moyen d'inciter les étudiants en mobilité à faire le meilleur choix de matières pour constituer leur contrat d'études, ou laisser à chacun la possibilité de choisir la facilité. En corollaire, il conviendra de convaincre les enseignants de ne pas utiliser ces documents comme preuve de l'inutilité des mobilités. En tout état de cause, il nous faudra aussi les amener à utiliser l'outil mis à leur disposition, même s'il ne nécessite aucune connaissance en informatique et fonctionne à partir de menus déroulants et d'icônes. On peut cependant estimer que chaque enseignant n'aura dans ses groupes qu'un très petit nombre d'étudiants de retour de mobilité et que le temps de lecture total sera limité.

9. Carnet de voyage

Conscients que la mobilité devait permettre une ouverture sur l'interculturel, nous avons décidé de profiter du projet de carnet de voyage porté par Pascale Argod, enseignante de documentation à l'ESPE d'Aquitaine et qui en a montré tout l'intérêt[18]. L'université de Clermont-Ferrand a mis en place depuis plusieurs années une expérience de prise en compte de l'acquis culturel des élèves du secondaire en mobilité dans le cadre des programmes Comenius. Les élèves sont invités à tenir un carnet de voyage et ils participent à un concours à leur retour[19]. Elle a ouvert cette année un nouveau volet de cette expérience en l'élargissant aux étudiants de Clermont-Ferrand et à ceux du collège de droit, économie et gestion de l'Université de Bordeaux, qui participera à l'expérience grâce à Pascale Argod. Celle-ci a préparé les étudiants sortants à la technique et aux enjeux du carnet de voyage et intervient aussi auprès des étudiants entrants.

Un concours national sera organisé en septembre prochain, au retour des étudiants en mobilité. Il sera doublé d'un concours local et d'une exposition d'extraits des meilleurs carnets. Nous voyons là l'occasion de faire la preuve que l'interculturalité n'est pas seulement affaire académique et que les talents des étudiants peuvent aussi s'exprimer au-delà des compétences mesurables à l'aune de travaux universitaires.

---

[18] Le Label européen des langues 2011 de l'Agence Europe-Éducation-Formation France a été décerné au projet clermontois et bordelais sur *« le carnet de voyage intermédia (de l'ouvrage au site web – blog ou à l'audio-visuel), outil pédagogique, créatif et artistique pour l'apprentissage des langues et pour l'éducation à l'interculturel de la maternelle à l'université »* (Pascale Argod), sur <http://www.europe-education-formation.fr/docs/20120203_RECUEIL-LABEL-2.pdf> (cf. p. 26). L'outil est référencé sur la base « Langues » de la Commission européenne.
[19] Pour plus de détails, voir le site web consacré à ce concours, <http://www.rendezvous-carnetdevoyage.com/page-prix-du-carnet-de-voyage-etudiant> (10.1.2014).

Ce carnet de voyage sera constitué de documents aux formats pdf, Word, html, ou de photos et/ou dessins commentés ou non, ou encore de vidéos, le tout à télécharger dans le porte-documents à la rubrique « carnet de voyage », accessible depuis le menu principal du logiciel Erasmuslink. Le carnet de voyage, destiné à la publication, sera aussi accessible aux enseignants.

10. Suivi fonctionnel et administratif

Outre le suivi pédagogique, nous proposons aussi une dématérialisation complète des processus de suivi de la mobilité. Mais compte tenu de la charge de travail des personnels, ces fonctions ne seront rendues opérationnelles que progressivement.

D'ores et déjà, les étudiants disposent d'une infothèque en ligne mise à jour régulièrement par le personnel de la Direction des Relations internationales. Ils devront sélectionner les universités pour lesquelles ils peuvent postuler selon des critères plus ou moins précis, comme la filière (droit, économie, etc., ce choix est obligatoire), la langue de travail, le continent, le pays, le type de contrat (Erasmus ou contrat de coopération internationale). Les informations sont plus complètes et le tri plus fin que sur le logiciel Moveonline[20], utilisé par la plupart des établissements européens et qui permet de gérer les flux d'étudiants en mobilité.

Les étudiants doivent remplir un formulaire qui alimentera les documents nécessaires à la mobilité : attestations d'arrivée et de présence, contrat Erasmus, rapport de fin de séjour et contrat d'études.

Le processus de validation des contrats d'études est aussi entièrement informatisé et la validation se fait en ligne par envoi aux partenaires de courriels contenant des liens vers les contrats et les autres documents. La dématérialisation des processus de contrôle suppose l'adhésion de l'agence 2e2f, car toute signature par un responsable est alors inutile. Ceci reste à négocier, car l'authenticité des documents ne peut être prouvée que s'il n'existe pas de moyen de falsification pendant le processus.

Le personnel responsable des mobilités dispose d'un code d'accès qui lui permet de gérer les mobilités, affecter les étudiants dans une des universités de leur choix, contrôler les documents d'accompagnement d'un coup d'œil grâce à des icônes dont la couleur change en fonction du degré de validation des documents. Il est aussi possible de leur envoyer des courriels individuels ou collectifs, en tri croisé.

S'il a été démontré à titre expérimental que la dématérialisation des processus occasionne un gain de temps considérable en supprimant notamment tout recours au courrier terrestre et permet de ne pas imprimer les documents, nous ne disposons pas encore de données sur la réception du logiciel par le personnel et sur les gains réels. La mise en place demandera sans doute des

---

[20] Moveon sur <http://www.qs-unisolution.com/portfolio/moveon/about.html> (10.1.2014).

améliorations, des enrichissements du logiciel et une formation du personnel qui ne pourra se faire qu'à moyen terme, lorsque la première phase de l'expérimentation sera terminée.

11. Conclusion

Le suivi administratif et pédagogique en ligne des étudiants en mobilité nous a semblé s'imposer comme une innovation nécessaire afin de donner un nouvel élan et une plus grande richesse à la mobilité étudiante dans notre université. Inciter les étudiants à partir étudier à l'étranger est un trait marquant de la politique de notre établissement, mais il reste difficile de convaincre les étudiants de s'éloigner, car ils craignent soit de ne pas savoir faire face à l'inconnu, soit de perdre pied et d'essuyer un échec à leur retour. Trois pour cent de nos étudiants – soit plus de 150 par an – au niveau L3 et M1 – en bénéficient. L'effort que nous avons consenti pour les rassurer et valoriser leur mobilité dépendra essentiellement de l'intérêt qu'ils trouveront à créer ce lien individuel et institutionnel que nous avons amorcé.

Sans doute perdrons-nous en route certains d'entre eux, peut-être oublieront-ils d'utiliser l'outil qui leur est offert. Il s'agit maintenant pour nous d'entretenir le lien et de faire vivre l'expérience du côté des étudiants avant d'y intéresser les enseignants et les personnels qui gèrent les mobilités. En tout état de cause, un tel dispositif ne pourra fonctionner efficacement que dans la mesure où son animation sera prise en charge collectivement par les étudiants, les enseignants et les personnels d'encadrement des mobilités. Nous pensons aussi à tous les établissements universitaires disposant de peu de moyens financiers, et qui choisiront de ne pas se procurer les logiciels payants largement utilisés par les universités d'Europe de l'Ouest permettant l'inscription en ligne des universités partenaires et des étudiants candidats à la mobilité. Le logiciel Erasmuslink et la plateforme d'e-learning sur lequel il est fondé, @genda 2.0, sont distribués gratuitement et destinés à renforcer les partenariats et la coopération entre toutes les universités européennes et celles du pourtour méditerranéen auxquelles le nouveau programme Erasmus+ ouvre les portes d'échanges que nous espérons fructueux.

Références

Argod, Pascale. 2005. Carnet de voyage : du livre d'artiste au journal de bord en ligne. CRDP d'Auvergne-SCEREN. Ministère de l'Éducation nationale (Argos Démarche), sur <http://ww.sceren.com/cyber-librairie-cndp.asp?l=carnets-de-voyage&prod=16245> (10.1.2014).

Argod, Pascale. 2011. Carnet de voyage sans frontières : une vision interculturelle, *Reflets d'ailleurs* (Pars en thèse), fac-similé d'extraits des carnets de voyage cités dans le corpus de la thèse, sur <http://www.editions-refletsdailleurs.com/Voyage-en-carnets.html> (10.1.2014).

Barrault-Méthy, Anne-Marie, Vinet, Dominique & Walton, Martin. 2006. L'insertion d'un ePortfolio des langues dans un dispositif d'enseignement et d'apprentissage à l'université. Communication au 1ᵉ Colloque international francophone ePortfolio. Québec, 10-12 avril.

Conseil de l'Europe. 2012. *Label européen des langues*, sur <http://www.europe-education-formation.fr/docs/20120203_RECUEIL-LABEL-2.pdf> (10.1.2014).

European Programme Agency. *Life-long Learning Programme,* sur <http://llp.eupa.org.mt/content.php?id=208> (10.1.2014).

Johnson, Laurence F., Levine, Alan, Smith, Rachel S. & Stone, Sonja. 2010. *The 2010 Horizon Report.* Austin, Texas: The New Media Consortium.

Méthy, Anne-Marie. 2005. L'impact de l'utilisation du Portfolio européen des langues en cycle de Licence de Sciences économiques. *ASP,* n° 47-48, pp. 103-120, sur <http://asp.revues.org/806>.

Schärer, Rolf. 2004. *Portfolio Européen des Langues. De l'expérimentation à la mise en œuvre (2001-2004), Rapport de synthèse.* Strasbourg : Conseil de l'Europe sur < http://www.coe.int/t/dg4/education/elp/elp-reg/Source/History/ELP_report_2001_FR.pdf> (20.3.2014).

Vinet, Dominique. 2009. Le portfolio électronique des langues : de l'auto-évaluation à la collaboration interculturelle, *Cahiers de l'APLIUT,* Vol. XXVIII, n° 2, pp. 75-85.

Wikipédia : *ECTS,* sur <http://fr.wikipedia.org/wiki/Système_européen_de_transfert_et_d'accumulation_de_crédits> (10.1.2014).

Mobilités étudiantes et diplomatie culturelle française

GILLES ROUET

Le retour sur investissement des bourses accordées par les services de coopération français à l'étranger est certes important, en cumulé et du point de vue de l'image de la France, et contribue très certainement à maintenir de bonnes conditions de coopération sur le plan politique, avec la formation de nouvelles élites en France. Pour autant, l'intégration européenne, l'évolution des demandes de mobilité des étudiants et des stratégies et structures des établissements d'enseignement supérieur, invitent à remettre en question le dispositif d'attribution de bourses par le gouvernement français, dans un contexte de réduction budgétaire qui aboutit à un saupoudrage des moyens accordés, en particulier au sein des « petits » États membres de l'Union européenne. Cette politique qui souffre d'un manque de définition globale paraît désormais peu adaptée à la fois au contexte et à la politique européenne française.

Il ne s'agit pourtant pas ici de participer à la thèse d'un déclin culturel et politique français, mais bien de mettre en évidence, à partir de l'analyse d'un exemple significatif, des éléments d'analyse de ce dispositif institutionnel de mobilité étudiante qui ne prend pas en compte les instruments européens (Erasmus en particulier) et est désormais mal articulé avec l'évolution de la diplomatie culturelle française.

Cette contribution s'appuie en particulier sur le dépouillement de près de 1 800 dossiers de boursiers du gouvernement français de l'Institut français de Bulgarie sur une vingtaine d'années (et non sur l'analyse des budgets annuels alloués aux bourses).

L'attribution de bourses par des représentations étrangères en pays tiers est un instrument à la fois de la diplomatie d'influence et de la diffusion culturelle (la première s'articulant, dans le cas français, avec la seconde). La politique étrangère française s'appuie explicitement sur l'affirmation d'une politique culturelle internationale et le réseau diplomatique mis en place au cours des derniers siècles s'est doublé progressivement d'un réseau culturel mondial qui comprend des Instituts, des Alliances françaises, des écoles et lycées français.

Ce « réseau », comme l'appellent d'ailleurs ses acteurs[1], est au centre de nombreux débats et critiques. Il serait trop coûteux, trop distant, peu efficace, pas adapté aux enjeux, il manquerait de visibilité et de nombreux rapports parlementaires ont été consacrés à cette question, depuis plus d'une vingtaine d'années [2]. Pour améliorer l'efficacité du dispositif (on peut d'ailleurs se demander par rapport à quels objectifs !), le dernier choix a été fait de rassembler différents opérateurs au sein de deux entités. Ainsi, la Loi sur l'action extérieure de l'État du 27 juillet 2010 a créé deux établissements publics à caractère industriel et commercial (EPIC) : l'Institut français, qui se substitue en 2011 à l'association Cultures France, et Campus France, opérateur unique « au service de la politique d'attractivité de la France en direction des étudiants et chercheurs étrangers », placé sous la tutelle du ministre des Affaires étrangères et du ministre en charge de l'enseignement supérieur. Campus France s'appuie sur un réseau de plus de deux cent soixante établissements d'enseignement supérieur adhérents et constitue une fusion des deux précédents opérateurs en charge de la gestion des bourses du gouvernement français. Les activités internationales du service public en charge en particulier de l'accueil et du logement des étudiants étrangers, le Centre National des Œuvres Universitaires et Scolaires (CNOUS), ont également été intégrées depuis le 1er septembre 2012 (Prémat, 2013).

En 2013, une des premières mesures de l'opérateur a été d'augmenter les frais de gestion et donc les prélèvements sur les montants des bourses[3], alors qu'il aurait été assez logique de s'attendre à une contraction. Il s'agit en fait d'un « dommage collatéral » lié à la prise en compte de coûts auparavant imputés autrement, mais cette mesure a évidemment renforcé la tendance à la baisse du nombre d'étudiants boursiers du gouvernement français : - 21 % entre 2006 et 2011. À budget constant, une augmentation des frais de fonctionnement des structures de gestion (au niveau central) et une baisse des budgets de fonctionnement des structures d'attribution des bourses (au niveau des représentations à l'étranger) aboutiront dès 2013 à une augmentation très

---

[1] Une réunion générale annuelle, à Paris jusqu'en 2010, était justement nommée « journées du réseau », sorte de congrès annuel où sont présentés thématiquement les éléments de la politique culturelle française et où se rassemblent des centaines d'attachés linguistiques, culturels ou de coopération. Ces journées seront profondément transformées en 2012, sur fond *a priori* de restriction budgétaire, mais peut-être aussi comme signe d'une évolution du « réseau » lui-même et de son fonctionnement. En fait, il ne s'agit pas d'un réseau : les acteurs n'ont affaire qu'à la « centrale » (direction au niveau national) et très peu entre eux !
[2] Cf. bibliographie.
[3] Il existe plusieurs taux de bourses. Le plus utilisé pour l'enseignement supérieur permet de verser au boursier une somme de 767 € par mois, alors que 1150 € est imputé sur le budget de l'ordonnateur de la bourse (principalement les représentations à l'étranger, mais aussi le ministère lui-même pour certains programmes). Ainsi, l'opérateur prélève 1/3 du montant alloué en frais de gestion. En 2012, le boursier recevait le même montant, mais la mensualité était de 1050 €. Les frais de gestion ont ainsi été augmentés de 35 % pour ce type de bourse, en grande partie en conséquence de l'intégration de l'activité du CNOUS et donc suite à une reventilation des contraintes financières.

importante de cette baisse et il est probable que les boursiers représenteront moins de 4 % des étudiants étrangers en France en 2013 (7 % en 2006, 5 en 2011).

Il est légitime de s'interroger sur la pertinence de l'instrument, d'une part, en particulier au sein de l'Union européenne et en prenant en compte l'évolution des comportements des étudiants, et sur son efficacité, d'autre part, car la baisse tendancielle, régulière et annoncée pour les années à venir des budgets consacrés aux bourses aboutit à une dilution du nombre de bénéficiaires par pays. Comment envisager une diplomatie d'influence quand moins de dix étudiants d'un pays sont envoyés chaque année en France ? Quelle est la crédibilité de l'outil quand il est autant réduit ?

Cette contribution, après un bref rappel historique de la diplomatie « culturelle » française et du dispositif de bourses, s'appuie sur l'analyse des attributions de bourses du gouvernement français depuis les vingt dernières années et donc des mobilités étudiantes associées à ces bourses et tente d'apporter des éléments sur la pertinence du dispositif français, en particulier dans le cas des mobilités au sein de l'Union européenne.

1. Institutions et acteurs de la diplomatie « culturelle » française

L'origine des Centres et Instituts culturels français est certainement plus à chercher dans la coopération universitaire, active au début du XXe siècle, que dans la mise en place de structures d'intervention culturelle : il n'était alors pas question, justement, d'utiliser la culture à des fins diplomatiques, la France disposait d'une image liée à sa culture, à sa puissance internationale et, surtout, les relations internationales reposaient sur d'autres bases.

Des universités, en particulier celles de Grenoble et de Toulouse, ont mis en place des filiales en Italie, en Espagne ou en Tchécoslovaquie afin d'assurer l'accueil des étudiants et chercheurs français dans ces pays, une démarche poursuivie ensuite entre les deux guerres mondiales. Des Centres et Instituts ont ainsi été installés et ont développé progressivement des activités de conférences et de cours pour les étudiants des pays d'implantation. Ainsi, l'Institut de Florence est créé en 1908 et est toujours un établissement universitaire, puis des Instituts sont créés à Londres en 1910, à Tokyo en 1930 ou encore à Stockholm en 1937. L'animation était assurée par des lecteurs ou des universitaires détachés directement auprès d'universités étrangères partenaires ou qui abritaient ces Instituts qui progressivement ont augmenté leur autonomie. Le caractère académique s'est estompé et les instituts ont proposé des activités plus diversifiées, en particulier dans le domaine des cours de français, la demande étant très forte.

Ce mouvement se poursuit après la Deuxième Guerre mondiale et les Instituts ont alors pour objectifs non plus d'assurer une mission de coopération universitaire et scientifique, mais d'organiser la diffusion de la langue et de la culture françaises à l'étranger. Le Moyen-Orient est ainsi investi avec la création d'Instituts à Téhéran et à Beyrouth, mais aussi, dans la logique de la réconciliation franco-allemande, en Allemagne où un important dispositif est mis en place.

La stratégie de renforcement du dispositif diplomatique culturel français aboutit à de nombreuses signatures d'ententes et d'accords afin de mettre en place des échanges, de fixer les conditions dans lesquelles la langue française et réciproquement celle du pays hôte seront enseignées, de prévoir des envois d'experts en mission, de professeurs détachés, etc. Par exemple, la France signe un accord bilatéral avec la récente Tchécoslovaquie et met en place une section tchèque dans un lycée français et une section slovaque dans un autre. Un accord bilatéral de coopération éducative et culturelle est signé avec la Hongrie[4]. À cette époque, des scientifiques reconnus sont désignés pour représenter la France à la Société des Nations. Par exemple, en 1921, Marie Curie et Henri Bergson siègent à la Commission de coopération culturelle[5].

Un dispositif de « diplomatie culturelle » s'installe ainsi progressivement en s'émancipant des initiatives universitaires. L'ancien Service des œuvres françaises créé en 1920 est remplacé en 1945 par une Direction générale des relations culturelles et des œuvres françaises à l'étranger, à l'intérieur du ministère des Affaires étrangères qui met en place, en 1949, les conseillers et attachés culturels, rattachés directement aux Ambassades dans le cadre de nouveaux « Services de coopération et d'action culturelle » (SCAC).

Après la Deuxième Guerre mondiale, cette nouvelle diplomatie doit démontrer la vitalité de la France reconstruite. Il s'agissait aussi de retrouver une place à l'international et de contrer l'influence américaine nouvelle. Les gouvernements n'ont pas, seuls, développé cette démarche en pratique puisque déjà une « société civile », autour de personnalités françaises[6], va entreprendre de revitaliser l'ancienne Alliance française, dans une logique assez similaire à la démarche originelle, et le réseau va se développer énormément entre 1950 et 1967, grâce, essentiellement, à l'investissement de l'État qui augmente sa participation budgétaire. Le système est simple puisque des associations volontaires d'« amis de la France », de la langue et/ou de la culture françaises

---

[4] Le Centre Interuniversitaire d'Études Hongroises, désormais sous le double sceau en France des ministères des Affaires étrangères et de l'Enseignement supérieur et de la Recherche, intégré à l'université Paris 3, est directement installé à la suite d'un tel accord bilatéral. Ces accords évoluent progressivement, en particulier dans les anciens pays satellites de l'URSS désormais membres de l'Union européenne.

[5] Un Institut international de coopération intellectuelle est même créé en 1924 et est présidé alors par la France.

[6] L'Alliance française est une fondation créée le 21 juillet 1883 par le chef de cabinet de Jules Ferry, Paul Cambon, avec l'appui de personnalités comme Ferdinand de Lesseps, Ernest Renan ou encore Jules Verne. Il s'agissait de renforcer le rayonnement culturel français à l'étranger après la défaite de Sedan. Émile Henriot en sera le président entre 1949 et 1961. Les trois missions des Alliances françaises sont désormais de « proposer des cours de français, en France et dans le monde, à tous les publics », de « mieux faire connaître la culture française et les cultures francophones, dans toutes les dimensions » et de « favoriser la diversité culturelle en mettant en valeur toutes les cultures », cf. <http://www.fondation-alliancefr.org/>.

obtiennent un « label » de la part d'une organisation centrale parisienne qui distribue également des subventions et s'attache à diffuser livres, revues puis CD, DVD, etc. Certaines de ces structures associatives deviennent, dans certains pays, de véritables « filiales » des Instituts culturels et sont dotées d'un personnel de direction financée par le ministère[7]. Le label concerne également de très nombreuses associations de droit local souvent assez peu actives, ce qui pose le problème de la pertinence du label lui-même dans ce cas[8].

Les Alliances françaises, désormais réparties sur les cinq continents sont toujours liées à l'Alliance française de Paris qui a ainsi traversé le temps et résisté aux événements et changements de politiques depuis la fin du XIXe siècle. Les vagues d'implantation ont dépassé l'Europe pour l'Amérique puis désormais pour l'Asie. Ainsi, même dans le cadre d'un montage institutionnel relativement complexe, et dans ce contexte d'une tutelle politique indirecte de la part du ministère des Affaires étrangères, après un conventionnement en 2008 avec le ministère des Affaires étrangères, les Alliances françaises restent des outils de la diplomatie culturelle[9].

Des dispositifs assez divers de bourses pour étudiants ont été mis en place après la Deuxième Guerre mondiale. En effet, les pays du Sud ont alors envoyé leurs cadres nationaux pour être formés dans les universités du Nord. C'est avec ce mouvement de « solidarité » (Coulon et Paivandi, 2003, 5) que le nombre d'étudiants étrangers au sein des universités françaises, en particulier, a augmenté… et que les dispositifs de soutien ont accompagné ce qui deviendra l'aide au développement.

Après les années 1980, les échanges d'étudiants s'internationalisent et de nouvelles pratiques apparaissent, en liaison avec l'émergence puis le développement rapide d'un marché mondial de l'éducation supérieure. Le dispositif de « bourses du gouvernement français » constitue alors à la fois un instrument d'aide au développement (qui peut s'analyser dans une démarche postcoloniale, du côté de la France comme de celui des pays bénéficiaires) et de diplomatie d'influence, comme on le verra plus loin.

Après la chute du Mur de Berlin, le « retour en Europe » des anciens pays satellites de l'URSS a poussé la politique extérieure française à renouveler une diplomatie d'influence et à contribuer à la formation d'une nouvelle élite,

---

[7] Ce réseau comprend, en 2013, 857 implantations dans 135 pays (968 dans 136 pays en 2011), mais derrière cette statistique globale, une énorme disparité existe, entre le simple bureau installé dans une université de province et abritant une centaine de livres et l'établissement culturel installé dans un centre-ville et accueillant des milliers d'apprenants du français. Au total, près d'un demi-million de personnes suivent des cours de français au sein de ce réseau.
[8] Plus de deux cents retraits du label ont été effectués depuis 2008, principalement en Europe.
[9] Une réforme de ce réseau n'est pas à l'ordre du jour étant donné le niveau d'autofinancement des activités qui peut atteindre 100 % dans le cas d'Alliances françaises non subventionnées et sans personnel détaché de l'État. Les subventions aux Alliances françaises se montent à 7,4 millions € (loi de Finances 2013), à rapprocher, par exemple, des 425 millions d'euros attribués à l'Agence pour l'enseignement français à l'étranger pour le financement des établissements scolaires français implantés hors de France (autonomes ou en gestion directe).

souvent en s'appuyant sur l'héritage des anciens accords bilatéraux (Gura & Rouet, 2011 ; Rouet, 2014). Ainsi, des centres de coopération culturelle, en particulier, ont été installés sur la base des dispositifs précédents, devenus depuis des Instituts Français, des budgets relativement importants ont été accordés pour des activités de coopération universitaire, scientifique ou « institutionnelle » (c'est-à-dire pour promouvoir des échanges entre ministères et administrations ou bien pour accompagner le développement de coopérations entre collectivités locales).

Une analyse rapide des budgets et de leurs évolutions montre bien un déficit d'individualisation des politiques. Les budgets (et donc le nombre de mensualités de bourses accordées) sont ainsi fonction de la taille du pays et de l'évaluation de l'intérêt de la coopération bilatérale du point de vue français… un dernier critère très difficile à réellement graduer. Néanmoins, pour les nouveaux États membres, deux périodes peuvent être mises en évidences : l'avant adhésion ou pré-adhésion à l'Union européenne (de 1990 à 2003 ou 2005 selon les pays) et ensuite à partir de l'intégration des pays au sein de l'Union européenne. Durant la première période, les budgets ont été augmentés (ou créés dans le cas de nouveaux États comme la Slovaquie ou les pays baltes) puis ont été réduits régulièrement, mécaniquement, les nombres de mensualités de bourses ont suivi cette évolution. Il s'agissait bien alors d'une diplomatie d'influence afin d'asseoir le rapprochement et les bonnes relations politiques et économiques entre les pays considérés et la France. Ensuite, après une intégration au sein de l'Union européenne et des accompagnements plus ou moins réussis, les budgets continuent à baisser, dans un contexte de pénurie budgétaire, mais aussi d'hésitation à maintenir des relations bilatérales (politiques essentiellement) dans une logique communautaire… Globalement, les enjeux restent à la fois peu spécifiés et surtout peu individualisés selon les pays : une même logique de coopération est proposée à chaque représentation, en ce qui concerne, en particulier, le dispositif des bourses du gouvernement français, sans prendre en compte des spécificités ou même des demandes particulières de gouvernements ou d'institution. Voilà pourquoi le dispositif des bourses s'adresse à des individus de chacun des pays et ne s'inscrit que très rarement dans une logique réelle de coopération.

Pour autant, les enjeux de la mobilité internationale (et donc du renforcement de « l'attractivité » de la France) sont très importants, alors que la population active des chercheurs comme des ingénieurs est vieillissante et que le vivier baisse en termes de ressources humaines. On peut ainsi se demander comment articuler (et s'il est possible d'articuler) diplomatie d'influence, politique d'attractivité, renforcement du bilatéral politique et construction européenne…

2. Évolutions de la mobilité des jeunes européens

Alors que la mobilité des étudiants augmente au niveau mondial dans le cadre d'un marché en développement rapide, l'Union européenne (en interne, mais aussi avec les partenaires) tente de conjuguer l'objectif d'un espace européen de l'enseignement supérieur et de la recherche articulant logique marchande et de service public. Sur ce point, et malgré les critiques, il faut reconnaître qu'au sein de la zone du Processus de Bologne (47 pays), des instruments existent qui permettent de maintenir une logique sinon de service public, du moins d'enseignement supérieur lié à des objectifs citoyens et sociaux, et non seulement économiques (Côme & Rouet, 2011). Dans ce contexte, il est politiquement fondamental de poursuivre une consolidation de cet espace et de tenter de dépasser les intérêts nationaux de chaque pays concerné.

L'exemple franco-bulgare illustre bien cette évolution, en Europe au moins : un changement de positionnement justifié par la construction européenne et qui se traduit en particulier par une baisse assez radicale des budgets de la coopération culturelle. Cette évolution n'est pas simple, car la coopération bilatérale se dilue mal dans la coopération multilatérale, surtout quand les acteurs ne sont ni préparés ni expérimentés, d'une part, et quand l'intégration européenne de certains pays, dont la Bulgarie (et comme, plus globalement, le projet européen lui-même), reste inachevée, d'autre part ; ces pays nouveaux membres de l'UE sont encore demandeurs de coopérations bilatérales (Rouet, 2012).

Les textes sur lesquels repose la coopération politique bilatérale franco-bulgare spécifient peu, en fin de compte, les perspectives (comme, d'ailleurs, dans le cas d'autres pays) et, surtout, aucun dispositif installant des relations durables institutionnelles dans le contexte de l'Union européenne n'a été proposé : la coopération universitaire et scientifique se contente d'un « accompagnement » relatif des relations existantes ou en développement (et en incitant la mise en place de certaines) entre institutions des deux pays ou dans le cadre de consortia européens.

Les mobilités étudiantes, sous forme de bourses accordées dans des conditions diverses selon les pays, constituent un « outil » un peu automatique, avec une tendance à la baisse des bénéficiaires pour des raisons budgétaires, sans réelle réflexion ou analyse des effets du dispositif.

Néanmoins, les dispositifs institutionnels sont difficiles à remettre en cause et un double objectif apparemment contradictoire est toujours poursuivi avec ce dispositif d'aides à la mobilité étudiante : d'un côté, renforcer l'attractivité de la France en invitant les futures élites des pays étrangers à effectuer des études en France (et en espérant que ces étudiants intégreront ensuite des positions d'autorités), d'un autre côté, attirer, et souvent conserver, les meilleurs parmi les étudiants de l'étranger au bénéfice des entreprises voire des administrations françaises et si possible dans des secteurs en déficit.

Globalement, ces deux objectifs s'articulent et ne sont pas stables dans le temps : par exemple, les boursiers russes entre 1990 et 2004 sont, dans leur grande majorité, restés en France, s'intégrant d'ailleurs rapidement sur le marché du travail, ce qui n'est plus le cas à partir de 2005-2006, alors qu'avec un changement de contexte économique (et aussi sur le plan des mentalités politiques), la tendance est au retour au pays.

Au sein de l'Union européenne, une autre évolution est facile à constater : l'adhésion des pays d'Europe centrale et orientale et les évolutions économiques, sociales, politiques, en particulier des pays du Nord ou du groupe du Višegrad (Pologne, Slovaquie, République tchèque, Hongrie) ont contribué à un changement assez radical des comportements. Les jeunes cherchent bien à faire des études à l'Ouest, mais pas forcément pour rester, ou en tout cas leur installation n'est pas relative à une stratégie délibérée et, surtout, même si leur séjour dure plusieurs années et qu'ils deviennent nationaux des pays d'accueil, ils ne perdent pas leurs repères originaux. La construction identitaire est désormais très différente, l'intégration européenne réduit les logiques mentales de migration (Rouet, 2013). Même si, dans les faits, les résultats semblent les mêmes, la proximité représentée et vécue entre les situations, « européennes », induit à la fois des comportements et des enracinements différents (Dufoulon, Roštekova, 2011).

Il est bien connu que la génération Erasmus est aussi celle de la mobilité et pas celle de la migration : même si un jeune étudiant étranger de Science Po Paris ou d'une école d'ingénieur française est embauché en France dès la validation de son diplôme, son installation est rarement vécue comme définitive, même, encore une fois, si elle le devient en définitive. L'Union européenne a facilité la circulation, en particulier au sein de la Zone Schengen, et a contribué à transformer les distances, géographiques comme mentales.

Ainsi, de très nombreux Bulgares, par exemple, rentrent chez eux les week-ends et travaillent la semaine en Autriche, ou en Allemagne… Cette évolution n'est pas uniforme partout en Europe, et n'est pas robuste : les crises en Espagne ou en Grèce ont eu des effets évidemment tragiques pour des jeunes, en particulier diplômés, prenant le chemin d'une émigration qu'ils souhaitent souvent temporaire, mais l'évolution des mentalités peut s'avérer être une protection contre les déracinements forcés.

Au sein des pays ayant adhéré à l'Union européenne en 2004, 2007 et 2013, l'évolution des comportements est certainement très différente pour les jeunes étudiants de celle des étudiants français, par exemple, même si les différences semblent bien se lisser désormais. La mobilité semble devenue une caractéristique sociale intégrée et n'est plus une exception. Ainsi, au sein de toutes les familles slovaques, des jeunes ont effectué plusieurs années de séjour « économique » ou d'études à l'étranger, au sein d'un autre pays européen dans la plupart des cas (Rouet, Roštekova, 2013).

De ce fait, le dispositif des bourses du gouvernement français n'est plus qu'un dispositif parmi d'autres, une possibilité à saisir pour des jeunes désormais habitués à rechercher les opportunités, à scruter les sites internet d'information et à solliciter les agences ou services spécialisés. La langue reste un facteur déterminant de choix, mais, de plus en plus, ce sont bien les jeunes étudiants, au sein de l'Union européenne, qui choisissent de candidater à un jury de bourse français. Malgré les discours officiels, il ne s'agit plus du tout d'une démarche de recherche de candidats adaptés à des objectifs, de la part des autorités qui délivrent les bourses, en tout cas en ce qui concerne le dispositif français.

3. L'exemple des boursiers bulgares du gouvernement français entre 1990 à 2011

Peu d'études ont été consacrées à l'histoire des bourses du gouvernement français et les informations disponibles, globales et compilées ne permettent pas aisément d'analyser la pertinence et l'efficacité du dispositif. Cette réflexion est compliquée, car les objectifs explicites et implicites s'articulent assez difficilement. Un objectif évident est de contribuer à une diplomatie d'influence : les boursiers, formés en France, constituent une élite francophile et francophone et peuvent à l'évidence faciliter, voire favoriser, les relations bilatérales entre leur pays et la France, au niveau politique, diplomatique comme économique ou culturel. Un autre objectif s'inscrit dans l'aide au développement, tout en rejoignant en partie le premier. Enfin, des relations historiques déterminent à l'évidence le niveau des budgets alloués aux bourses dans certains pays. En 2011, 19 % des boursiers sont européens (9 % de l'Union européenne), 20 % sont du Maghreb, 18 % d'Asie et d'Océanie. En 2013, 77,4 millions € ont été prévus pour les bourses au titre de la diplomatie d'influence (Loi de finances 2013), une masse budgétaire qui cache, bien évidemment, une grande diversité de situations étant donné que la majeure partie des bourses sont gérées localement par les services des représentations diplomatiques. En particulier, il est assez vain d'espérer trouver une logique en termes de répartition par pays (en fonction de la population ou bien de critères liés à la population étudiante). Cette masse budgétaire est finalement un ensemble de budgets « pays » dont les évolutions sont liées à l'histoire de la représentation diplomatique plus qu'à une stratégie particulière. Les ajustements, d'année en année, à la baisse, consistent donc, sauf cas particulier (pour la Chine notamment), à faire baisser de manière plus ou moins importante ces budgets sans réflexion particulière sur la pertinence du dispositif.

De plus, au niveau européen se pose le problème de la double implication budgétaire : la France fournit moins de 18 % du budget européen tout en maintenant des dépenses pour la coopération universitaire et scientifique et en proposant des bourses aux ressortissants des pays de l'Union européenne. La question de l'articulation entre politique multilatérale européenne et coopérations bilatérales se pose à l'évidence (Roche, 2006), surtout en période de réduction budgétaire et de poursuite d'une politique d'intégration communautaire, de réalisation progressive d'une citoyenneté européenne effective (mais néanmoins supplétive), et des tendances observées de « parcours » de vie « mobiles » au sein de l'espace européen (comme en témoigne la « génération Erasmus »).

En particulier, la question du retour ou non au pays se pose très différemment selon l'origine des boursiers : former un médecin algérien en France, qui reste en France, est évidemment positif pour la France qui doit notamment lutter contre la désertification médicale dans certaines régions, mais ce n'est ni pour l'Algérie qui perd un spécialiste, ni pour la diplomatie d'influence ! En revanche, former un manager polonais qui ensuite travaillera en Allemagne, en Slovénie ou au Portugal contribue à la construction européenne... Même si le retour sur investissement pour la France, comme pour la Pologne d'ailleurs, n'est pas direct, il est réel au niveau communautaire.

Les études sur les boursiers du gouvernement français s'appuient très généralement sur les éléments budgétaires disponibles pays par pays et année par année. En effet, en chaque fin d'année, pour la période considérée, sont décidées les « enveloppes » attribuées à chaque représentation, centre ou institut pour l'année suivante. Cependant, ce type d'analyse présente plusieurs biais. En premier lieu, si les montants attribués aux bourses correspondent bien à un nombre défini (et facilement calculable) de mensualités, l'analyse des budgets exécutoires ne permet pas de vérifier la réalité de l'attribution de la totalité des mensualités prévues et il est très difficile de connaître le montant non utilisé. Pour autant, ce biais n'est peut-être pas le plus important. En effet, si les bourses pour des stages peuvent correspondre à des durées de quelques jours à quelques mois, les bourses pour des études universitaires peuvent mobiliser des fonds pour plusieurs années, les responsables ayant alors l'obligation de prévoir, en récurrence, les moyens nécessaires pour la mise en œuvre d'une décision antérieure. Il est donc important de pouvoir analyser la dépense au moment où elle est mise en œuvre, à son début, et non pas chaque année. Par exemple, accorder une bourse de thèse à un doctorant pour trois ans (un semestre par an) implique de prévoir les moyens nécessaires, non seulement lors de la première année de thèse, mais aussi pour les années suivantes. Ce qui semble le plus important est donc de pouvoir connaître l'année de décision, et non l'année d'exécution.

L'analyse suivante s'appuie sur le dépouillement des dossiers personnels des boursiers entre 1990 et 2011 archivés au sein de l'Institut français de Bulgarie[10] donc sur la réalité des départs en France des boursiers (la dépense n'est déclenchée que quand le boursier arrive en France), pour une année (civile) donnée, quelle que soit la durée du séjour.

---

[10] Travail de dépouillement réalisé par Blagovesta Delcheva et l'auteur.

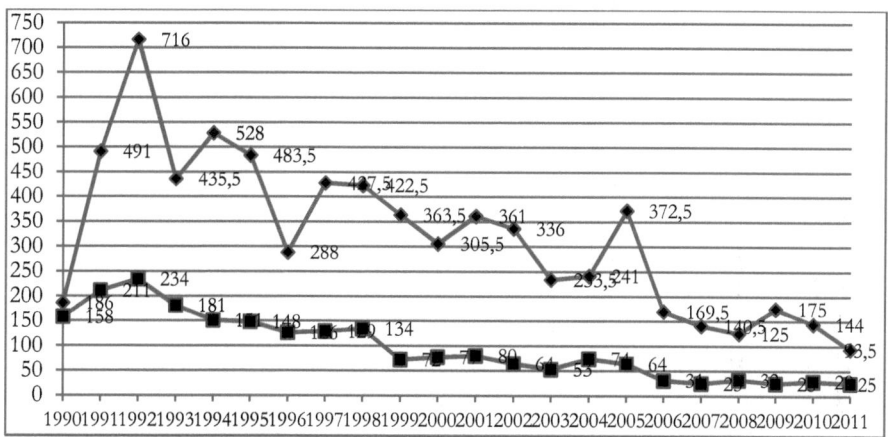

Figure 1. Nombres de mensualités de bourses du gouvernement français accordées chaque année (y compris pour les années suivantes) et de bénéficiaires entre 1990 et 2011.

Durant cette période, plusieurs types de bourses ont été proposés, bourses d'études (universitaire, mais aussi à l'ENA par exemple ou pour des fonctionnaires dans des écoles spécialisées), bourses de stage (pour des étudiants ou des professionnels, ou bien pour une formation continue plus ou moins longue pour les enseignants de français), invitations en France (n'ont été retenus que les séjours d'une semaine au minimum, en général des invitations à des rencontres entre spécialistes au sein d'un ministère, par exemple).

Le graphique précédent rend compte de la baisse constante, à la fois en termes de mensualités et de bénéficiaires[11]. Après une augmentation du budget consacré aux bourses en 1991 et 1992, année de la signature du traité bilatéral et après la chute du Mur de Berlin, les totaux diminuent régulièrement (jusqu'à une diminution de près de 90 % entre 1992 et 2011). Les années 1993, 1996 et 2000 connaissent des baisses plus importantes afin d'absorber les décisions des années précédentes. Ces statistiques cumulant les bourses de toutes durées, la durée moyenne s'accroît durant la période, ce qui correspond à une diminution importante des bourses de courte durée (en particulier stages professionnels et stages linguistiques). Bien entendu, pour avoir une idée de l'effectif réel des étudiants bulgares en France bénéficiaires d'une bourse, il faudrait adjoindre à ces dénombrements les bourses accordées par les régions françaises, en particulier dans le cadre de la coopération décentralisée, dans le cadre d'une politique qui échappe à celle de l'État. Dans le cas de la Bulgarie, qui n'a pas mis en place de collectivités territoriales autonomes, l'effectif est marginal. Dans le même ordre d'idée, les bourses accordées par d'autres organismes ont été d'un nombre limité durant la période (Pol, Saudrubray & SFERE, 2005).

---

[11] Ces nombres de mensualités correspondent à des budgets annuels de 800 à 200 000 euros.

Au total, 1 775 personnes ont bénéficié d'une bourse[12], dont 33 % d'hommes (entre 60 et 84 % de femmes selon les années), une disparité qui s'explique en grande partie par la répartition des locuteurs de français selon le sexe. En 2006, le recensement des étudiants bulgares inscrits en France fournit un effectif total de 2 905 étudiants, dont 73 % de femmes, un pourcentage analogue à celui pour 2008 (2 230 étudiants bulgares en France).

Tableau 1 : Effectifs et pourcentages de femmes et d'hommes selon le type de bourse (1990-2011)

Type de bourse	Femmes		Hommes	
Doctorats (dont cotutelles)	79	62 %	48	38 %
Licence/Maîtrise	14	56 %	11	44 %
Master professionnel	174	72 %	67	28 %
Master recherche	66	65 %	36	35 %
Stage formation français	300	83 %	60	17 %
Stage scientifique	132	56 %	102	44 %
Stage administration	125	64 %	70	36 %
Stage économique	65	60 %	43	40 %
Stage institution culturelle	51	72 %	20	28 %
Autres stages	275	60 %	167	40 %

Il peut paraître surprenant de constater que ni la période de pré-adhésion (2000-2007), ni celle après l'adhésion à l'Union européenne n'ont modifié le cours de la tendance à la baisse des budgets qui semble insensible à toute évolution du contexte politique. La politique des bourses, dans ce cadre bilatéral, apparaît ainsi comme une contrainte par les aspects financiers et ne peut que concerner les répartitions des types de bourses chaque année. Dans ce contexte, les services éducatifs et linguistiques ont abandonné les stages « Français Langue Étrangère », qui pourtant étaient des outils non seulement de formation des enseignants de français, mais aussi de fidélisation des contacts. Les services de coopération institutionnelle et technique (en charge des coopérations entre les administrations et les collectivités locales, principalement), ont réduit fortement leur niveau d'intervention et les services de coopération universitaire et scientifique ont limité la durée totale des bourses pour les étudiants. Ainsi, les étudiants ne peuvent pas, d'après les instructions, recevoir de bourse pour un cycle de master de deux années, mais seulement pour la deuxième année, ce qui pose évidemment des problèmes importants, car le premier cycle universitaire en Bulgarie (le *bakalavar*) a une durée de 4 années d'études et que les masters sont souvent considérés comme des formations complémentaires (de type *post-graduates*), en général d'une durée de 3

---

[12] Mais 1726 dossiers sont correctement renseignés et donc exploitables, soit 97 %.

semestres (Rouet, 2012). Pour faire admettre des étudiants bulgares en deuxième année de master en France, il faut ainsi soit sélectionner des étudiants déjà titulaires d'un master en Bulgarie, soit négocier en équivalence de première année de master la dernière année du premier cycle.

Tableau 2 : Répartition des boursiers (formation universitaire) selon les champs d'études (1990-2011)

Disciplines	Licence/ Maîtrise	Master Pro. et equ.	Master recherche	3ème cycle et Doctorat	Totaux	%
Sciences de gestion	6	120	11	4	141	27 %
Sciences de l'ingénieur	3	29	20	23	75	14 %
Droit, sciences politiques	13	18	15	5	51	10 %
Lettres (Français) et traduction	4	12	19	18	53	10 %
Sciences fondamentales et application	1	4	13	35	53	10 %
Sciences de la nature et de la vie	1	5	4	19	29	6 %
Sciences humaines	1	4	13	7	25	5 %
Sciences sociales	1	6	5	8	20	4 %
Sciences administratives	0	22	0	1	23	4 %
Sciences économiques	2	5	2	5	14	3 %
Études artistiques	0	14	1	2	17	3 %
Médecine & pharmacie	0	0	0	11	11	2 %
Architecture	1	10	0	2	13	2 %
TOTAL	33	249	103	140	525	

Il faut cependant relativiser la baisse concernant les séjours de courte durée. L'opérateur Égide avait mis en place un système de coût paramétrique pour les « invitations » (étrangers en France) et les « missions » (Français à l'étranger) et, dans beaucoup de cas, ce coût était considéré comme trop élevé si bien que les services ont ainsi évité le recours à ce système et financé en direct des stages ou séminaires en France, dans le cas des coopérations institutionnelles ou entre administration.

Le tableau 2 propose une répartition des boursiers (pour des études universitaires uniquement) en fonction des champs d'études et donne une indication à la fois des demandes d'études et des choix établis par le service de coopération universitaire et scientifique. Ainsi, 27 % des étudiants ont suivi des études de management en France (en 2011, 10 % des étudiants en France, en sciences économiques et de gestion). Ce sont ces étudiants qui ont la propension la plus importante à l'émigration, leur placement à l'étranger étant peut-être plus facile.

En sciences de l'ingénieur, la proportion est importante et s'explique par l'existence, en Bulgarie, de trois filières d'ingénieurs (dont deux reconnues par la Commission des Titres d'Ingénieurs française) qui proposent des études en langues françaises. Un tiers de ces étudiants ont réalisé un doctorat en France. Les proportions d'étudiants en droit et sciences politiques[13], comme en sciences administratives peuvent apparaître relativement faibles, étant donné l'étendue des besoins dans le cadre de l'évolution politique du pays.

En médecine, les bourses ont été accordées uniquement pour des doctorats. 10 % des étudiants ont suivi des études de lettres françaises ou de traduction, dont 18 pour un doctorat. En effet, la population enseignante à l'université est vieillissante et nécessite un renouvellement, que les bourses n'ont pas vraiment aidé à réaliser (sauf en sciences de l'ingénieur), les titulaires ayant choisi généralement d'autres voies professionnelles (interprétariat et traduction généralement). Dans un pays de la taille de la Bulgarie, il est difficile d'établir des priorités en matière d'attribution de bourse. Pour autant, et alors que le taux de sélectivité des jurys de bourse reste élevé (trois à quatre fois plus de candidats que de bourses depuis 2008), les services encouragent les études scientifiques et la sélection est donc plus importante en sciences de gestion ou en lettres françaises. Sur les 140 étudiants ayant obtenu une bourse doctorale, environ un cinquième a réussi à s'intégrer au sein des établissements français.

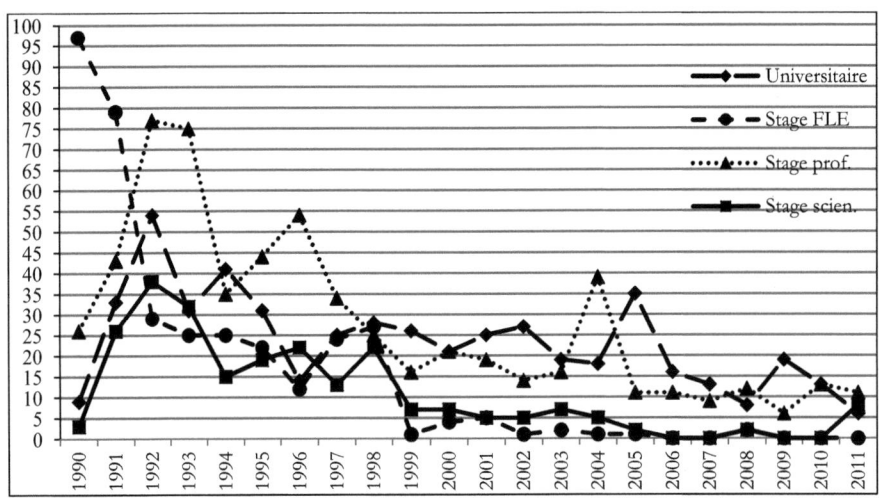

Figure 2. Nombres de bénéficiaires de bourses du gouvernement français selon le type de bourse entre 1990 et 2011.

---

[13] Si Science politique reste au singulier en France, les Bulgares les considèrent plurielles.

Le graphique précédant permet de visualiser la chute du nombre de bénéficiaires de stages FLE qui ont pratiquement disparu après 1999, mais aussi la chute du nombre de stages scientifiques (de 1 à 4 mois). Un dispositif « mobilités jeunes chercheurs » a été mis en place en 2011 pour répondre à la demande, mais en limitant encore le nombre de bénéficiaires de bourses pour des études de master. On peut aussi constater la baisse du nombre de stages professionnels, sauf en 2004 (dans le cadre de la pré-adhésion). Désormais, moins d'une dizaine d'étudiants bénéficient d'une bourse pour un master ou des études doctorales (le maximum sur la période étant de 55).

La carte proposée permet de visualiser les villes d'accueil, en France, des boursiers bulgares, avec deux caractéristiques : la permanence des lieux d'accueil historiques (Facultés de médecine comme Toulouse ou Strasbourg, écoles d'ingénieur de Nancy) et la relativement grande répartition sur tout le territoire national (la Région parisienne n'attirant ainsi que 40 % de ces boursiers). Au total, une soixantaine d'établissements universitaires ont ainsi été le cadre d'études universitaires d'au moins un boursier bulgare (et une quarantaine pour des études doctorales).

Une recherche de contacts a été entreprise pour tenter de connaître le destin des boursiers et a permis d'en retrouver plus de la moitié (979 sur 1 775). Même si la pratique du changement de nom en cas de mariage ne facilite pas ce type de travail, l'ensemble des personnes retrouvées comprend 33 % d'hommes, exactement la même proportion que pour l'effectif total de boursiers ! Les pays d'installation sont, dans l'ordre d'effectif, la France (16 %), la Belgique (2,5 %) et le Canada (1 %), ce qui n'a rien d'étonnant étant donné le facteur linguistique. Néanmoins, environ 1 % de ces boursiers du gouvernement français ont émigré en Allemagne et 2 % dans un pays anglophone. Si on considère que les boursiers qui s'installent à l'étranger sont ceux qui ont suivi des études universitaires, et non pas ceux qui n'ont bénéficié que d'un stage, *a priori* déjà insérés en Bulgarie, il faut multiplier par trois ces statistiques et donc environ les deux tiers des boursiers universitaires, sur toute la période, ne sont plus en Bulgarie. Les difficultés rencontrées par les étudiants en France en 2011-2012 semblent avoir eu peu d'effets sur cette tendance. L'assouplissement des réglementations en 2012 et la fin de la période de restriction d'entrée sur le marché du travail (en 2014) n'auront pas forcément un effet d'accélération de la tendance à l'émigration, liée aux situations de l'emploi dans les différents pays, mais aussi aux évolutions sociales.

L'analyse croisée avec les dates de naissance permet de proposer une périodisation de cette approximation globale : les boursiers nés avant 1970 ont une très faible tendance à l'émigration (il s'agit généralement de bénéficiaires de stages de français pour les enseignants ou autres), ceux nés entre 1970 et 1980 ont la plus grande tendance à l'émigration, une tendance qui baisse pour ceux nés après 1980, jusqu'aux boursiers de 2012 qui manifestent clairement un désir de fuite de la Bulgarie.

Ainsi, l'attribution des bourses du gouvernement français, surtout à partir du moment où les visas n'étaient plus nécessaires pour voyager au sein de l'Union européenne, a bien été un facilitateur d'émigration et de fuite des cerveaux et des compétences, qui reste un problème fondamental en Bulgarie qui a perdu un million et demi de ses habitants en une quinzaine d'années. Les dispositifs de bourses des gouvernements étrangers favorisent l'émigration (et/ou la mobilité), car, comme d'autres pays européens, mais pas dans le même calendrier, la fuite des cerveaux se manifeste de plusieurs manières : des jeunes diplômés, des chercheurs et universitaires plus ou moins expérimentés et des médecins tentent de trouver à l'étranger ou dans un autre secteur économique des opportunités de travail susceptibles de leur apporter un plus haut niveau de rémunération, de meilleures conditions de travail, perspectives de carrières ou reconnaissance sociale (OCDE, 2004 ; Dufoulon, Rošteková, 2011, 35-48).

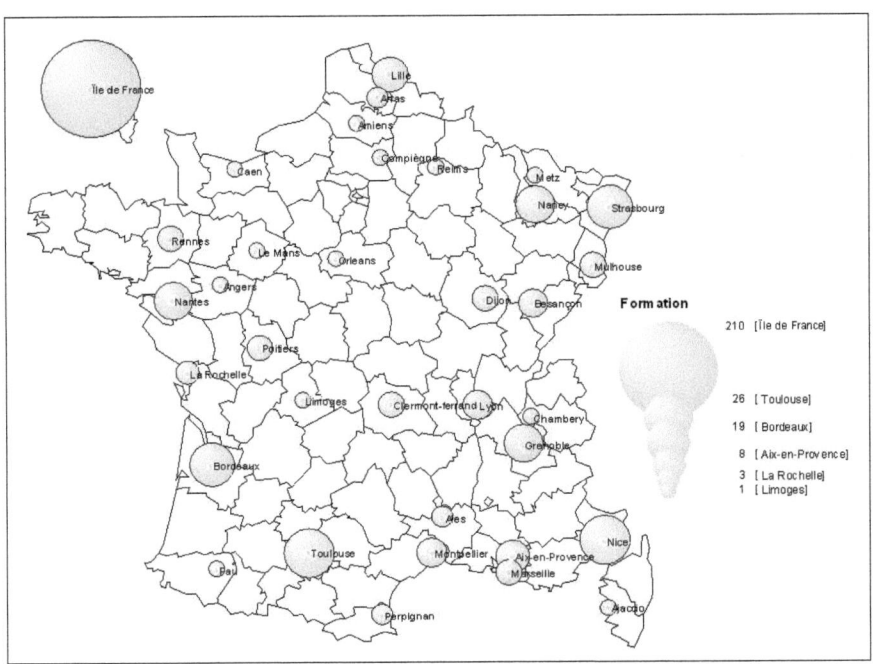

Figure 3. Répartition géographique des bourses accordées pour des études universitaires

Entre 20 et 30 000 personnes quittent le pays tous les ans depuis 2000 (Bokova & Todorova, 2008, 99), une tendance qui semble désormais s'établir autour de 30 000 après une baisse entre 2008 et 2012 (sauf au niveau des chercheurs et des médecins) et qui a été compensée en partie, depuis 2010, par le retour au pays de jeunes émigrés et l'émergence de nouveaux types de comportement. Durant les 20 dernières années, l'émigration a entraîné une perte de 6 % de la population totale et de 10 % des actifs (OCDE, 2012), mais si elle apparaît désormais de courte durée (d'après les données du dernier recensement de 2011, 73 % du total des Bulgares qui ont émigré entre 2001 et 2011 ont séjourné à l'étranger pendant moins de cinq ans), c'est que les Bulgares, en particulier ceux qui ont fait des études supérieures, envisagent des parcours de vie d'un type nouveau : étant donné que l'installation en Allemagne comme en France est relativement facile, aussi facile qu'un retour, les Bulgares deviennent des « Européens mobiles ».

La responsabilité française n'est pas si faible, car plus de 2 000 étudiants bulgares s'inscrivent chaque année en France (plus de 8 000 en Allemagne) et beaucoup d'entre eux, comme cela a été décrit, s'y installent ensuite, mais temporairement. Le « plombier polonais » a été un leurre construit à des fins idéologiques, car malgré les disparités et les inégalités au sein de l'Europe (Nord-Sud, Est-Ouest et interne au sein même de chaque État membre), l'évolution des comportements rend inadaptée l'utilisation d'instruments statistiques encore construits sur des bases anciennes. Quand la crise de 2008 a restreint les possibilités d'emplois, souvent non qualifiés, de jeunes slovaques en Irlande ou au Royaume-Uni, ces derniers sont rentrés au pays et ont tenté une réinsertion soutenue par la solidarité familiale. Cela n'a bien sûr pas été facile pour tous, mais comme ils n'étaient pas « migrants » mentalement, ils ont simplement mis fin à une mobilité (Kaufmann, 2002 ; 2008). Il apparaît que cette évolution concerne désormais les jeunes bulgares, demandeurs de multilinguisme et qui commencent à faire l'expérience des parcours mobiles (Krasteva, 2004, 2011).

Les données analysées témoignent de la réalité de la coopération franco-bulgare et de l'investissement financier réalisé. Le retour sur investissement est important, du point de vue de l'image de la France, en particulier, et contribue très certainement à maintenir de bonnes conditions de coopération sur le plan politique. La France a, de plus, contribué à la formation des élites politiques et plusieurs anciens boursiers ont désormais des fonctions importantes notamment à Bruxelles.

Pour autant, désormais, l'intensité de la coopération bilatérale fait partie du passé, en particulier en ce qui concerne le secteur linguistique qui ne peut plus offrir de stages de formation, même courts, aux professeurs de français du système éducatif bulgare, habitués pendant une vingtaine d'années à ce dispositif. Dans le secteur culturel, les artistes comme les spécialistes du secteur trouvent d'autres voies, dans le secteur universitaire, la « sanctuarisation » des bourses entre 2008 et 2012 est désormais abandonnée et la baisse se poursuit. En matière de recherche scientifique, la seule voie désormais est l'insertion dans les programmes européens, ce que, heureusement, beaucoup d'équipes françaises et bulgares ont compris.

Comme de son côté, la Bulgarie ne peut en particulier plus assumer le financement de bourses d'études et connaît des difficultés à remplir ses obligations conventionnelles, même pour des programmes à petit budget, c'est bien par l'intégration européenne de la coopération bilatérale que le dispositif de diplomatie culturelle pourra continuer à exister, voire à se développer – un dispositif cependant renouvelé, intégrant des acteurs spécialistes des programmes européens, ce qui est très loin d'être le cas actuellement.

Il faudrait donc passer de cette stratégie générale (non spécifiée par pays) d'attribution des bourses (avec l'espoir d'un retour sur investissement, dans le cadre d'une hypothétique « influence »), accordant une priorité à la langue française, à des politiques bilatérales réfléchies, pays par pays, et, en particulier pour la Bulgarie, en tenant compte du niveau d'intégration de ce pays à l'Union européenne.

Par exemple, il devrait être possible d'envisager un programme mondial ou par régions de bourses (comme il en existe déjà, mais l'essentiel des bourses reste distribué par les représentations), mises en place en fonction des priorités françaises et d'une stratégie d'influence. Les services de coopérations pourraient alors se mobiliser sur des aspects plus qualitatifs, ce qui permettrait de trouver une issue au problème central : comment articuler une diplomatie d'influence (qui participe à la construction d'un bilatéral politique) et une coopération dans le contexte européen (qui participe au développement de l'espace européen de la recherche et de l'enseignement supérieur) ?

Dans le contexte bulgare, et alors que les grandes institutions de recherche sont menacées d'asphyxie budgétaire, l'utilisation des budgets pour le montage de projets européens associant notamment équipes françaises et bulgares pourrait à la fois participer à l'amélioration du retour financier du budget européen pour la recherche française, contribuer au développement des coopérations scientifiques et intégrer les équipes bulgares (notamment en chimie organique, mathématique, chimie industrielle, sciences politiques, archéologie...) dans l'espace européen. De plus, ce type de démarche pourrait participer à une diplomatie d'influence... indirectement.

Les universités bulgares proposent des formations partiellement ou complètement francophones (en sciences de l'ingénieur, sciences politiques, management du tourisme ou encore en technologie alimentaire), en partenariat avec de nombreux établissements français. Ces formations souffrent d'une faiblesse de moyens et de problèmes de recrutement. L'évolution vers le multilinguisme (en l'occurrence anglais et français) paraît souhaitable à la fois comme réponse aux contextes de l'emploi et dans le cadre européen. L'attribution des moyens consacrés aux bourses vers ces formations permettrait également de soutenir la coopération universitaire voire d'inciter au développement de programmes communautaires également.

4. Déclin français et dispositif institutionnel désuet ?

Voici plus d'une vingtaine d'années, Marc Fumaroli décrivait le développement du réseau culturel français comme une conséquence de l'évolution du sentiment de déclin de la culture française (1991 ; 1992). Le réseau culturel devrait alors tenter de compenser, voire de récupérer un niveau d'influence française réel. Les attitudes défensives (« il faut défendre la langue française ») ne semblent pas favoriser une restructuration efficace, d'une part, et les orientations et priorités paraissent bien évoluer, contrairement à de nombreux discours officiels, en fonction des contextes et des stratégies économiques et politiques. Dans les années 1990, l'Amérique latine a fait l'objet d'une attention particulière, liée à la transition démocratique de nombreux pays de ce continent. Désormais, c'est en particulier vers la Chine que la diplomatie culturelle a pour mission d'accompagner l'économie. En 2012, le ministère français des Affaires étrangères a formalisé le contour de cette nouvelle « diplomatie économique » au service de laquelle doivent s'investir le culturel comme le politique. Un objectif réaliste, justifié et légitime en période de crise. Cependant, pour conserver le bénéfice d'images positives, pour enrayer le supposé déclin (à force d'en parler, la prédiction devient autoréalisatrice), la coopération culturelle et la diplomatie d'influence doivent utiliser des instruments adaptés.

La mission de rayonnement de la culture française à l'étranger s'articule officiellement autour de quatre axes : *la langue française, la diffusion culturelle, la fourniture de documentation et d'informations sur la France et la coopération*. Une évolution sensible est bien celle du rôle de la langue, car de plus en plus il s'agit de distinguer le rayonnement de la France et de sa culture du rayonnement de la langue française, rôle qui appartient d'ailleurs aux instances de la Francophonie. Cette remise en cause de la position centrale de la langue française comme vecteur culturel est nécessaire, car, même si la langue a des fonctions identitaires, elle n'est pas l'exclusif média de diffusion culturelle et il convient désormais d'inscrire l'action culturelle dans un pluralisme linguistique, en particulier au sein de l'Union européenne. Le passage de la logique de l'« exception culturelle » à celle de la défense des diversités culturelles implique la prise en compte de cette évolution. La langue française ne doit évidemment pas devenir une référence secondaire, mais l'assimilation culture/langue peut, dans un avenir proche, avoir un effet opposé à celui envisagé, c'est-à-dire faire baisser le nombre d'apprenants, car les services culturels n'auraient pas pu attirer ou séduire un nouveau public. C'est la culture qui peut conduire à la langue et peut-être pas l'inverse, surtout dans le contexte, en Europe au moins, de plurilinguisme relatif d'une part importante des populations.

La France et l'Union européenne disposent encore d'un pouvoir d'attraction, d'une image positive et elles peuvent, ou pourraient, développer une diplomatie culturelle, œuvrant à la fois pour consolider et conforter cette influence, mais aussi pour valoriser et organiser les expressions de la diversité culturelle, partout dans le monde. Voici tout le sens de la tentative de mise en place d'une diplomatie d'influence européenne, en quelque sorte, avec des programmes comme Erasmus Mundus. Dans le même temps, un étudiant français a été désigné comme le 3 millionième étudiant Erasmus et le programme Erasmus+ devrait proposer des instruments susceptibles de poursuivre les efforts d'incitation à la mobilité, pour concrétiser enfin une citoyenneté européenne. La mobilité étudiante reste un vecteur fondamental de l'intégration européenne, avec une vitalité étonnante (la « génération Erasmus »).

L'exemple traité dans cette contribution est relativement représentatif de l'évolution des dispositifs de politique extérieure française au sein des pays membres de l'Union européenne. Il ne s'agit pas d'un déclin ou d'un désengagement : la baisse des budgets bilatéraux est inéluctable alors que la construction européenne mobilise les efforts financiers des pays membres. La France est désormais une puissance moyenne, couvrant 0,5 % des terres immergées et représentant moins de 1 % de la population mondiale. Dans la logique d'interdépendance actuelle, qui dépasse l'économique, la politique des bourses ne peut plus être considérée comme autonome et il est temps de réformer en profondeur le dispositif plutôt que d'adapter, de manière continue, les instruments existants à la baisse budgétaire inéluctable. Pourquoi ne pas mettre en place des bourses multilatérales, par exemple, qui accompagneraient les nouvelles mobilités étudiantes ? Cette réforme, à l'intérieur de l'Union européenne, pourrait justement s'intégrer pleinement dans les instruments européens, la difficulté essentielle restant de l'articuler avec l'évolution des politiques des autres pays !

L'Europe se construit avec les mobilités internes des étudiants qui, de plus en plus, trouvent banal d'effectuer une partie de leurs études dans un pays considéré, par sa proximité, intégré à un espace géopolitique maîtrisé. Cette banalité est une preuve de la réussite du projet européen. L'Europe construite et vécue doit être banale, justement, car son projet doit être reconnu et intégré par chacun. Pour autant, ce sentiment n'est pas encore partagé par tous les jeunes de tous les pays concernés, loin s'en faut... Mais en restant au niveau des seuls étudiants, la banalisation de l'Europe, ou plutôt de l'Union européenne, est bien une chance, car alors que la mobilité internationale des étudiants change à la fois de centre de gravité au niveau mondial et de modèle économique avec des logiques de coûts et de services, elle peut amener les étudiants européens à envisager une découverte hors de l'Europe, vers l'Asie ou l'Amérique latine, par exemple.

Les étudiants européens peuvent s'inscrire pleinement, avec leurs comportements « mobiles », dans leur espace européen. Alors s'ils cherchent plutôt exotisme ou dépaysement, ils choisiront d'autres espaces. C'est ainsi que le pari du projet européen est en passe d'être gagné avec ces citoyens européens en quête d'une confrontation à d'autres altérités.

Références

Balle, Francis. 1996. *La politique audiovisuelle extérieure de la France : rapport au ministre des Affaires étrangères*. Paris : La documentation française, Collection des rapports officiels.

Barrera, Caroline. 2007. *Étudiants d'ailleurs : histoire des étudiants étrangers, coloniaux et français de l'étranger de la Faculté de droit de Toulouse (XIXe siècle – 1944)*. Albi : Presses du Centre universitaire Champollion.

Berger, Michèle, & Barjot, Dominique (dir.). 1998. *Les entreprises et leurs réseaux : hommes, capitaux, techniques et pouvoirs. Mélanges en l'honneur de François Caron*. Paris, Presses de l'Université de Paris-Sorbonne.

Bokova, Milena, & Todorova, Doroteya. 2008. *Rapport GISWatch sur la Bulgarie*. OMSI.

Brick, Françoise & Grelon, André (dir.). 2006. *Un siècle de formation des ingénieurs électriciens. Ancrage local et dynamique européenne, l'exemple de Nancy*. Paris : Éditions de la Maison des sciences de l'homme.

Côme, Thierry, & Rouet, Gilles (dir.). 2011. *Bologna Process, European Construction, European Neighbourhood Policy*. Bruxelles : Bruylant.

Coulon, Alain, & Paivandi, Saeed. 2003. *Les étudiants étrangers en France : l'état des savoirs*, Rapport pour l'Observatoire de la Vie étudiante, Paris : Université de Paris 8, Centre de Recherches sur l'Enseignement Supérieur.

Dauge, Yves. 2001. *Rapport d'information déposé par la Commission des affaires étrangères sur les centres culturels français à l'étranger*. Paris : La documentation française, Documents d'information de l'Assemblée nationale.

Decaux, Alain. 1989. *La politique télévisuelle extérieure de la France : rapport au Premier ministre*, Paris : La documentation française, Collection des rapports officiels.

Dufoulon, Serge, & Rošteková, Maria (dir). 2011. *Migrations, mobilités, frontières & voisinages*. Paris : L'Harmattan.

Dupont, Bernard, & Rautenberg, Michel. 2007. *La politique télévisuelle extérieure de la France*: L'Harmattan.

Duvernois, Louis. 2004. *Rapport d'information fait au nom de la Commission des affaires culturelles sur la stratégie d'action culturelle de la France*. Paris : La documentation française, Les rapports du sénat.

Feré, P. & Barrera, C. (dir.). 2006. *Étudiants de l'exil. Migrations internationales et université refuges (XVIe-XXe s.)*. Toulouse : Presses Universitaires du Mirail.

Fleury, Alain. 2002. *Un Collège français en Bulgarie, St Augustin, Plovdiv, 1884-1948*, Paris : L'Harmattan.

Fumaroli, Marc. 1991. *L'État culturel, essai sur une religion moderne*. Paris : Éditions de Fallois.

Fumaroli, Marc. 1992. *Expression d'une vision souvent passéiste, sur l'État culturel*, Paris : Éditions de Fallois.

Gouteyron, Adrien. 2008. *Quelle réponse apporter à une diplomatie culturelle en crise ? Rapport d'information fait au nom de la Commission des finances, du contrôle budgétaire et des comptes économiques de la nation sur l'action culturelle de la France à l'étranger.* Paris : La documentation française, Les rapports du sénat.

Gura, Radovan, & Rouet, Gilles (dir.). 2011. *Les Universités en Europe centrale, 20 ans après, volume 1.* Bruxelles : Bruylant.

Kalinova, Evguenia, & Baeva, Iskra. 2001. *La Bulgarie contemporaine : entre Est et Ouest.* Paris : L'Harmattan.

Karady, Victor. 1998. La République des lettres des temps modernes. L'internationalisation des marchés universitaires occidentaux avant la Grande Guerre. *Actes de la recherche en sciences sociales, 121-122*, 92-102.

Karady, Victor. 2002. La migration internationale d'étudiants en Europe, 1890-1940. *Actes de la recherche en sciences sociales, 145*, 47-60.

Kaufman, Vincent. 2002. *Re-thinking mobility.* Burlington : Ashgate.

Kaufman, Vincent. 2008. *Les paradoxes de la mobilité : bouger, s'enraciner.* Lausanne : Presses polytechniques universitaires romandes.

Krasteva, Anna (ed.). 2004. *From ethnicity to migration.* Sofia : Nouvelle Université Bulgare.

Krasteva, Anna. 2011. From the post-Communist Citizen to the E-Citizen. *Politické vedy, 2*, 85-93.

Ministère de l'Intérieur. Secrétariat général à l'immigration et à l'intégration. 2013. *Les données de l'immigration professionnelle et étudiante. Document préparatoire au débat au Parlement.*

Mission ministérielle. 2013. *Projets annuels de performances. Annexe au projet de loi de finances pour 2013. Action extérieure de l'état,* sur <http://www.performance-publique.budget.gouv.fr/farandole/2013/pap/pdf/PAP2013_BG_Action_exterieure_État.pdf> (20.2.2014).

Moulinier, Pierre. 2012. *Les étudiants étrangers à Paris au XIXe siècle.* Rennes : Presses universitaires de Rennes.

Moussakova, Svetla. 2007. *Le miroir identitaire, histoire de la construction culturelle de l'Europe, transferts et politiques culturelles en Bulgarie.* Paris : Presses Sorbonne Nouvelle.

OCDE. 2004. *Bulgarie. Science, Recherche, Technologie.* Série « Examens des politiques nationales d'éducation ».

OCDE. 2012. *Perspectives des migrations internationales, Bulgarie.*

Péricard, Michel. 1987. *Pour une nouvelle stratégie de l'action culturelle extérieure de la France,* Paris : La documentation française, Les rapports du sénat.

Plasiat, Bernard. 2010. *Améliorer l'image de la France,* Paris : La documentation française, Avis et Rapports du Conseil économique, social et environnemental.

Pol, Patricia, Saududray, Jean, & Société SFERE. 2005. *La politique des bourses. Évaluation concernant les bourses attribuées par le Ministère des Affaires étrangères aux étudiants étrangers (1998-2004).* Paris : Ministère des Affaires étrangères, Direction Générale de la Coopération Internationale et du Développement.

Prémat, Christophe. 2013. La restructuration du réseau culturel français au quotidien. *La nouvelle revue du travail[en ligne], 2,* <http://inrt.revues.org/951> (20.2.2014).

Roche, François. 1998. *La crise des institutions nationales d'échanges culturels en Europe*. Paris : L'Harmattan.

Roche, François. 2006. La diplomatie culturelle dans les relations bilatérales, *Sens Public*, <http://www.sens.public.org/spip.php ?article235> (20.2.2014).

Rouet, Gilles. 2012a. L'enseignement supérieur en Bulgarie : réformes et enjeux. *Revue internationale d'éducation de Sèvres, 61*, 25-31.

Rouet, Gilles (dir.). 2012b. *Citoyennetés et Nationalités en Europe, articulations et pratiques*. Paris : L'Harmattan.

Rouet, Gilles, & Roštekova, Maria. 2013. *Regards croisés sur la Slovaquie*. Banska Bystrica : Presses de l'Université Matej Bel.

Rouet, Gilles. 2014. La diplomatie culturelle française : histoire et constats à partir de l'exemple franco-bulgare. *Revue Est Europa – revue d'études politiques et constitutionnelles est-européennes*, dossier « La Bulgarie et la coopération franco-bulgare, six ans après l'adhésion à l'Union Européenne ».

Songeon, Guérin. 1913. *Histoire de la Bulgarie, depuis les origines jusqu'à nos jours, 485-1913*. Paris : Nouvelle Librairie Nationale.

Védrine, Hubert. (2007. *La France et la mondialisation : rapport au Président de la République*. Paris : La documentation française, Présidence de la République.

Zaïmova, Raïa. 2007. Le français en Bulgarie dans le contexte de la politique culturelle de la France aux XIXe et XXe siècles. In *Documents pour l'histoire du français langue étrangère ou seconde, 38/39*, 149-156.

Les intentions de mobilité vers la France des jeunes étudiants marocains

MATHILDE BERENI & BERNARD RUBI

Alors que les mobilités étudiantes entre pays post-industrialisés, en forte expansion depuis le milieu des années 1990, font l'objet d'une importante littérature en sciences sociales, les migrations étudiantes qui relient les pays en développement aux pays occidentaux sont encore peu étudiées de manière qualitative. En particulier, les conditions sociales et représentationnelles dans lesquelles les candidats à la mobilité internationale du Sud vers le Nord élaborent leur projet de migration académique restent à explorer. Qui sont les candidats à la mobilité étudiante internationale « unidirectionnelle » ? De quelle manière les origines sociales, les environnements familiaux, les parcours d'apprentissage linguistique, ou encore les trajectoires scolaires passées de ces étudiants déterminent-ils leurs aspirations à la mobilité pour études dans un pays étranger ? Comment s'élaborent les stratégies personnelles de ces candidats en matière d'études supérieures et de réalisation professionnelle, selon qu'elles se déploient dans un cadre individuel, ou au contraire qu'elles prennent appuient sur une mobilité encadrée ?

Fondé sur une enquête ethnographique menée au Maroc au sein de l'Espace Campus France, l'organisme d'évaluation et d'accompagnement des candidats à une mobilité académique vers la France, et secondairement sur l'analyse de données statistiques portant sur cette population, cet article se propose de dresser une typologie des jeunes Marocains engagés dans des projets d'études supérieures en France.

Depuis le milieu des années 1990, les flux de mobilité étudiante qui se déploient au niveau international sont marqués par un double processus de croissance et de diversification. Alors que le nombre d'étudiants en mobilité à l'étranger[1] s'élevait en 1995 à 1,7 million, il atteint les 4,1 millions en 2010, et les 4,3 millions en 2011 (OCDE, 2013). En quinze ans, le nombre d'étudiants

---

[1] Ce terme désigne les étudiants qui ont quitté leur pays d'origine pour se rendre dans un autre pays avec l'intention d'y suivre des études.

scolarisés dans un pays dont ils ne sont pas ressortissants a été multiplié par 2,4, alors qu'il n'avait augmenté que de 54 % au cours des quinze précédentes années.

La grande majorité des étudiants en formation académique à l'étranger s'orientent vers les pays de l'OCDE, et en particulier vers les pays du G20. En 2011, l'effectif mondial d'étudiants étrangers se répartit à hauteur de 77 % entre les pays de l'OCDE et à 83 % entre les pays du G20. Six pays concentrent 53 % des étudiants en mobilité dans le monde : les États-Unis (16,5 %), le Royaume-Uni (13 %), l'Allemagne (6,3 %), la France (6,2 %), l'Australie (6,1 %) et le Canada (4,7 %).

Si l'on s'intéresse à la répartition de ces étudiants par grandes régions du monde, c'est l'Europe qui constitue la première destination des étudiants qui suivent une formation supérieure dans un pays dont ils ne sont pas ressortissants (48 %), suivie de l'Amérique du Nord, qui accueille 21 % de l'ensemble des étudiants en mobilité internationale.

De nouveaux foyers d'attractivité sont toutefois en cours d'émergence. Depuis 2000, le nombre d'étudiants en mobilité internationale a triplé en Océanie, tandis que l'Amérique latine et les Caraïbes et l'Asie ont connu un taux d'augmentation des effectifs étudiants internationaux plus élevé que celui de l'Europe et des États-Unis sur la même période[2].

Parallèlement aux lieux de destination, les conditions dans lesquelles se décident et s'effectuent ces mobilités internationales sont aussi en cours de diversification. Pendant des décennies, les mobilités étudiantes ont surtout été le fait de décisions individuelles, prises en dehors de tout cadre institutionnel incitatif[3]. Quels que soient les motifs de la migration académique (accès à une offre de formation de meilleure qualité, apprentissage d'une langue étrangère, spécialisation dans un domaine d'études non existant au niveau national, acquisition d'une expérience internationale en vue de renforcer sa compétitivité sur un marché du travail de plus en plus concurrentiel, etc.), les étudiants élaboraient leur projet d'études à l'étranger de façon autonome, en prenant à leur charge les coûts financiers et les coûts d'opportunité que pouvaient générer la réalisation d'une formation « supplémentaire », c'est-à-dire non substituable à leur formation principale – dans un pays différent du leur.

Avec la mise en place en Europe, au tournant des années 2000, d'un système européen de l'enseignement supérieur, caractérisé notamment par l'architecture LMD, le système des crédits ECTS et, dans le cas du programme Erasmus, par le principe de réciprocité des échanges, un nouveau type de mobilité a vu le jour : les étudiants désireux d'internationaliser leur formation ont désormais la possibilité de suivre des études supérieures à l'extérieur de leur pays

---

[2] Entre 2000 et 2011, l'indice de variation est de 254 pour l'Amérique latine et les Caraïbes, 233 pour l'Asie, 221 pour l'Europe, 160 pour l'Amérique du Nord.
[3] Si l'on excepte les dispositifs d'aide publique ou privée destinés aux étudiants les plus méritants, qui ont toujours accompagné les flux de mobilité internationale.

d'origine, sans que cela n'occasionne pour eux de frais de scolarité additionnels, ni une année de formation supplémentaire par rapport au calendrier initialement prévu pour l'obtention de leur diplôme. Un certain nombre d'étudiants, qui n'auraient peut-être jamais imaginé partir se former à l'étranger au cours de leurs études supérieures en l'absence de tels dispositifs de mobilité encadrée, participent désormais des flux de migration académique mondiaux.

Accompagnant cette reconfiguration globale du paysage de la mobilité académique internationale, la recherche en sciences sociales relative aux migrations étudiantes s'est développée de façon conséquente au cours de la dernière décennie. De nombreux travaux de nature institutionnelle (OCDE, 2004, 2008, 2011, 2013 ; UNESCO, 2009, 2011) ou académique (Latreche, 2001), s'intéressent aux processus de répartition des étudiants en mobilité académique à travers le monde. S'appuyant sur des approches quantitatives, ils questionnent notamment l'importance et la direction des flux de mobilité, leur origine géographique, les profils des effectifs en mobilité internationale, les facteurs sous-jacents intervenant dans le choix du pays d'accueil, ou encore l'évolution des parts de marché des pays dans le secteur international de l'éducation.

Au niveau européen, des chercheurs en sociologie politique de l'action publique se penchent sur les conditions institutionnelles qui ont pu conduire à l'émergence d'accords de mobilité encadrée (Pépin, 2006 ; Ravinet, 2007 ; Muller, 2009), tandis qu'un nombre croissant d'études qualitatives se focalisent sur les expériences migratoires de la « nouvelle » population étudiante qui bénéficie de ces accords (Garneau, 2007 ; Capucho, 2011 ; Carlo et Diamanti, 2013).

De leur côté, les migrations académiques qui relient les pays du Sud aux pays du Nord, et qui sont encore très majoritairement le fait de démarches individuelles, font moins systématiquement l'objet de recherches qualitatives. Lorsque c'est le cas, c'est plutôt la fin du parcours de mobilité qui retient l'intérêt, c'est-à-dire une fois que l'étudiant du Sud est arrivé dans le pays du Nord pour y poursuivre sa formation (Latreche, 2000 ; Terrier, 2000 ; Coulon et Paivandi, 2003 ; Paivendi et Vourch', 2006), ou une fois qu'il a obtenu son diplôme et qu'il cherche à intégrer le monde du travail.

Le « début » de la mobilité quant à lui, qui concerne un nombre beaucoup plus conséquent d'individus dans la mesure où il inclut *l'intention* de mobilité académique – et non simplement sa réalisation –, reste encore abordé de façon marginale (Dubois & Chamkhi, 2009).

Parmi l'ensemble des pays du Sud qui participent aux flux de mobilité académique vers les pays de l'OCDE, le Maroc semble se prêter tout particulièrement à la réalisation d'une étude qualitative sur cette question de *l'intention* de mobilité académique. D'abord parce qu'avec un taux de mobilité internationale[4] de 15 %, il figure parmi les pays dans lesquels la probabilité de

---

[4] Part des étudiants partant à l'étranger sur le nombre total des étudiants du pays d'origine.

départ à l'étranger des étudiants est la plus élevée au monde. Ensuite parce que, du fait qu'il entretient un lien de mobilité académique très intense avec un pays en particulier, la France[5], il réunit *a priori* des conditions idéales pour pouvoir observer, dans leur diversité, les différents modes de construction des projets de migration étudiante par lesquels peut se concrétiser l'intention de départ vers un pays donné.

Au Maroc, deux catégories d'étudiants peuvent envisager une mobilité académique vers la France. La première est composée des anciens élèves du système français d'enseignement à l'étranger – ou des établissements dont les programmes de cours sont homologués par le ministère français de l'Éducation nationale –, qui sont titulaires d'un baccalauréat français et qui ont souvent effectué toute leur scolarité primaire et secondaire dans le système français. Pour candidater à la poursuite d'études supérieures en France, ces élèves effectuent la même procédure que les bacheliers qui ont été scolarisés en France pour leur première admission dans l'enseignement supérieur. À l'obtention de leur pré-inscription dans un établissement d'enseignement supérieur, ils bénéficient de facilités administratives pour leur visa d'études. Ils n'ont notamment pas à passer par l'Espace Campus France Maroc (ECF), l'agence locale d'accompagnement de la mobilité étudiante vers la France, pour formuler leur demande de visa.

L'autre catégorie d'étudiants – beaucoup plus importante en terme numérique – qui peut envisager des études supérieures en France, est composée des Marocains qui ont suivi leur scolarité secondaire dans des établissements publics ou privés relevant du ministère marocain de l'Éducation nationale et qui ont obtenu un baccalauréat marocain. Pour candidater à des études supérieures en France, ces étudiants doivent obligatoirement passer par l'ECF et suivre une procédure de candidature commune à l'ensemble des candidats étrangers à une mobilité académique vers ce pays.

C'est cette catégorie d'étudiants, qui *dépose une candidature* en vue d'une poursuite d'études supérieures en France, que cette recherche se propose de retenir comme « point d'entrée » pour étudier les conditions sociales de construction de la mobilité étudiante internationale du Maroc vers la France.

Qui sont les bacheliers ou les étudiants, issus du système secondaire marocain, qui décident chaque année de déposer leur candidature à la poursuite d'études supérieures en France ? De quels horizons socioéconomiques, linguistiques et culturels sont-ils issus ? Comment arriment-ils leurs stratégies personnelles de mobilité internationale à leurs parcours académiques passés, leurs projets de vie future ou encore leurs représentations de la France ?

---

[5] En 2010, 63 % des étudiants marocains en mobilité internationale poursuivaient leur formation en France (UNESCO, 2010). En 2013, les étudiants marocains constituaient le premier contingent d'étudiants étrangers en France, avant les étudiants chinois et algériens (Agence Campus France, 2013).

Dans une première partie, nous procéderons à une présentation des données statistiques relatives aux caractéristiques démographiques, au profil académique, à la compétence linguistique des individus qui se sont portés candidats à des études supérieures en France en 2012-2013. À cette occasion, nous nous attacherons à mettre en évidence ce qui distingue les jeunes candidats marocains à des études supérieures en France du reste de la population étudiante au Maroc, et plus globalement du reste de la classe d'âge des 18-25 ans dans ce pays.

Dans une seconde partie, à partir de l'exploitation de contenu de plus de quatre cents entretiens en face-à-face réalisés avec les candidats à la mobilité au cours de la saison 2012-2013, nous nous emploierons à dégager une typologie qualitative des jeunes Marocains candidats à des études supérieures en France. Cette classification nous permettra de mettre en évidence les interactions que les candidats au départ établissent entre leurs contextes sociaux d'origine, leurs trajectoires académiques et leurs aspirations individuelles, dans la construction de leur projet d'études en France.

Avant d'analyser les données statistiques relatives aux jeunes Marocains candidats à des études supérieures en France, il convient de nous pencher sur les critères que nous retenons pour délimiter cette population, c'est-à-dire les critères qu'utilise l'ECF dans le cadre de sa procédure de traitement des dossiers de candidature.

L'Espace Campus France Maroc (ou service Campus France Maroc) est l'instrument de la coopération française dédié à l'accompagnement de la mobilité étudiante marocaine vers la France. Hébergé à Rabat, au sein de l'Institut Français du Maroc, il est placé sous la tutelle directe du Service de Coopération et d'Action Culturelle de l'Ambassade de France au Maroc. Au-delà de sa mission générale de promotion de l'attractivité de la France en matière d'enseignement supérieur, il est investi de deux grandes fonctions opérationnelles qui le mettent en contact direct avec les étudiants : l'information et la documentation des candidats à la poursuite d'études supérieures en France, et le traitement administratif et pédagogique des dossiers des candidats aux études supérieures en France.

Pour l'ECF Maroc, est considéré comme candidat à des études supérieures en France tout individu qui a suivi toutes les étapes de la procédure Campus France jusqu'à ce que son dossier pédagogique fasse l'objet d'un avis SCAC, c'est-à-dire un avis pédagogique émis au niveau local, sur la base du parcours académique du candidat et de la synthèse d'entretien réalisée par le Conseiller Campus.

Concrètement, les candidats à des études supérieures en France sont donc des individus qui ont constitué un dossier de candidature dématérialisé sur l'application logicielle de l'ECF, se sont acquittés des frais administratifs, ont envoyé leurs justificatifs papiers à l'ECF, ont passé l'entretien oral d'évaluation (sauf cas de dispense d'entretien), et enfin ont choisi, validé et transmis, sur l'application logicielle de l'ECF, au moins une démarche de formation en France.

Selon ces mêmes critères institutionnels, sont en revanche exclus de la population candidate à des études supérieures en France tous les individus dont les dossiers n'ont pas fait l'objet d'un avis SCAC : il peut s'agir des candidats qui ont constitué leur dossier de candidature dématérialisé, mais qui ne se sont pas acquittés des frais administratifs, fixés à 1 000 dirhams [6], ou des frais de certification en français, compris entre 700 et 1 500 dirhams, selon le type de certification passée ; de ceux qui ont payé ces frais, mais qui n'ont ensuite ni saisi ni validé une démarche de formation ; ou encore des individus qui ont validé une démarche, payé les frais administratifs, mais qui n'ont ensuite pas pris rendez-vous pour l'entretien d'évaluation.

Sont également exclus *a fortiori* de cette population tous les individus théoriquement éligibles à une candidature ECF (c'est-à-dire titulaires ou prochainement titulaires du baccalauréat), qui ont pu émettre, à un moment ou à un autre de leur parcours personnel, le souhait personnel d'effectuer une mobilité académique en France, mais qui n'ont jamais traduit cette intention par la soumission d'un dossier à l'ECF.

Finalement, entre le 1er décembre 2012 (date d'ouverture de la campagne de candidature pour un départ en France dans le courant de l'année universitaire 2013-2014), et le 30 septembre 2013 (date à l'issue de laquelle 97 à 99 % des candidatures pour un départ en France pendant la même période ont été traitées), près de 15 500 individus se sont portés candidats à la poursuite d'études supérieures en France.

Cette population d'individus, que nous appellerons désormais « population Campus », offre un tableau contrasté. D'un côté, elle est suffisamment large, hétérogène et diversifiée pour figurer la quasi-totalité des situations dans lesquelles peuvent se trouver les jeunes Marocains titulaires du baccalauréat qui s'apprêtent à entrer – ou qui sont déjà entrés – dans le champ des études supérieures au Maroc, indépendamment de leur souhait de partir ou non réaliser des études à l'étranger. De l'autre, elle est traversée par des tendances (de nature démographique, socio-économique, académique, etc.), qui la différencient assez nettement de cette même population.

Si l'on s'intéresse en premier lieu à la « diversité des possibles » que donne à penser cette population, on est avant tout frappé par la multiplicité des parcours académiques rencontrés [7]. Ont ainsi envisagé de partir poursuivre des études supérieures en France au cours de la saison 2012-2013 : des élèves scientifiques de lycées publics résidant dans les petites villes côtières du sud du pays ; des bacheliers en sciences économiques de lycées privés bilingues issus des quartiers résidentiels de Casablanca ; des jeunes ruraux du Haut Atlas berbérophone ayant effectué leur scolarité primaire et secondaire dans de petits

---

[6] En mars 2014, un euro équivaut à un peu plus de 11 dirhams. À titre informatif, le SMIG marocain s'élevait en 2013 à 2 333 dirhams.
[7] Les cas présentés ici ont été rencontrés au moins une fois au cours de la saison 2012-2013.

établissements, avant d'intégrer les classes préparatoires scientifiques renommées de la capitale ; des stagiaires en formation informatique inscrits dans des ISTA[8] qui constituent les seuls établissements proposant des formations supérieures publiques dans leur ville de résidence ; des « talaba[9] » en théologie islamique fréquentant la très ancienne et prestigieuse Université Qarawyine de Fès ; des jeunes Sahraouis inscrits en « Études francophones » à la Faculté de lettres et de sciences humaines d'Agadir…

Ces candidats venus de toutes les régions du Maroc fréquentent non seulement des établissements et des filières d'enseignement supérieur diversifiées, mais sont aussi issus de milieux socio-économiques très différents. À partir des déclarations faites par les candidats à propos de la profession de leurs parents, on peut supposer qu'une grande partie des catégories socio-professionnelles et secteurs d'activités existants au Maroc sont représentés dans la population Campus, et par extension, qu'un large éventail de familles marocaines (aux catégories de revenus et de dépenses, parfois très éloignées les unes des autres) est concerné par le projet de poursuite d'études supérieures en France, à travers la démarche de leur enfant. Ainsi, en 2012-2013, se sont portés candidats à des études supérieures en France des enfants de salariés du secteur privé, d'employés de la fonction publique, de cadres intermédiaires, de petits commerçants, d'enseignants, mais aussi des enfants de cadres supérieurs, de directeurs d'entreprises, de professions libérales, et également des enfants d'exploitants agricoles, de pêcheurs, de forestiers, d'artisans, d'ouvriers qualifiés des métiers artisanaux ou de manœuvres.

Les enquêtes nationales réalisées par l'organisme marocain en charge de la production et de l'analyse statistique à la fin des années 2000, qui procèdent à une estimation des revenus mensuels par ménage, permettent de prendre la mesure des écarts qui séparent les milieux sociaux d'origine et les niveaux de vie des candidats au départ (HCP, 2007 et 2009). Selon le HCP, trois grandes catégories sociales composent la société marocaine contemporaine. La « classe moyenne », qui regroupe 53 % des Marocains, perçoit des revenus mensuels compris entre 2 800 et 6 763 dirhams (c'est-à-dire gravitant autour du salaire mensuel moyen, qui s'élève à 3 500 dirhams); la « classe modeste » ou « classe vulnérable », qui comprend 34 % de la population, perçoit des revenus inférieurs à 2 800 dirhams ; la « classe aisée[10] » enfin, qui représente 13 % de la population, perçoit des revenus supérieurs à 7 000 dirhams. D'ores et déjà, au sein de la plus grande catégorie sociale en termes de nombre d'individus concernés, la « classe moyenne », on peut constater que les revenus moyens varient du simple au double (la « classe moyenne inférieure » touche entre 2 800 et 3 500 dirhams, tandis que la « classe moyenne supérieure » touche entre 5 308 dirhams et 6 703

---

[8] Instituts supérieurs de technologie appliquée (établissements publics de formation relevant de l'Office de Formation Professionnelle et de Promotion du Travail, proposant des formations de Technicien ou Technicien Spécialisé).
[9] Étudiants.
[10] Selon les termes utilisés par le HCP.

dirhams). Mais la diversité de revenus est sans doute encore plus marquée au sein de la classe dite « aisée », bien qu'elle ne fasse pas l'objet d'études spécifiques de la part de l'organisme de statistiques : alors qu'un ingénieur d'État en informatique, formé pendant cinq ans dans un établissement universitaire public et sélectif pourra prétendre, pour son premier poste, à un salaire compris entre 7 000 et 8 000 dirhams, un cadre de banque ou un médecin à l'hôpital public percevra un salaire compris entre 10 000 et 20 000 dirhams, tandis qu'un cadre supérieur dans une société internationale, un dirigeant de grande entreprise nationale ou un haut fonctionnaire d'une organisation internationale, percevra rarement un salaire inférieur à 40 000 dirhams. La population Campus, composée de jeunes gens issus de toutes ces catégories sociales, représente donc l'éventail des niveaux de vie qui caractérise la société marocaine.

Enfin, les candidats à la poursuite d'études supérieures en France, dès lors qu'ils sont issus de toutes les régions du Maroc, donnent à penser la diversité des langues parlées dans ce pays. Si tous les candidats doivent normalement justifier d'un niveau minimum B2[11] en français avant leur départ en France, la langue qu'ils utilisent à la maison varie d'un foyer à l'autre : arabe dialectal, tachelhite (principalement parlé dans le Haut Atlas, l'Anti-Atlas, le Souss et le nord du Sahara), tarifite (répandu dans les montagnes du Rif), tamazight (utilisé dans le Haut et le Moyen Atlas), hessaniya (parlé à l'extrême Sud du pays), français (dans les grandes villes administratives du pays), espagnol (dans les régions du Nord, anciennement soumises au Protectorat espagnol)… Les facteurs qui déterminent l'utilisation d'une langue spécifique dans le cadre familial sont nombreux : région d'origine, catégorie socio-professionnelle du chef de ménage, niveau d'éducation des parents, niveau d'exposition aux langues étrangères dans la ville de résidence, etc.

La façon avec laquelle cette langue est employée à la maison (utilisée de façon exclusive, mêlée à une autre langue en fonction des sujets de conversation, mobilisée en « réception orale », mais pas en « production orale », etc.), et, plus largement, la capacité des candidats à manier les situations de diglossie qu'ils rencontrent[12] à l'intérieur ou à l'extérieur du foyer, varie également de façon marquée en fonction des candidats.

Enfin, en assurant la gestion de la totalité des candidatures marocaines à la poursuite d'études supérieures en France, l'ECF Maroc bénéficie d'un contact rapproché avec la pluralité des situations académiques, socio-économiques et linguistiques, qui caractérise la population marocaine scolarisée jusqu'au baccalauréat.

---

[11] Selon la classification du CECRL (Cadre Européen Commun de Référence des Langues), le niveau B2, ou niveau de « l'utilisateur indépendant » permet le suivi d'études supérieures en français.

[12] On considère généralement que le Maroc présente plusieurs situations diglossiques (division fonctionnelle et sociale des usages linguistiques): la diglossie arabe dialectal/arabe classique, la diglossie arabe dialectal/amazighe et la diglossie arabe standard/français.

Mais si cette diversité de situations permet à l'ECF d'entrer en contact, au moins une fois par saison, avec des « représentants » de la quasi-totalité des catégories sociales marocaines, elle ne signifie pas pour autant que la population Campus est *représentative*[13] de l'ensemble des jeunes Marocains inscrits (ou en capacité de s'inscrire) dans des établissements d'enseignement supérieur, ni *a fortiori* de la classe d'âge des 18-25 ans au Maroc. La mise en perspective des données statistiques relatives à la population Campus sur la saison 2012-2013 avec les données relatives aux effectifs inscrits dans l'enseignement secondaire et supérieur au Maroc fait émerger les variables qui sont les plus fréquemment corrélées avec le déploiement d'un projet de mobilité académique vers la France.

De façon générale, on remarque tout d'abord que les candidats à des études supérieures en France sont à 60 % des garçons, alors que l'examen des effectifs des inscrits dans l'enseignement supérieur universitaire marocain en 2010-2011 (qui concentre 85 % des individus inscrits dans l'enseignement supérieur) révèle un *ratio* de 52 garçons pour 48 filles. La classe d'âge des 18-25 ans est quant à elle composée de 51 % de garçons et 49 % de filles.

Si l'on souhaite maintenant mettre en perspective les caractéristiques académiques de la « population campus » avec celles de la « population de référence », on s'aperçoit que, pour les futurs bacheliers comme pour les étudiants déjà inscrits dans l'enseignement supérieur, des divergences notables peuvent être relevées au niveau des filières suivies.

Ainsi, l'examen des effectifs inscrits en 2e année du baccalauréat[14] au Maroc révèle que deux filières concentrent 89 % des individus : la filière sciences expérimentales (qui regroupe 52 % des effectifs en 2012-2013), et la filière Lettres et Sciences Humaines (qui regroupe 37 % des effectifs). Une minorité d'élèves de 2e année du bac sont inscrits en filière Sciences économiques (6 %), tandis que la filière Sciences mathématiques (qui comprend l'option « sciences de l'ingénieur », que choisissent généralement les élèves qui se destinent aux classes préparatoires scientifiques), regroupe une toute petite partie des candidats (3 %). Enfin, la filière « Sciences et technologies » concerne 1 % des élèves de 2e année du bac.

Du côté des futurs bacheliers candidats à la poursuite d'études supérieures en France en 2012-2013, on remarque que, comme dans la population de référence, c'est la filière « sciences expérimentales » qui concentre la part la plus importante des effectifs, avec 49 % d'individus concernés. Mais, alors que les bacheliers du Maroc se répartissent ensuite largement dans la filière « lettres et sciences humaines », les futurs bacheliers candidats à des études supérieures en France, eux, sont inscrits à 24 % dans la filière « sciences mathématiques ». Ils

---

[13] Dans le sens où elle reproduirait, *de façon proportionnelle*, toutes les situations socio-économiques, linguistiques et culturelles observables dans la population de référence.
[14] Équivalent de la terminale, ou dernière année de lycée, à l'issue de laquelle ont lieu les épreuves de l'examen national du baccalauréat.

poursuivent ensuite la filière « sciences économiques » (à hauteur de 11 % des effectifs), puis la filière « sciences et technologies » (4 %), et enfin, la filière « lettres et sciences humaines » (seulement 2 % des effectifs). Les futurs bacheliers de la filière « sciences mathématiques » et ceux de la filière « sciences économiques » sont donc beaucoup plus représentés dans la population Campus que dans la population de référence (respectivement huit fois et deux fois plus nombreux), tandis que les futurs bacheliers de la filière « lettres et sciences humaines » sont très largement sous-représentés dans la population Campus (ils sont douze fois moins nombreux que dans la population de référence).

La différence notable en termes de filière suivie qui sépare les effectifs inscrits en 2e année du bac au Maroc des futurs bacheliers candidats à la poursuite d'études supérieures en France, se retrouve également au niveau des effectifs déjà inscrits dans l'enseignement supérieur. Alors que 30 % des individus scolarisés dans les établissements universitaires marocains sont inscrits dans la filière arabisée « lettres et sciences humaines », ils ne sont que 3 % à être inscrits dans cette filière parmi les individus titulaires du baccalauréat qui candidatent à des études supérieures en France. Comme pour le groupe des futurs bacheliers, c'est la filière scientifique que suivent la majorité des candidats à des études supérieures en France qui sont déjà titulaires du bac (à 64 %). Comparativement, 29 % des individus inscrits dans l'enseignement supérieur universitaire marocain suivent une filière scientifique. La filière « sciences juridiques économiques et sociales » est suivie par 33 % des candidats à des études supérieures en France, et par 34 % des individus inscrits dans l'enseignement supérieur au Maroc.

S'agissant des lieux de résidence des candidats à la poursuite d'études supérieures en France, on constate que trois régions sont surreprésentées par rapport au nombre d'habitants qui y résident dans la population réelle[15] : Grand Casablanca, Rabat-Salé-Zemmour-Zaër, et Fès-Boulemane. Alors que la région de Casablanca représente 13 % de la population marocaine, elle envoie 29 % des candidats à des études supérieures en France. La région de Rabat, qui regroupe 8 % de la population, produit quant à elle 18 % des candidats. Enfin la région de Fès qui ne comprend que 5 % de la population marocaine, contribue à hauteur de 9 % à l'envoi de candidats aux études supérieures en France. Cette surreprésentation peut en partie s'expliquer par le fait que les villes de Rabat, Casablanca et Fès constituaient auparavant les trois grands foyers administratifs du Protectorat français.

À l'inverse, cinq régions sont sous-représentées dans leur envoi de candidats à la poursuite d'études en France, comparativement au poids qu'elles

---

[15] 3 à 5 points d'écart sont observés entre le poids dans la population Campus et le poids réel dans la population marocaine.

représentent dans la population totale au Maroc[16] : il s'agit de la région du Souss Massa Draa (région qui compte pourtant le plus grand nombre d'habitants au Maroc, et dont le chef-lieu est Agadir), des régions septentrionales de Tanger/Tétouan et de Taza Al Hoceima Tanouate, et enfin de la région de Marrakech Tansift El Haouz. Dans certaines de ces régions (la région de Tanger et celle d'Al Hoceima notamment), on peut supposer que le nombre moins élevé de candidats à des études en France s'explique par la persistance de l'espagnol comme langue véhiculaire locale dans les échanges commerciaux, le secteur des services et les établissements éducatifs et culturels locaux.

Pour compléter ce premier aperçu global et statistique de la population Campus, notre recherche se propose de déployer une analyse qualitative sur les profils académiques, socio-économiques et linguistiques des candidats à la poursuite d'études supérieures en France, ainsi que sur les stratégies et les discours que ceux-ci déploient dans l'expression de leur projet d'études. Cette analyse s'appuie sur l'exploitation de notes prises au cours de plus de quatre cents entretiens en face-à-face réalisés auprès de candidats au départ en France pendant la saison 2012-2013.

Ces entretiens, qui concernent la grande majorité des candidats à des études supérieures en France (80 % des candidats pour la période étudiée), se déroulent dans un cadre propice à la tenue de discussions sereines et spontanées. En tête-à-tête avec le Conseiller d'entretien pendant une durée comprise entre vingt et trente minutes, le candidat est invité à présenter son parcours académique passé ainsi que son projet d'études en France. Ce faisant, le candidat se retrouve souvent à transmettre beaucoup plus qu'un simple récit distancié de son parcours passé. Il peut ainsi faire part de la relation qu'il entretient avec les études (et plus largement avec le savoir non académique et avec l'apprentissage), de sa représentation du Maroc et de ses institutions d'enseignement supérieur, de sa perception de la France et plus largement des pays occidentaux, ou encore de ses modes d'appropriation des diverses langues « en circulation » au Maroc en fonction des contextes, etc.

C'est à partir de l'analyse croisée du parcours objectif des candidats, ainsi que de leurs positionnements personnels et leurs ressentis, que l'on a abouti à quatre grands profils de candidats.

Le premier profil, le plus largement répandu, est celui des « élèves moyens », sérieux, qui ne font pas preuve d'un zèle particulier dans leur rapport aux études, mais qui parviennent tout de même à s'en sortir – notamment en situation d'examens – du fait qu'ils « remplissent le contrat ». Ces élèves sont souvent qualifiés par leurs enseignants d'« assez bons » ou de « bons » dans les annotations des bulletins scolaires. Au lycée, ils sont indifféremment scolarisés dans des établissements publics ou privés. Ils poursuivent en majorité la filière « sciences expérimentales », filière que choisissent par défaut beaucoup d'élèves

---

[16] 3 à 5 points d'écart sont observés entre le poids dans la population Campus et le poids réel dans la population marocaine.

présentant des résultats académiques bons ou « moyens » – toutefois suffisamment bons, pour leur permettre de prétendre à une filière scientifique en deuxième année de lycée –, qui n'ont pas la vocation ou le niveau requis pour intégrer la filière Sciences mathématiques, mais qui ne souhaitent pas non plus minimiser leurs chances de réussite en rejoignant la filière littéraire, jugée peu sélective. Une minorité des élèves du premier profil choisit la filière « sciences économiques et de gestion », moins attractive du fait qu'elle ne donne pas accès à la plupart des établissements universitaires sélectifs.

Dans l'enseignement supérieur, les élèves de ce premier profil ont en commun de s'orienter vers les établissements publics universitaires non sélectifs ou peu sélectifs. La majorité, qui a obtenu une moyenne comprise entre 10 et 12 sur 20 au baccalauréat, ne peut prétendre intégrer un établissement d'enseignement supérieur à accès régulé (comme la Faculté des Sciences et techniques ou une École supérieure de Technologie). Les élèves qui la composent choisissent donc généralement de s'inscrire dans une filière non arabophone dispensée par un établissement à accès ouvert (comme la filière « économie-gestion » de la Faculté des sciences juridiques économiques et sociales, ou une des filières de la Faculté des sciences). De leur côté, les élèves qui ont obtenu une moyenne au baccalauréat comprise entre 12 et 14, c'est-à-dire une moyenne insuffisante pour candidater aux filières les plus sélectives de l'enseignement supérieur public (comme médecine ou architecture), ont par défaut tendance à s'inscrire dans un établissement universitaire à accès régulé (exigeant généralement la mention Assez Bien au baccalauréat), indépendamment de leur vocation pour la filière choisie.

Tout au long de leurs études secondaires et supérieures, les candidats du premier profil ont donc tendance à effectuer leurs choix d'orientation « par défaut », selon les opportunités que leur ouvrent leurs résultats académiques, plutôt qu'en fonction de leur intérêt spécifique pour une matière ou une filière donnée.

En termes de résultats académiques justement, une fois arrivés dans l'enseignement supérieur, les candidats de ce profil parviennent à valider leur semestre ou leur année dans les temps, mais souvent grâce au système de compensation par crédits ECTS que permet l'architecture LMD, mise en place au Maroc depuis le milieu des années 2000.

En termes de milieux sociaux d'origine, ces candidats sont plutôt issus de la « classe moyenne » ou de la catégorie inférieure de la « classe aisée ». Le chef de famille (ou les deux parents) peut être fonctionnaire ou exercer une profession intermédiaire dans le secteur privé d'une moyenne ou d'une grande ville marocaine où est implantée l'une des quinze universités du pays, avec les écarts de revenus et de niveau de vie que ce type de poste peut impliquer en fonction de la ville de résidence[17] ou du niveau de maîtrise de la langue française exigé par le milieu professionnel[18].

Concernant la construction de leur projet d'études en France, ces candidats ont tendance à adopter une approche à la fois pragmatique, conformiste et globalement détachée. Partant du principe qu'ils ne pourront probablement pas accéder, au Maroc, aux filières très sélectives[19] qui mènent aux métiers les plus prestigieux (ingénieur, architecte, médecin, etc.), ils considèrent légitime de tenter leur chance en France, où l'accès à ces filières n'est pas régulé. Lorsqu'ils sont futurs bacheliers, les candidats de ce premier profil ont ainsi tendance à postuler systématiquement à toutes les formations scientifiques françaises qui bénéficient d'équivalents à accès régulé dans le système d'enseignement supérieur national, quelle que soit par ailleurs leur préférence ou vocation pour une filière particulière : 1ère année de médecine, 1ère année d'architecture, classes préparatoires scientifiques. Dans la lignée de cette approche pragmatique et non vocationnelle, ces candidats ont aussi tendance à utiliser toutes les cartes qui leur sont offertes par le système pour candidater à des études en France : après avoir émis leurs trois vœux de formation en 1ère année de médecine, puis leurs deux vœux de formation en 1ère année d'architecture, ils émettent, dans la plupart des cas, les 12 vœux de Diplôme Universitaire de Technologie (DUT) auxquels ils ont droit[20].

Lorsqu'ils candidatent à des études en France après leur baccalauréat, ces candidats ont une attitude déjà plus distanciée, parfois empreinte d'amertume, sur la question des études supérieures. Après avoir suivi une première année d'études dans une filière qui n'était pas leur premier choix – et qui de façon prévisible, ne leur a pas plu –, ils espèrent se donner une nouvelle chance de réussir en France, en intégrant, au niveau L1, une filière qui peut être parfois totalement éloignée de celle qu'ils ont suivie au Maroc. Ces candidats effectuent alors un « choix de répétition », voire parfois de régression, c'est-à-dire qu'ils candidatent au même niveau d'études ou à un niveau d'études inférieur à celui qu'ils s'apprêtent à obtenir au Maroc au moment de leur candidature. Dans leur stratégie de candidatures, ces individus ont tendance à émettre tous les vœux de formations auxquels leur donne droit l'ECF, plutôt que de se concentrer sur quelques formations qui pourraient correspondre spécifiquement à un projet académique et professionnel particulier. Interrogés sur les raisons qui motivent leur projet de mobilité académique en France, ils présentent des motivations plutôt générales et conventionnelles : « le niveau des formations dispensées en

---

[17] Les salaires du secteur privé étant plus élevés dans les grandes agglomérations.
[18] Les emplois exigeant la maîtrise du français sont globalement mieux rémunérés que les emplois qui n'exigent que la maîtrise de l'arabe.
[19] À titre d'exemple, une moyenne de 17,23/20 au baccalauréat était exigée en 2012-2013 pour passer le concours de l'École nationale d'Architecture de Rabat.
[20] Il s'agit du nombre de vœux maximum que sont autorisés à formuler les candidats pour ces deux filières.

France est meilleur », « la France offre des diplômes qui sont mieux valorisés sur le marché du travail marocain ».

En fin de compte, si beaucoup de candidats du premier profil sont en capacité de présenter en quelques mots ce qu'ils envisagent de faire une fois qu'ils auront obtenu le diplôme convoité, un nombre plus restreint parvient à rendre compte avec précision du contenu pédagogique ou des débouchés potentiels de la formation sollicitée. Enfin, les résultats de l'analyse menée sur les quatre cents entretiens dépouillés dans le cadre de cette recherche, mettent en évidence que seule une petite minorité de ces candidats au départ est réellement en capacité de déployer un discours cohérent et convaincant de construction du projet de mobilité académique en France, qui fasse le lien entre les dimensions personnelles, les aspirations académiques et les perspectives professionnelles.

Juste après ce premier profil rencontré fréquemment chez les candidats au départ, on trouve un second profil de candidats, moins récurrent sans pour autant être marginal, qui présente comme caractéristiques principales d'avoir un niveau académique tout juste passable *et* d'avoir suivi la totalité ou la quasi-totalité de ses études secondaires (et supérieures, le cas échéant) dans un (des) établissement(s) privé(s) d'une grande ville marocaine (comme Casablanca, Rabat, Fès) ou d'une ville moyenne touristique (comme Marrakech, Agadir, Tanger). Au lycée, les candidats relevant de ce profil ont plutôt été orientés vers la filière Sciences économiques et de gestion, du fait que leur faible niveau dans les matières scientifiques ne leur permettait pas de prétendre intégrer la filière Sciences expérimentales. Ils y ont obtenu des résultats passables, ont parfois redoublé une classe. Au baccalauréat, ces candidats doivent leur réussite au fait qu'ils étaient scolarisés dans un lycée privé qui a surévalué leurs notes de contrôle continu[21]. Après l'obtention de leur baccalauréat, ils ont généralement opté pour une école privée d'enseignement supérieur non sélective, dans le domaine du commerce ou de la gestion ou dans une des filières liées à l'informatique. Interrogés sur leur parcours académique passé, ces candidats parviennent difficilement à justifier les différents choix d'orientation qu'ils ont été amenés à prendre au lycée, puis au cours de leurs études supérieures. Ils reconnaissent d'ailleurs assez volontiers qu'ils n'ont pas vraiment choisi leur filière, mais « qu'il n'y avait que cela de disponible », dès lors qu'ils avaient fait le choix de ne pas aller à l'université. Leur projet de mobilité académique en France pour l'année suivante n'est pas plus réfléchi et construit que leur parcours passé. Dans un nombre important de cas, le séjour en France s'inscrit d'ailleurs dans le cadre

---

[21] Au Maroc, la moyenne générale au baccalauréat est calculée à partir de trois notes : la note de contrôle continu (qui porte sur la dernière année du baccalauréat), qui compte pour 25 % ; la moyenne obtenue aux épreuves de l'examen national, qui compte pour 50 % ; et la moyenne obtenue aux épreuves de l'examen régional – équivalent des épreuves de baccalauréat que passent les élèves du système éducatif français à la fin de la classe de 1ère qui compte pour 25 % du total.

d'un accord inter-établissement[22], qui a peut-être pour effet d'alléger l'enjeu et la « pression à la réussite » qui pèse généralement sur la préparation du projet de mobilité académique. Ainsi, ils peinent à convaincre leur interlocuteur de la réalité de leur motivation pour le projet d'études spécifique auquel ils candidatent, même si dans certains cas, ce manque de justification est contrebalancé par l'importance de leur enthousiasme en faveur de la réalisation d'un séjour en France. La fascination pour la France est alors alimentée par des séjours touristiques passés ou par l'image que leur en donnent des membres de leur famille qui vivent là-bas (un grand frère, un oncle, des cousins, etc.).

En termes de milieux sociaux d'origine, ces candidats sont plutôt issus de familles appartenant à la classe moyenne supérieure des grandes agglomérations marocaines ou des villes moyennes touristiques. Le chef de famille peut par exemple être commerçant, exercer une profession dans le domaine du tourisme ou encore être cadre intermédiaire dans le secteur bancaire. Le niveau de français de ces étudiants est souvent marqué par un hiatus élevé entre les capacités de compréhension ou de réception linguistique (plutôt élevées, proches du niveau B2 sur l'échelle du CECRL), et le niveau de production ou d'expression écrite et orales (plutôt proches du niveau B1, voire du niveau A2). La configuration spécifique qui caractérise leur compétence langagière peut s'expliquer à la fois par la forte exposition à la langue française dont ils ont toujours bénéficié (au lycée, dans leur école supérieure, mais aussi parfois dans leur milieu familial), et par la faible implication personnelle et/ou par les compétences cognitives limitées dont ils font preuve en matière d'apprentissage de langues étrangères.

Le troisième profil dégagé par notre typologie est celui de l'élève brillant, « très bon, excellent » selon les commentaires de ses enseignants. Au lycée, cet élève a été indifféremment scolarisé dans le public ou dans le privé. Tête de classe, il a obtenu des résultats très élevés dans toutes les matières, notamment dans les matières scientifiques (mathématiques, physique, chimie, sciences naturelles) et les langues étrangères (français et anglais). Il se démarque de la majorité de ses camarades par sa forte implication dans les études et plus largement par sa curiosité intellectuelle, son ouverture d'esprit et sa volonté de dépasser ses limites. En première année du baccalauréat, il s'est orienté vers la filière « sciences mathématiques » ou la filière « sciences expérimentales », dans la perspective par la suite d'accéder à un établissement sélectif d'enseignement supérieur. Lorsqu'il prévoit de réaliser son projet d'études en France immédiatement après le baccalauréat, il candidate en priorité aux classes préparatoires scientifiques et aux filières d'excellence des établissements publics

---

[22] Un nombre croissant d'écoles privées marocaines (de commerce, d'informatique ou de sciences de l'ingénieur) établissent des accords de mobilité « unidirectionnels » avec des établissements privés français, au bénéfice des étudiants marocains. Le séjour en France a généralement lieu en fin de cursus (4e ou 5e année). Les étudiants sont généralement sélectionnés sur la base d'un entretien oral par un jury composé de représentants de l'établissement français partenaire, qui fait le déplacement au Maroc pour l'occasion.

universitaires. S'il ne fait pas preuve d'un enthousiasme exceptionnel à l'heure de présenter les raisons qui motivent son choix, il parvient toutefois à présenter des motivations convaincantes pour la réalisation de ce projet de mobilité, en se projetant à long terme (« mon rêve est de devenir ingénieur en génie industriel, comme mon oncle ») ou en décrivant ce qu'il considère comme indispensable à la réalisation de ce rêve : « il faut suivre la formation la plus difficile et la plus sélective pour réussir dans ce métier », « je ne crois pas qu'un bon architecte puisse réussir sans fournir énormément d'efforts tout au long de sa formation ».

Quand il a déjà commencé ses études supérieures, le candidat de ce troisième profil est généralement inscrit dans une filière publique très sélective au Maroc, comme l'architecture, la médecine, une classe préparatoire scientifique publique ou une école d'ingénieur à classe préparatoire intégrée. En dernier ressort, ce choix de filière d'enseignement supérieur a d'ailleurs généralement dépendu de la moyenne générale qu'il avait obtenue au baccalauréat. Dans l'enseignement supérieur, il s'est progressivement qualifié aux niveaux supérieurs de sa formation, tout en tirant profit au maximum de celle-ci pour renforcer ses connaissances techniques dans sa spécialité, ses « compétences transversales » ou encore son niveau de français (la totalité des établissements d'enseignement supérieur sélectifs au Maroc utilisant le français comme langue d'enseignement). Son projet de mobilité académique en France est réfléchi et cohérent. Il vient apporter une réelle plus-value à son parcours d'études passé tout en s'articulant à une réflexion pragmatique sur les perspectives professionnelles qu'il pourra générer.

En termes de milieux sociaux d'origine, les candidats de ce troisième profil se répartissent en deux catégories. La première catégorie, majoritaire, est issue de la classe moyenne urbaine, à l'instar des candidats du premier profil. Les catégories socioprofessionnelles des parents sont donc comparables à celles de la première catégorie de candidats, à la différence qu'elles comprennent beaucoup plus systématiquement les enseignants (instituteurs, enseignants dans le secondaire ou dans le supérieur) et les professions intellectuelles. Les parents de ces candidats ont généralement bénéficié d'une éducation secondaire et ont souvent même effectué des études supérieures, au Maroc ou en France.

La deuxième catégorie de candidats relevant du troisième profil est issue des milieux sociaux moins favorisés. Enfants de petits artisans, de gendarmes, d'agents des Eaux et Forêts, d'instituteurs qui enseignent dans les chefs-lieux d'un groupe de douars[23] d'une région enclavée, etc. Ces candidats ont effectué toute leur scolarité dans les écoles publiques de petites agglomérations de province, qui peuvent au demeurant connaître une certaine activité touristique (Chefchaouen, El Hajeb, Tiznit, Taroudant, etc.). Très studieux à l'école, ces candidats sont particulièrement réactifs et alertes en entretien, capables de démontrer une grande force de conviction dans la présentation de leur projet d'études en France. Généralement issus de milieux berbérophones, ils ont des

---

[23] Petits villages.

compétences cognitives avérées en langues étrangères, sans doute du fait qu'ils ont été confrontés à une grande diversité de situations linguistiques dès leur plus jeune âge : utilisant la langue amazighe locale avec leurs parents, ils ont fréquenté un msîd[24] qui les a familiarisés avec la langue arabe classique, avant d'intégrer l'école publique dans laquelle l'enseignement conventionnel se fait en arabe standard, tandis que les échanges informels entre enseignants et élèves et les interactions entre élèves se font en arabe dialectal. Résidant dans une petite bourgade touristique, ils ont ensuite eu l'occasion de se familiariser avec le français, l'espagnol ou l'anglais.

Enfin, le dernier profil identifié par notre typologie, le plus minoritaire, est celui du candidat en échec scolaire et universitaire, prêt à tenter « le tout pour le tout » pour partir en France, et plus largement pour quitter le Maroc. Les candidats de ce dernier profil sont généralement issus de régions périphériques ou enclavées du pays, comme les régions du Rif Oriental, de l'extrême Sud ou de Ouarzazate. Entrés tardivement à l'école, dans des petits établissements publics sous-équipés par rapport aux effectifs d'élèves, ils ont généralement connu une scolarité discontinue (redoublement, abandon d'études avant reprise, réorientation, changement fréquent d'établissements). Lorsqu'ils poursuivent des études supérieures, ces candidats sont inscrits dans des établissements universitaires non sélectifs ou des ISTA, et parviennent avec difficulté à valider les enseignements requis pour obtenir leur diplôme. Pour ces jeunes gens, les problèmes familiaux et financiers viennent souvent s'ajouter aux difficultés scolaires : divorce des parents, départ du père de famille à l'étranger pour travail saisonnier, décès d'un proche... Le départ en France apparaît comme une solution de moindre mal et non comme un projet de mobilité académique cohérent, articulé à un parcours d'études passé et à un projet professionnel futur.

Enfin, de façon générale, les candidats de ce profil ont un niveau de français insuffisant pour prétendre poursuivre des études supérieures en France. Conscients de cette limite, ils indiquent généralement en entretien qu'en cas de refus de leur candidature par l'établissement français, ils tenteront leur chance auprès d'autres pays européens (Allemagne, Belgique, Espagne, Italie), soit pour y effectuer des études, soit pour y travailler.

Dans le cadre de cette recherche, nous avons procédé à une analyse statistique et qualitative des origines sociales, profils académiques et modes de construction du projet de mobilité internationale des jeunes Marocains candidats à la poursuite d'études supérieures en France.

Alors que l'analyse quantitative, réalisée sur l'ensemble de la population candidate, nous a permis de mettre en évidence les caractéristiques démographiques et académiques les plus fréquemment corrélées au désir de départ en France pour motif d'études, l'analyse de contenu, développée à partir

---

[24] École traditionnelle de base dédiée à l'apprentissage du Coran.

de l'exploitation des entretiens oraux, nous a amenés à rendre compte des conditions sociales dans lesquelles les candidats construisent leur projet de migration étudiante. En mettant en lien le milieu socioéconomique d'origine des candidats, leur lieu de résidence, leur parcours académique passé, leurs stratégies de candidatures en France et leur niveau de langue en français, nous avons défini les quatre profils qui nous semblent rendre compte avec le plus d'acuité de la réalité de la mobilité étudiante qui se déploie aujourd'hui, de façon unidirectionnelle, du Maroc vers la France.

Dans la perspective d'élargir le champ de connaissances relatif à l'intention de mobilité étudiante dans les pays du Sud, on pourrait utilement compléter cette recherche par une étude portant sur les parcours académiques et les modalités d'entrée sur le marché du travail des jeunes Marocains qui, après avoir déposé leur candidature pour des études supérieures en France, ont finalement décidé d'annuler ou de reporter leur projet.

Références

Agence française pour la promotion de l'enseignement supérieur, l'accueil et la mobilité internationale. 2013. Présentation institutionnelle, sur <http://www.polymtl.ca/biblio/utiliser/citations-guide.pdf> (28.3.2014).

Capucho, Filomena. 2011. L'intercompréhension, un atout pour les étudiants Erasmus ? *Études de linguistique appliquée*, n°162, pp. 221-233.

De Carlo, Magdalena, & Diamanti, Laura. 2013. Les vécus des étudiants Erasmus pendant leur séjour à l'étranger : un apprentissage expérientiel, *Études de linguistique appliquée*, n° 169, pp. 29-46.

Coulon, Alain, & Paivandi, Saeed, 2003, *Les étudiants étrangers en France : l'état des savoirs*, rapport pour l'Observatoire de la Vie Étudiante, Université de Paris 8, sur <http://www.ove-national.education.fr/medias/files/publications/872e_rap_tr_ove.pdf_-1.pdf> (28.3.2014).

Dubois, Thomas, & Chamkhi, Amine. 2009. La mobilité internationale des étudiants marocains : stratification scolaire, investissement familial et opportunité. *IUSSP working paper*, XXVIème Congrès International de la population Marrakech, Séance 93 : Europe and the Maghreb, Demographic Ties (AMEP-EAPS), pp. 1-30.

Garneau, Stéphanie. 2007. Les expériences migratoires différenciées d'étudiants français : de l'institutionnalisation des mobilités étudiantes à la circulation des élites professionnelles ? *Revue européenne des migrations internationales*, vol. 23. pp. 139-161.

Haut-Commissariat au Plan, Royaume du Maroc. 2007. *Enquête nationale sur les revenus et les niveaux de vie des ménages, Rapport de synthèse.*

Haut-Commissariat au Plan, Royaume du Maroc. 2009. Les classes moyennes marocaines, caractéristiques, évolutions et facteurs d'élargissement, Intervention de Ahmed Lahlimi Alimi, Haut-Commissaire au Plan, Mohammed, Conférence débat du 6 mai 2009, sur <http://dx.doi.org/10.1787/9789264015074-fr> (28.3.2014).

Institut de statistique de l'UNESCO. 2010. *Recueil de données mondiales sur l'éducation.*

Latreche, Abdelkader. 2000. Les étudiants maghrébins en France dans les années 1990. Trajectoires migratoires et mobilisations familiales, in Geisser, Vincent (dir.), *Diplômés maghrébins d'ici et d'ailleurs*, Paris : CNRS éditions.

Latreche, Abdelkader. 2001. Les migrations étudiantes de par le monde, *Hommes et Migrations*, n° 1233, pp. 13-27.

Muller, Pierre, & Ravinet, Pauline. 2009. Construire l'Europe en résistant à l'UE ? Le cas du processus de Bologne, *Revue Internationale de politique comparée*.

OCDE. 2004. *Enseignement supérieur : Internationalisation et commerce*, Éditions OCDE.

OCDE. 2008. *OECD Review of Tertiary Education: Tertiary Education for the Knowledge Society*. Éditions OCDE sur <http://dx.doi.org/10.1787/9789264046535-en> (28.3.2014).

OCDE. 2011. *Perspectives des migrations internationales 2011*. Éditions OCDE. Sur <http://dx.doi.org/10.1787/migr_outlook-2011-fr> (28.3.2014).

OCDE. 2013. *Regards sur l'éducation 2013 : les indicateurs de l'OCDE*.

Paivandi, Saeed, & Vourc'h, Ronan. 2006, Profils et conditions de vie des étudiants étrangers, 2ᵉ partie, OVE infos, sur <http://www.ove-national.education.fr/medias/files/ove-infos/oi14_oi_14.pdf> (28.3.2014).

Pépin, Luce. 2006. *Histoire de la coopération européenne dans le domaine de l'éducation et la formation. Comment l'Europe se construit – Un exemple*, Luxembourg : Office des publications officielles des Communautés européennes.

Ravinet, Pauline. 2007. *La Genèse et l'Institutionnalisation du processus de Bologne. Entre chemin de traverse et sentier de dépendance*, Thèse de doctorat en science politique, Paris : Institut d'études politiques.

Terrier, Eugénie. 2009. Les mobilités spatiales des étudiants internationaux. Déterminants sociaux et articulation des échelles de mobilité, *Annales de géographie*, 6, n° 670, pp. 609-636.

Une pratique européenne des mobilités étudiantes en Afrique ?

JACQUELINE BERGERON

Le Processus de Bologne dont l'intention première était de créer un espace européen de l'enseignement supérieur plus attractif, s'est développé ces dernières années sur le continent africain. Adopté au cours d'une première période par les pays du pourtour méditerranéen, il se déploie actuellement en Afrique subsaharienne où la plupart des états francophones ont décidé de s'arrimer au LMD dans une volonté d'accélérer l'harmonisation des diplômes de l'enseignement supérieur pour une meilleure compatibilité et comparabilité à la surface du globe. C'est dans ce contexte que l'on a assisté ces dernières années à une augmentation significative des mobilités étudiantes sud-nord avec l'intention de permettre aux étudiants africains de poursuivre des études dans les universités européennes de leur choix, de commencer des formations dans leur pays pour les achever dans un autre et inversement. L'esquisse de cette démarche est perceptible à travers différents programmes de bourses notamment européennes qui se développent en faveur des étudiants africains. Si ce contexte a priori *favorable laisse augurer de belles perspectives, notamment en prenant appui sur les mobilités étudiantes pour un développement plus démocratique de l'enseignement supérieur, le chemin est encore long des intentions à la réalité.*

Plusieurs questions seront abordées : celles des critères de régulation des flux d'étudiants du Sud vers le Nord et d'attribution de bourses, plus généralement celle de la qualité et de l'efficacité des mobilités étudiantes dans des pays qui consacrent encore des moyens très insuffisants à l'enseignement supérieur. Les mobilités telles qu'elles sont pratiquées alimentent-elles la fuite des cerveaux ou sont-elles une aide à l'employabilité dans les pays d'origine ? Participent-elles à la construction d'un espace mondial de l'enseignement supérieur qui serait envisagé dans une perspective de globalisation ? Dès lors faut-il envisager la conception d'un programme « Erasmus-Afrique » au sein d'espaces régionaux sur le continent ? Quelles seraient alors les conditions sous-jacentes à la mise en place d'une mobilité tournée vers l'employabilité des étudiants ? C'est à travers le prisme d'une expérience de plusieurs années d'accompagnement de mobilités étudiantes dans la région d'Afrique centrale que ces différentes questions sont abordées.

1. Espaces et mobilités, Afrique et Europe

Le Processus de Bologne dont l'intention première était de créer un espace européen de l'enseignement supérieur plus attractif, s'est développé ces dernières années sur le continent africain. Généralement, les pays d'Afrique reprennent ses principes, déclinés selon trois principaux axes :
- améliorer la lisibilité internationale et la reconnaissance des qualifications par le biais d'une convergence progressive vers une certification et des cycles d'études communs ;
- faciliter la mobilité des étudiants, des enseignants et des chercheurs avec un objectif d'intégration sur le marché du travail national et international ;
- élaborer un système commun de diplômes pour les programmes de premier, second et troisième cycles avec la nécessité de fournir des compétences valorisables sur le marché de l'emploi dès la fin du 1e cycle.

Adopté au cours d'une première période par les pays du pourtour méditerranéen, le Processus de Bologne se déploie progressivement en Afrique subsaharienne où la plupart des états francophones ont décidé de s'arrimer au système LMD (Licence-Master-Doctorat) avec en intention première une meilleure harmonisation des diplômes de l'enseignement supérieur pour une plus grande lisibilité entraînant la reconnaissance internationale des titres. La mobilité est ainsi envisagée comme levier essentiel du processus formatif et de lisibilité internationale.

C'est dans cette perspective et ce contexte que s'inscrit aujourd'hui la question de la mobilité géographique des étudiants en Afrique subsaharienne avec, en toile de fond, un contexte d'enseignement supérieur et de recherche encore relativement dégradé dans bon nombre de pays. En écho se pose la question de la mobilité des enseignants et des chercheurs en charge de former la jeunesse africaine, elle se pose avec acuité à l'heure où la notion d'économie de la connaissance fondée sur la compétitivité, l'intelligence territoriale, la mondialisation, la globalisation de la connaissance gagne le continent africain. Ces notions économistes confèrent à l'ingénierie des connaissances un statut de capital intellectuel au sein de territoires très diversifiés qui progressivement structurent l'espace de la connaissance qui tend à devenir mondial.

Il est ainsi désormais admis en Afrique subsaharienne que le Processus de Bologne, décliné selon les principes du LMD constitue tout à la fois l'occasion pour les pays d'un arrimage aux fameux « standards internationaux » (Mashako 2014)[1], une intégration à l'espace mondial de la connaissance, une ouverture sur des partenariats scientifiques Sud-Sud/Sud-Nord rendus possibles notamment par la place grandissante que prend le numérique dans les dispositifs de formation, de recherche et d'accès à la connaissance, et conséquemment la possibilité de développer les échelles géographiques d'employabilité en prenant

---

[1] Ministre honoraire de l'Enseignement supérieur et la Recherche en RDC.

appui sur les mobilités étudiantes, enseignantes et progressivement professionnelles. Le modèle LMD sous-entend donc une mobilité universitaire des étudiants et des enseignants ; il exige que les enseignants actualisent régulièrement leurs enseignements, utilisent les supports numériques pour favoriser et rendre possibles les méthodes actives d'enseignement-apprentissage.

Qu'en est-il véritablement sur le terrain ? La mobilité en Afrique se développe-t-elle selon ces finalités ? Participe-t-elle au renforcement de l'espace mondial de la connaissance par le métissage qu'offrent les territoires africains ? Plus largement, la mobilité étudiante et enseignante participe-t-elle, même modestement, au développement de l'économie des pays d'Afrique ? Assiste-t-on progressivement à la structuration d'un espace africain de l'enseignement supérieur qui faciliterait, à l'aune de l'espace européen de l'enseignement supérieur, les déplacements géographiques et, à terme, la mobilité professionnelle reliée aux besoins des bassins d'emplois ?

2. Mobilité géographique et construction scientifique

Beaucoup d'États africains consacrent encore aujourd'hui un budget nettement insuffisant à la recherche et parviennent parfois difficilement à assurer les salaires des enseignants à l'université, très rarement la rémunération de chercheurs. La plupart du temps, cette situation conduit les enseignants/chercheurs à compléter leurs revenus par des activités secondaires n'ayant rien à voir avec leur métier, les éloignant même de la recherche qui reste encore très/trop faiblement inscrite dans les politiques nationales. Ainsi, dans un contexte international où les enseignants doivent structurer un travail partenarial avec leurs collègues du Sud et du Nord pour créer, développer des réseaux internationaux de partage scientifique, les enseignants et chercheurs du Sud restent souvent dépendants de projets de coopération internationale pensés et financés par le Nord pour s'inscrire dans des programmes de recherche.

Les professeurs du Sud invités par les équipes universitaires du Nord, dénommés « professeurs invités », se voient confier tout ou partie d'un enseignement qui, teinté de l'empreinte de l'invité, s'inscrit néanmoins dans le programme prévu de l'université d'accueil. La plupart du temps, ces mobilités sont introduites par le biais de relations individuelles entre deux enseignants (université du Nord et université du Sud) et s'établissent sur la base de relations personnelles informelles beaucoup plus que sur un projet de partenariat scientifique institutionnel articulé avec une stratégie de partage scientifique dans un cadre de diversité culturelle, voire d'interculturalité.

Les programmes de recherche, quant à eux, mobilisent les ressources humaines, institutionnelles et matérielles du Nord et sont, le plus souvent, organisés autour de préoccupations scientifiques occidentales même si la notion de « territorialité » y est inscrite, entendons par là que les terrains africains sont envisagés généralement comme « laboratoires » de recherche propices à alimenter en données les préoccupations scientifiques occidentales.

La contribution des chercheurs africains à ce type de programmes se traduit par des mobilités Sud-Nord/Nord-Sud (rarement Sud-Sud) avec allers/retours tout au long du déroulement des programmes. L'hypothèse peut être posée selon ces termes : si ces déplacements géographiques sont bien de nature à développer des coopérations (qui restent souvent informelles et, de ce fait, fragiles d'un point de vue institutionnel) entre les enseignants/chercheurs, ils ne permettent pas nécessairement la naissance et le développement de réseaux scientifiques propices à répondre aux enjeux et défis à relever sur l'espace africain. De même, ils ne favorisent pas systématiquement la contribution des chercheurs africains pour répondre, à partir de leurs expertises, aux défis scientifiques que doit relever le Nord.... *In fine*, quelle lecture avons-nous aujourd'hui de la nature des coopérations scientifiques issues de ces mobilités d'enseignants et de chercheurs et surtout de leurs impacts sur le développement de la recherche scientifique en Afrique ? Quelles sont les modalités mises en œuvre pour évaluer la qualité en termes de transfert cognitif sur les différents territoires au sein desquels s'opèrent ces nombreux déplacements ? Que deviennent les collaborations qui se sont tissées pendant la durée des projets lorsque ceux-ci se terminent ? Globalement, il semble que les collaborations scientifiques nées des mobilités étudiantes et enseignantes ne permettent pas de fonder de véritables partenariats institutionnels durables entre pays « donateurs » et pays « bénéficiaires ». Lorsque des partenariats naissent, le cadre institutionnel est trop fragile pour permettre leur pérennité et permettre de travailler de façon durable sur des thématiques de recherche d'envergure mondiale. Dans ce cas, comment permettre la progression de la science dans une démarche co-construite d'innovation scientifique au service des besoins des territoires au Nord comme au Sud s'inscrivant de manière partagée sur les assises culturelles des uns et des autres ?

Ces questions restent entières aujourd'hui. La « reliance » encore trop systématique des chercheurs africains aux projets scientifiques conçus par et pour le Nord offre un terrain encore peu propice pour que la science « africaine » contribue au développement et à l'enrichissement d'une science mondiale reposant sur la fertilité d'un terreau historique et culturel, sur les savoirs locaux d'une richesse hors du commun en terre africaine.

Les mobilités scientifiques sont ainsi encore trop peu efficaces et surtout manquent d'efficience, elles sont pourtant un levier pertinent et favorable à ce maillage interculturel, transdisciplinaire et « transscientique ». Elles demeurent aujourd'hui plus géographiques que scientifiques et culturelles et les déplacements ne permettent pas nécessairement que bougent les représentations mentales et sociales de ceux qui sont en mobilité et/ou conçoivent des programmes de mobilité. Ainsi, à l'heure où l'on parle de plus en plus de l'espace mondial de l'enseignement supérieur, la mobilité nord-sud/sud-nord des enseignants chercheurs ne participe pas nécessairement à la co-construction d'un espace scientifique au bénéfice des besoins d'espaces africains divers et diversifiés.

3. Une pratique européenne des mobilités étudiantes en Afrique ?

Côté étudiant, on assiste depuis plusieurs années à une augmentation significative des mobilités sud-nord supposées permettre aux étudiants africains de poursuivre des études dans les universités européennes de leur choix, de commencer des formations dans leur pays pour les achever dans un autre et inversement, avec une finalité de meilleure employabilité. L'esquisse de cette démarche est perceptible à travers différents programmes de bourses en faveur des étudiants africains, définis selon des critères d'attribution largement empruntés au système LMD et basés sur les modalités du programme européen Erasmus. L'évaluation des candidatures calquée sur le système évaluatif du Nord régule les flux d'étudiants Sud-Nord (et non l'inverse). Par ailleurs, sur cette scène de l'organisation des mobilités, on constate que les étudiants africains mobiles en Europe ne bénéficient pas nécessairement d'un encadrement scientifique s'ils ne sont pas inscrits dans une université du Nord, mais seulement inscrits dans leur université d'origine lors de leur mobilité en Europe. Ceci semble particulièrement vrai pour les étudiants inscrits en doctorat qui sont les plus mobiles.

Faut-il voir dans cette situation une valorisation des diplômes européens au détriment des diplômes des universités africaines ? De fait, et malgré l'extension du système LMD sur le continent africain, les étudiants mobiles qui préparent un diplôme africain peuvent se trouver dans un relatif isolement scientifique et pédagogique, durant leur parcours de mobilité en Europe.

Si le contexte de mise en œuvre du LMD en Afrique et d'une certaine « réplication » du programme Erasmus du Nord au Sud laisse augurer de meilleures perspectives, notamment en prenant appui sur les mobilités étudiantes pour un développement plus démocratique de l'enseignement supérieur en Afrique, le chemin reste encore long des intentions à la réalité.

Dans ce contexte, plusieurs questions se posent, notamment celle de l'impact des mobilités sur le renforcement des capacités scientifiques et professionnelles qui seraient propices aux innovations conceptuelles au sein des pays africains.

Dans le même ordre d'idée, on peut se demander si les mobilités alimentent encore, à l'heure actuelle, la fuite des cerveaux, notamment pour les étudiants titulaires de diplômes européens, ou si elles constituent un réel facteur de développement de compétences et de ressources humaines pour les pays, favorisant l'employabilité des étudiants. Sur un autre plan, les mobilités étudiantes participent-elles à la construction d'un espace mondial de l'enseignement supérieur envisagé, le plus souvent, dans une perspective de globalisation, mais pouvant être articulé aux réalités territoriales locales ? Pour éclairer ces questions, il est intéressant d'examiner comment le système LMD se met en place au sein des pays africains et quelle place occupent les mobilités dans ce système. Il faut tout d'abord voir que ce modèle exogène captive, le plus souvent, voire séduit par les enjeux importants qui le structurent. Les pays africains le considèrent comme une avancée réelle de l'internationalisation et de la globalisation de l'enseignement supérieur. Cependant, importé du Nord vers les universités africaines, généralement pas prêtes à l'accueillir, le système LMD apparaît comme un « luxe du Nord », ou, parfois, comme une porte de sortie d'une crise universitaire qui perdure depuis bien des années. Concernant les modalités de sa mise en place, on oscille encore aujourd'hui entre du bricolage et une tentative d'appropriation ayant du mal à voir le jour sur des territoires où les enjeux politiques phagocytent et limitent encore trop souvent le développement de la recherche et les libertés académiques.

Les mobilités étudiantes ont connu un essor en Europe au cours de ces 25 dernières années du fait de la progression du programme Erasmus mis en place par la Commission européenne, lui-même fortement lié à l'implantation du système LMD marquant l'opérationnalisation du Processus de Bologne sur un rythme référant à une histoire européenne de l'enseignement supérieur. Elles se développent dans les pays africains sur le modèle de pensée européen donc selon des modalités essentiellement référées au programme Erasmus que l'on tente, bon an mal an, d'adapter aux réalités africaines.

Il faut avoir à l'esprit que, dans bon nombre de pays d'Afrique, le Processus de Bologne est arrivé à la suite d'une succession de réformes avortées et souvent imposées au fil de l'histoire pour tenter de relever un grand vide politique de l'élite au pouvoir. Il est présenté généralement comme un facteur d'insertion des universités africaines dans l'économie globale de la connaissance.

Ainsi lié aux exigences de l'espace mondial de l'enseignement supérieur et de la recherche, le Processus de Bologne apparaît au fil du temps, dans la plupart des discours politiques des États africains, comme un incontournable pour trouver « une/sa » place dans l'espace mondial de l'enseignement supérieur et de la recherche. Au sein des pays, les débats se centrent, le plus souvent, sur des approches « technicistes » du système LMD : semestrialisation, mise en place des crédits, standardisation des diplômes, démarches qualités… Les réformes se présentent comme un catalogue sans fin de contraintes et de procédures formelles, déconnectées des réalités territoriales, ne laissant aucune place à un véritable débat public de fond qui permettrait de penser la réforme au plus près des besoins pour envisager de réelles évolutions qualitatives de l'enseignement supérieur et de la recherche au service du développement et des besoins des territoires.

Ces débats superficiels sont, le plus souvent, un moyen de contourner les questions de fond qui concernent le rôle de l'université en Afrique en tant que levier d'une indépendance scientifique, économique, politique mais également dans l'affirmation d'identités nationales, la confirmation de cultures reconnues dans et par leur diversité.

C'est la faiblesse des élites politiques, mais également la faiblesse scientifique qui sont généralement cause d'une absence de réflexion profonde et concrète. Les réformes reposent ainsi sur « un vide » politique qui ne peut être comblé en l'absence de conception de politiques publiques d'enseignement supérieur portées par les États. Ce problème de gouvernance a pour conséquences non seulement de déposséder les États de leurs propres politiques éducatives, mais également de les contraindre à accepter des modèles venus d'ailleurs, le système LMD en étant un parmi d'autres qui s'impose tel un miroir, une réplique d'un dispositif qui a encore du mal à trouver sa propre assise sur le continent européen.

C'est dans cet univers relativement peu sûr, marqué par la privatisation exagérée du secteur de l'enseignement supérieur dans certains pays africains mais également par le manque d'engagements financiers des États, que s'inscrivent les mobilités étudiantes et enseignantes en Afrique.

Bien souvent, les étudiants trouvent dans les mobilités la planche de salut pour sortir de l'impasse dans laquelle ils se trouvent : présentée comme un facteur de future insertion professionnelle, mais aussi comme le garant d'un niveau de qualité scientifique, l'Europe attire depuis bien longtemps les étudiants du Sud. De ce point de vue, l'arrivée du Processus de Bologne en Afrique ne constitue pas un facteur d'évolution : les étudiants africains sont sans doute les plus mobiles au monde du fait de la précarité scientifique dans laquelle ils se trouvent. La mise en place du LMD semble impliquer plus de régulation et de contrôle en vue de mieux identifier les possibles retours sur investissement des mobilités ; on peut donc poser l'hypothèse que le système LMD en Afrique ne promeut pas la mobilité, mais installe plutôt sa régulation, son contrôle, et progressivement sa rentabilité. Les bourses dites « guichet » accordées aux étudiants qui présentaient des demandes « spontanées », pas véritablement argumentées par un projet de recherche ou/et professionnel semblent en nette diminution. Pour autant, les mobilités ne sont pas nécessairement plus efficientes, elles ouvrent la voie à un autre type de problème : les étudiants africains qui arrivent en Europe pour étudier doivent aujourd'hui, non seulement faire face au problème d'adaptation culturelle, sociale, scientifique liée à leur déplacement (constituant en soi une richesse), mais ils ont aussi à se contorsionner pour tenter d'entrer dans les « normes LMD du Nord » : la structure et la nature des savoirs, la structure des diplômes, la nature des parcours, les modalités « Erasmus » de mobilités (leurs contraintes administratives, pédagogiques, institutionnelles...) telles que mises en place par les universités européennes. On constate ici un effet tout à fait réducteur de la mobilité qui a tendance, dans ce contexte précis, à gommer les particularités africaines, à uniformiser les études et les parcours dont la singularité pourrait être d'une richesse exemplaire. C'est généralement au prix de l'adaptation à ces contraintes que les étudiants trouvent « provisoirement » une place dans la communauté scientifique du Nord. La mobilité des étudiants africains en Europe est donc pensée, le plus souvent, à partir de représentations mentales et sociales du Nord en lien avec le programme Erasmus et les étudiants se trouvent pris en étau entre une obligation de montrer leurs capacités à se positionner sur le marché du travail à l'issue de leur mobilité et une projection professionnelle très difficile, voire impossible dans leur pays dit « émergent ». Les mobilités étudiantes n'étant pas pensées à partir de la construction sociale que constituent les territoires africains porteurs par ailleurs de dynamique, enjeux de compétitivité économique, elles ne contribuent que faiblement à renforcer le niveau de la main-d'œuvre qualifiée dont on a besoin sur les différents bassins d'emplois.

Malgré différentes initiatives émanant notamment de projets de coopération internationale pour rapprocher l'université de l'entreprise, pour concevoir des parcours dits « professionnalisants » tels que le préconise le Processus de Bologne en utilisant la voie des mobilités, le constat demeure que les étudiants africains mobiles ont peu de chance de trouver l'emploi qui convient à leur qualification à leur retour au pays avec un diplôme « venu d'ailleurs ». Les mobilités ne seraient ainsi pas nécessairement facteur d'employabilité.

4. Vers un Erasmus Afrique ?

Dans un tel contexte, on ne peut que regretter que les pays africains reprennent à leur compte les normes académiques venues du Nord (dans un système qui reste de dépendance) sans entrevoir de façon plus effective et efficiente les possibles qu'offre le Processus de Bologne (en matière d'échanges, d'employabilité, de réponses aux besoins en compétences, de développement de projets de recherche articulés aux contextes territoriaux…) sur lesquels appuyer les mobilités Sud-Nord/Nord-Sud, et Sud-Sud au sein de différentes régions du continent.

S'agissant de ces dernières, force est de constater qu'elles renvoient à des difficultés d'une autre nature : celle de la libre circulation d'un pays à l'autre, celle de la reconnaissance des diplômes, y compris au sein de régions ayant adopté le système LMD, celle de la disparité des niveaux scientifiques encore très faibles dans certains pays.

Regardant l'espace de la CEMAC[2] qui a affirmé, depuis 2006, son adhésion au Processus de Bologne et adopté le système LMD, on constate un espace encore très « cloisonné » de l'enseignement supérieur et de la recherche. La mobilité des étudiants est difficile, en partie pour deux raisons essentielles :

- l'absence de mise en œuvre effective du passeport CEMAC (non application des textes, machines en panne pendant de longs mois, phénomènes bureaucratiques exagérés…) impose des contraintes de visas parfois difficilement surmontables et partir peut vite devenir un parcours du combattant ;

- l'absence d'harmonisation des systèmes de certification d'un pays à l'autre qui rend impossible, plus de 5 ans après l'adhésion de la CEMAC au

---

[2] Commission économique et monétaire des pays d'Afrique centrale de l'enseignement supérieur, de la recherche et de la formation professionnelle.

LMD, la reconnaissance des diplômes d'un pays à l'autre. La volonté politique se trouve ici interrogée, de même que la prégnance des États qui semblent très attachés à leur souveraineté nationale au détriment de la construction d'un espace sous-régional ouvert de l'enseignement supérieur permettant la libre circulation des étudiants.

Si la mobilité prônée par le Processus de Bologne est vecteur de développement et de renforcement d'un espace élargi de l'enseignement supérieur facilitant la reconnaissance des diplômes, l'employabilité, les relations entre monde économique et l'université, les mobilités telles que pratiquées en Afrique sont loin de répondre à ces exigences aujourd'hui encore. Le LMD tel qu'il est « appliqué », « copié-collé » du Nord vers le Sud, laisse peu de place à une version africaine de la mobilité et aux échanges inter-africains susceptibles pourtant d'ouvrir sur de riches créations conceptuelles, de renforcer des identités territoriales. Dans ce contexte, les échanges avec les autres continents ne peuvent faciliter une meilleure appropriation locale et une réelle inscription de l'Afrique sur la scène mondiale de l'enseignement supérieur, à l'heure où sa place sur la scène mondiale en général, économique et académique n'est plus à revendiquer.

Un autre regard porté sur les mobilités étudiantes et enseignantes permettrait peut-être que se développent des espaces internationaux d'enseignement supérieur plus cohérents en Afrique à l'échelle des régions constituant des espaces de compétitivité face aux autres continents.

En lieu et place de cela, on constate que les étudiants mobiles reviennent avec difficultés dans leur pays, n'y trouvent pas la place qui leur reviendrait en lien avec leur expertise et ont peu (voire pas) la possibilité d'investir *in situ* les compétences scientifiques, professionnelles qu'ils ont acquises au fil de leur mobilité. De ce fait, ils tentent de rester « accrochés » aux relations scientifiques et professionnelles qu'ils ont pu développer lors de leur passage au Nord. Pour cela, ils s'insèrent au sein de réseaux personnels et/ou interpersonnels – dans tous les cas informels – et développent de petites communautés scientifiques qui fonctionnent (le plus souvent très bien) en circuits fermés, de façon souterraine en s'appuyant, pour une large part, sur les échanges numériques. Il en va de même pour les enseignants qui parviennent à créer des liens avec leurs collègues des universités du Nord en étant « professeurs invités » pour une durée déterminée.

Si ces communautés scientifiques fermées gardent toute leur richesse et permettent aux étudiants et enseignants insérés dans ces réseaux de se maintenir en vie d'un point de vue scientifique, elles ont cependant une portée très limitée et ne contribuent que faiblement à relever les niveaux scientifiques. Du fait qu'elles ne se développent pas au grand jour, dans un cadre institutionnel permettant qu'elles déploient leurs expertises sur le territoire local, ces communautés sont peu (voire pas) visibles et difficilement repérables de l'extérieur. Elles restent fermées à la société africaine qui pourrait en bénéficier. On peut voir là un effet marginalisant des mobilités Sud-Nord au détriment d'un transfert scientifique et cognitif de compétences au service du devenir des pays. On reste ainsi confronté à l'éternel problème d'absence d'expertise locale, alors même que l'on déploie énormément de moyens pour tenter de la construire, la former, la stabiliser, la pérenniser au sein des espaces géographiques africains. Cette situation freine le plus souvent de façon significative le développement du capital scientifique africain et plus généralement l'évolution des États, les universités étant encore trop faibles pour répondre aux besoins économiques et sociaux des pays.

Quelques initiatives constructives ont vu le jour en Afrique par la volonté de créer des espaces régionaux de l'enseignement supérieur interconnectés. Outre la CEMAC, on peut évoquer la constitution du REESAQ[3]. L'idée de s'unir en réseau pour permettre la convergence de volontés communes facilitant la mobilité des étudiants et la reconnaissance des diplômes à l'échelle internationale des pays membres du réseau était non seulement créative, mais propice à construire un environnement scientifique et géographique favorable au développement de mobilités Sud-Sud de qualité. On peut cependant regretter les impacts peu lisibles de ce réseau en matière de rayonnement international pour les étudiants et conséquemment d'une ouverture sur de réelles mobilités. Aujourd'hui encore, la mobilité reste comprise la plupart du temps dans le sens Afrique-Europe et la reconnaissance scientifique et professionnelle passe, le plus souvent, par l'obtention de diplômes venus d'autres continents, y compris au sein de ce type de réseau ou d'espaces institutionnels identifiés (comme le CAMES[4]).

Alors que la place de l'Afrique sur l'espace mondial n'est plus contestable aujourd'hui, comment les mobilités étudiantes et enseignantes peuvent-elles participer à la constitution d'un capital intellectuel sur cet espace ? En d'autres termes, comment peut se développer la qualité des mobilités des étudiants et des enseignants chercheurs pour permettre de mailler efficacement les relations complexes entre territoire, formation, recherche et gouvernance ? Quelques pistes peuvent être envisagées qui rendraient peut-être des ajustements possibles complémentairement à la nécessité de fonder un socle politique plus solide :

- réfléchir à des modalités de régulation des flux de mobilité étudiante articulés avec les besoins en emplois dans les différents pays, et, pour cela, penser les mobilités comme vecteur d'employabilité en position d'interface entre l'université et l'entreprise ;

- penser une meilleure alliance entre savoirs endogènes issus des territoires africains et connaissances scientifiques occidentales favorisant une

---

[3] Réseau pour l'Excellentc de l'Enseignement Supérieur en Afrique de l'Ouest rassemblant 7 universités nationales du Bénin, du Burkina Faso et du Togo pour « promouvoir une nouvelle politique de coopération universitaire axée prioritairement sur la modernisation de l'offre de formation universitaire en vue de faciliter la mobilité et l'insertion professionnelle » créé le 11 octobre 2005.

[4] Conseil Africain et Malgache pour l'Enseignement Supérieur (reconnaissance des titres, diplômes et grades de l'Enseignement supérieur)

meilleure adéquation entre assises culturelles africaines et exigences de développement au sein des programmes de recherche ;

- prendre en compte la multiplicité des espaces d'apprenance (Carré, 2005) au Sud pour valoriser les mobilités Nord-Sud et faciliter le maillage des territoires, toile de fond de la construction de compétences et du développement de connaissances au service d'une meilleure compréhension et adaptation au monde ;

- établir un nécessaire dialogue et repenser les logiques des acteurs en présence (étudiants, enseignants, communauté internationale, acteurs politiques…) pour des parcours de mobilités plus efficaces.

En contrepoint, on pourrait inscrire plus résolument les mobilités étudiantes Nord-Sud/Sud/Nord dans les contextes locaux en valorisant les apprentissages informels et non formels émanant de la richesse et de la diversité des espaces en Afrique comme en Europe. Cela revient à interroger l'approche classique de l'apprentissage en donnant une place privilégiée à la reconnaissance de résultats d'apprentissage dans les situations les plus variées.

Ces apprentissages non formels se déroulent généralement en dehors des établissements ayant un statut institutionnel ; ils trouvent leur origine à travers les activités non académiques très variées que vivent les étudiants tout au long de leur séjour à l'étranger. On pourrait les nommer apprentissages autonomes, autodirigés, pratiques… Ils complètent « incidemment » les savoirs académiques, ne sont pas entrepris intentionnellement, mais enrichissent considérablement les parcours de mobilités. Les mobilités tant en Afrique qu'en Europe sont jalonnées de tels apprentissages et constituent sans aucun doute des leviers à la construction de connaissances qui se laissent moins facilement saisir que les savoirs académiques. Maillés entre eux, savoirs formels et savoirs non formels valorisent les expériences de mobilité, participent à la construction de compétences et doivent être valorisés voire validés à l'issue de chaque parcours.

Posons l'hypothèse que la mise en synergie de ces savoirs de différente nature permettrait une meilleure appréhension de la richesse des environnements d'apprentissage, en Afrique comme en Europe, et participeraient à la construction d'un espace d'apprentissage mondial.

Entrer dans cette conception de la mobilité avec une approche « Euro-Africaine » nécessite donc non seulement de clarifier les défis conceptuels de compréhension des attributs du savoir, d'identifier une approche pédagogique facilitant l'émergence de ces savoirs particuliers, mais aussi de les valoriser, et leur donner une reconnaissance sociale par leur validation au sein des parcours de mobilité. *In fine* il s'agit de penser différemment l'accompagnement des étudiants mobiles dans une logique peut-être moins articulée à l'obtention du diplôme, mais plus proche des interactions sociales qui se développent en mobilité. La rencontre avec l'autre, « cet étrange », et la confrontation des expériences par le dialogue sont ainsi d'une importance capitale au cours des mobilités ; elles participent à la construction de savoirs informels, à la production de la conscience de soi. S'agissant du sujet qui nous préoccupe dans le cadre de ce texte, la mobilité pourrait incontestablement être un levier pour qu'émerge le dialogue entre les cultures, qui privilégierait l'aspect comportemental, réel et concret comme principales composantes de la culture (Milacic, 2012).

Selon cette acception, les valeurs et les principes intériorisés auraient une place privilégiée dans la conception des parcours de mobilités ; les apprentissages effectués au sein de ces parcours soulèvent des enjeux individuels, mais aussi collectifs émancipatoires et de conscientisation de soi, plus généralement les mobilités contribueraient à la structuration identitaire des sujets à travers des rapports dialectiques entre l'ici et l'ailleurs.

De la multiplicité des situations vécues, voire des croyances au sein des différentes cultures, naissent des savoirs informels qu'il est nécessaire de repérer, d'inscrire comme levier d'apprentissage auprès des étudiants mobiles. Ainsi, placé au cœur de ces environnements particuliers, chaque étudiant se ferait autodidacte en fonction de ses besoins, de ses motivations, de son projet professionnel, des opportunités qu'offre son parcours de mobilité. Dans cette acception, nous pouvons alors supposer que les mobilités étudiantes seraient autant d'occasions d'apprendre et offriraient une opportunité pour rassembler des savoirs morcelés, disjoints, compartimentés (Morin, 1999) en les inscrivant dans une approche transdisciplinaire qui permettrait à chacun de construire le sens d'un apprentissage en avançant dans sa mobilité.

Il est probable que la notion de mobilité ainsi pensée sur et par l'espace africain, indépendamment des standards de l'espace européen et sans mimétisme avec le célèbre programme Erasmus européen, ouvrirait sur d'autres perspectives, tant au niveau de l'employabilité qu'au niveau de la constitution d'un espace territorial propice à construire et faire avancer la science. Au-delà, il convient sans doute de penser les conditions favorables aux échanges d'étudiants et de professeurs, aux partenariats « gagnant-gagnant » Nord-Sud/Sud-Nord, Sud-Sud facilitant la reconnaissance locale, mais également internationale des expertises et compétences, elles-mêmes vecteurs du développement du niveau et de la qualité des formations et des programmes de recherche.

C'est sans doute au « système de pensée » qu'il faut prioritairement revenir en opérant un déplacement cognitif, avant tout déplacement géographique. S'intéresser à la construction mentale et discursive des acteurs en charge de penser les systèmes pourraient contribuer d'une part à une meilleure intelligibilité du réel, d'autre part à des reconfigurations profondes des systèmes d'enseignement supérieur et de recherche appuyés sur un débat public de fond, lui-même relayé par la construction de politiques publiques d'enseignement supérieur et de recherche, point d'ancrage pour des mobilités académiques et scientifiques de qualité.

Utilisée comme paradigme pour penser les recompositions sociales qui s'opèrent à travers les parcours, la mobilité étudiante et enseignante en Afrique pourrait alors devenir un levier opérant de renforcement des ressources humaines sur les territoires nationaux, mais également à l'échelle des régions, tout en contribuant à inscrire plus résolument les pays d'Afrique sur la scène mondiale de l'enseignement supérieur. Tout cela sous-entend également que les acteurs politiques s'approprient le système LMD comme vecteur de la dynamique sociale, comme plateforme susceptible de sortir, à travers l'innovation scientifique, technologique et managériale l'enseignement supérieur africain de son enclavement. Si le système LMD intégrant les mobilités étudiantes, mais aussi enseignantes, apparaît bien aujourd'hui comme un passage obligé pour l'internationalisation et la globalisation de l'enseignement supérieur, notons que son adoption par les pays africains doit se faire progressivement pour permettre de trouver dans ce système une réelle opportunité de développement académique et scientifique en lieu et place d'une stratégie de « sauvetage » pour un enseignement supérieur encore très affaibli.

Dans ces conditions, les mobilités permettraient aux étudiants et aux enseignants africains de mieux partir pour mieux revenir.

Références bibliographiques sélectives

Afriqueexpension.com. sur <http://afriqueexpansion.com/vitraullemboungou/1353-les-etudiants-africains-rois-de-la-mobilite-.html> (28.3.2014).
Bataille, Olivier. 2002. La valorisation et la reconnaissance des apprentissages professionnels informels du point de vue de l'autoformation, ACEEA/CASAE 21e Annuel conference : adult education and the contested terrain of public policy, may-june, Toronto : Institute for the study of education of university of Toronto.
Bier, Bernard. 2001. Territoires apprenants : les enjeux d'une définition. *Spécificités,* n° 3.
Blandin, Bernard. 2010. *Les environnements d'apprentissage*, Paris : L'Harmattan.
Bouchez, Jean-Pierre. 2012. *L'économie du savoir. Construction enjeux et perspectives.* Bruxelles : De Boeck.
Bourdon, Muriel. 2012. L'Europe des universitaires : un exemple grenoblois, Grenoble : Presses Universitaires.
Campus France. 2011. Les étudiants internationaux en chiffres, Paris : Campus France.
Campus France. 2013. La mobilité des étudiants d'Afrique Sub-saharienne et du Maghreb, Note Hors-Série, juin.
Carré, Philippe. 2005. *L'apprenance, vers un nouveau rapport au savoir*, Paris : Dunod.
Charlier, Jean-Émile, Croché, Sarah, & Ndoyé, Abdou Karim. 2009. *Les universités africaines francophones face au LMD*, Bruxelles : Academia Bruylant, Thélème.

Collectif. 2002. Des savoirs populaires aux ethnosciences, Les savoirs autochtones, *Revue internationale des sciences sociales*, n° 173, Paris : Seuil.

Croché, Sarah. 2006. Qui pilote le processus de Bologne ?, *Éducation et Sociétés*, n° 18, pp. 203-217.

EACEA. 2012. The European High Education area in 2012 : Bologna process implementation. Report, avril, Bruxelles : Education, audiovisual and Culture Executive Agency-Brussels.

Erlich, Valérie. 2012. *Les mobilités étudiantes*, Paris : La Documentation Française.

Idiata, Daniel Franck. 2006. *L'Afrique dans le système LMD (Licence-Master-Doctorat). Le cas du Gabon*, Paris : L'Harmattan.

Leclerc-Olive, Michèle, Scarfo Ghellab, Grazia, & Wagner, Anne-Catherine (dir.). 2011. *Les mondes universitaires face au marché. Circulation des savoirs et pratiques des acteurs*, Paris : Kartala.

Mazella, Sylvie. 2008. *L'enseignement supérieur dans la mondialisation libérale. Une comparaison internationale (Maghreb, Afrique, Canada et France)*, Paris : Karthala.

Muller, Pierre. 2000. L'analyse cognitive des politiques publiques, vers une sociologie de l'action publique, *Revue française de science politique*, vol. 46, n° 1, pp. 96-102.

Otayek, René. 2000. *Identité et démocratie dans un monde global*, Paris : Presses Sciences Po.

Salteafrique.com, sur <http://www.slateafrique.com/87303/la-france-etudiants-africains-universites> (28.3.2014).

La mobilité académique dans les pays de l'Asie centrale et du Caucase

Elizaveta **BYDANOVA**, Natalia **MUSHKETOVA**
& Nikolay **BYDANOV**

À l'époque soviétique, la mobilité académique dans les pays du Caucase et de l'Asie centrale était relativement limitée. Elle était étroitement contrôlée par le pouvoir central et les échanges se faisaient majoritairement dans le cadre des accords intergouvernementaux. Dans beaucoup de cas, la mobilité fonctionnait dans un sens, c'est-à-dire en provenance des républiques vers les universités russes. Les pays de l'Asie centrale et du Caucase recevaient des étudiants étrangers en provenance des pays alliés au régime, situés dans le voisinage ou sur d'autres continents (nous parlons des pays de l'Asie, de l'Afrique ou de l'Amérique latine). Après l'indépendance, et dans un climat de rapprochement politique avec les pays occidentaux, les destinations de la mobilité académique se diversifient. Les pays de l'Amérique du Nord et de l'Union européenne deviennent des destinations prisées pour la mobilité étudiante, grâce notamment à leur politique de bourses et à d'autres processus de rapprochement académique qu'ils développent, comme le Processus de Bologne.
Le volume de la mobilité académique augmente considérablement à cette période, pour atteindre, vers la fin des années 2000, entre 6 et 12 % de l'ensemble de la population étudiante[1]. *Malgré de nombreux programmes de bourses qui existent dans ces pays, on remarque que la majeure partie de cette mobilité est financée par les étudiants et leurs familles. De plus, tous les pays de la zone disposent de programmes spécifiques qui visent à soutenir la mobilité académique pour les étudiants les plus talentueux. Financés par les fonds gouvernementaux, ils ont comme condition de participation le retour obligatoire dans le pays d'origine pour y travailler dans des administrations publiques ou ailleurs pendant au moins trois à cinq années après le séjour à l'étranger.*

---

[1] À l'exception de la Géorgie et du Kirghizstan, dans lesquelles elle ne dépasse pas 2 %.

Au début des années 1990, avec l'éclatement de l'URSS, les pays de l'Asie centrale et du Caucase ont acquis leur indépendance et lancé des chantiers de rénovation dans différents secteurs économiques et sociaux. La tâche est ardue, car elle consiste à mettre en place un passage d'une économie planifiée à l'économie de marché, avec comme conséquences une profonde restructuration du tissu économique et une réforme de fond en comble dans tous les secteurs qui étaient autrefois sous le contrôle étroit de l'État. Le secteur éducatif et l'enseignement supérieur sont parmi les premiers à être touchés par ces transformations.

Les principes de la liberté, de l'égalité, de l'épanouissement personnel et de la dépolitisation des contenus éducatifs sont proclamés dans les nouvelles lois touchant l'éducation publiées au lendemain de l'accès à l'indépendance dans chacun des pays de cette zone. L'éducation n'est plus au service de l'État gouverné par une partie unique à convictions politiques prédéfinies, mais elle est censée permettre d'acquérir une culture générale et des connaissances nécessaires à la vie sociale et professionnelle équilibrée d'un citoyen libre, indépendant dans ses choix personnels, professionnels et politiques. Les principes de la liberté et de l'autonomie se retrouvent ensuite dans la réforme de la gouvernance du système éducatif. L'État se désengage progressivement de son rôle de financeur et régulateur principal au profit d'une autonomie plus importante des établissements. Ce processus est le plus visible au niveau de l'enseignement supérieur. Alors qu'à l'époque soviétique, tous les établissements d'enseignement supérieur étaient publics et que les frais de scolarités pour l'ensemble des formations supérieures étaient payés par l'État, à la fin des années 1990, environ un tiers des établissements sont privés et plus de la moitié des étudiants payent des frais d'inscription qui varient selon l'établissement et la filière de formation. Une partie du budget de l'établissement d'enseignement supérieur devient ainsi dépendant du nombre d'étudiants recrutés, ce que renforce l'enjeu visant à augmenter la qualité et l'attractivité des formations.

Dans ce contexte d'une plus grande autonomie d'action, d'une part, et de pression pour augmenter l'attractivité des formations, d'autre part, la mobilité académique dans l'ensemble des pays de la zone va augmenter considérablement, ce qui constitue un changement important par rapport à la période communiste. Rappelons qu'à l'époque soviétique, la mobilité académique était relativement limitée. Elle était étroitement contrôlée par l'État et les échanges se faisaient dans le cadre des accords intergouvernementaux, au sein du bloc des pays socialistes et leurs alliés. La mobilité académique au sein de l'URSS était financée par l'État central à travers un système de bourses. Pour les républiques de l'Asie centrale et du Caucase, elle fonctionnait majoritairement dans un sens : en provenance des républiques vers les universités russes. Les établissements d'enseignement supérieur dans les républiques recevaient également quelques étudiants étrangers qui venaient des pays alliés, en dehors de l'URSS (c'est-à-dire des pays de l'Asie, de l'Afrique ou de l'Amérique latine).

Après l'indépendance, et dans un climat de rapprochement politique avec les pays occidentaux, les destinations de la mobilité académique se diversifient. Les pays de l'Amérique du Nord et de l'Union européenne deviennent des destinations prisées pour la mobilité étudiante, grâce, notamment, à leur politique de bourses et à d'autres processus de rapprochement académique qu'ils développent, comme, par exemple, le Processus de Bologne.

Le soutien financier pour la mobilité académique est un élément indispensable pour certains pays de cette zone. Bien que, dans les années 2000, la situation économique de tous les pays de la région s'améliore considérablement par rapport à la période de transition[2], les études à l'étranger, que ce soit pour une formation diplômante ou pour un semestre d'études, restent un projet coûteux que la plupart des étudiants et leurs familles ne peuvent pas financer par leurs propres moyens. Les possibilités de recours aux prêts bancaires étant quasi inexistantes, cela limite souvent le développement des échanges.

À cet égard, on pourrait distinguer un pays en particulier qui est le Kazakhstan. Avec le niveau de vie le plus élevé de toute la zone[3], les étudiants de ce pays préfèrent parfois obtenir leur diplôme d'études supérieures directement à l'étranger, notamment dans les pays de l'Union européenne où les frais de scolarité sont plus faibles qu'au Kazakhstan[4]. De plus, pour la mobilité enseignante, des programmes ciblés[5] bénéficient de financements conséquents de la part du gouvernement, sans l'équivalent dans d'autres pays de la zone.

De manière générale, on pourrait noter que, malgré le passé commun et l'expérience partagée d'une longue période communiste, les huit pays que nous considérons dans cet article présentent des différences notables. Celles-ci sont de nature culturelle, sociale, économique et politique. Rappelons, par exemple, que l'économie du Kazakhstan représente deux tiers du poids économique de l'ensemble de la région de l'Asie centrale composée de cinq pays (Kazakhstan, Ouzbékistan, Kirghizistan, Tadjikistan et Turkménistan) et que le PIB du Tadjikistan est le plus faible de la zone, étant fortement dépendant des économies russe et kazakhe, puisque les transferts d'argent des travailleurs immigrés qui vivent dans ces deux pays frontaliers composent 60 % de son

---

[2] Le taux de croissance annuel du PIB oscille entre 7 et 13 % dans la première moitié des années 2000.

[3] En 2012, le PIB par habitant en parité de pouvoir d'achat était de 13 500 US dollars au Kazakhstan vs. 2 400 au Kirghizistan, 2 200 au Tadjikistan, 3 500 en Ouzbékistan, et 8 600 au Turkménistan. En Géorgie, il est de 5 800 US dollars, 10 400 en Azerbaïdjan, et 5 900 en Arménie (CIA Factbook, <www.cia.gouv> (14.1.2014)).

[4] Par exemple, une année d'études en droit peut couter au Kazakhstan entre 500 et 2 500 euros, alors qu'il est d'environ 350 euros en France.

[5] Ces programmes prévoient des financements ciblés aussi bien pour inviter des enseignants étrangers au Kazakhstan que pour envoyer des enseignants kazakhstanais à se former à l'étranger.

PIB. D'un point de vue politique, le Turkménistan est le pays le plus fermé de la zone, avec très peu de liens avec les partenaires étrangers, que ce soit pour l'éducation ou dans d'autres domaines. Dans ce pays, l'ensemble des institutions d'enseignement supérieur reste toujours sous le contrôle de l'État, aucune université privée n'existe. Cette situation est tout le contraire de ce qui se passe dans les pays comme la Géorgie ou le Kazakhstan, où les établissements d'enseignement supérieur affichent clairement leurs partenariats avec les universités occidentales, utilisant cette situation comme un élément de marketing pour attirer davantage d'étudiants.

Dans cette contribution, nous essayerons de rendre compte de la diversité qui existe entre les huit pays en question et de montrer leur situation dans le domaine de la mobilité académique. Notons tout d'abord que chiffrer de manière précise les flux des personnes qui participent à la mobilité est une tâche ardue, puisque les statistiques nécessaires ne sont pas toujours collectées de manière systématique et comparable dans le temps par les instances nationales. Les informations disponibles sont souvent assez parcellaires, elles couvrent certains types de programmes de mobilité et pas d'autres[6]. Malgré l'insuffisance des données au départ, nous avons essayé de rassembler ici différents éléments d'information accessibles qui permettent d'avoir une idée du degré de l'ouverture, des orientations géographiques et du volume de la mobilité dans chacun des pays.

Nous avons distingué quatre types de données qui permettent d'apprécier le degré de l'internationalisation et de la mobilité académique dans les pays de l'Asie centrale et du Caucase :

1) Les *données quantitatives* concernant la *mobilité étudiante*. Il s'agit de la mobilité sortante et entrante qui comprend :

a. la mobilité individuelle des étudiants qui partent étudier dans un pays étranger faisant leur propre choix d'établissement d'accueil et finançant eux-mêmes l'ensemble des frais (frais d'inscription et frais de séjour) ;

b. la mobilité financée par des bourses dans le cadre des accords intergouvernementaux, les bourses étant prises en charge par le pays d'accueil (nous parlons, par exemple, des bourses des ambassades des pays d'accueil);

c. la mobilité financée par des bourses mises à disposition par le ministère de l'Éducation du pays concerné. Il s'agit des bourses gouvernementales pour les étudiants les plus talentueux, mais aussi de tous autres types de bourses gouvernementales ;

d. la mobilité financée par les bourses des grands organismes de mobilité européens ou outre-Atlantique (nous pouvons citer DAAD, British Council, IREX, ACCELS, etc.) ;

---

[6] Notamment en ce qui concerne la mobilité individuelle des étudiants, qui constitue pourtant la partie la plus grande de la mobilité étudiante sortante.

e. la mobilité des étudiants et des enseignants dans le cadre des accords entre établissements d'enseignement supérieur ou dans le cadre des programmes de formation communs ou des doubles diplômes.

2) Les *données qualitatives* concernant les *projets ou programmes internationaux en cours et les établissements d'enseignement supérieur étrangers* qui offrent des programmes de formation internationaux et peuvent proposer des séjours de mobilité à l'étranger

3) Les *données quantitatives et qualitatives* concernant les *programmes de mobilité européens* (programmes Tempus ou Erasmus Mundus).

Les analyses ci-après présentent les données récoltées sur chaque pays selon ces trois aspects.

1. L'Azerbaïdjan

En ce qui concerne la *mobilité entrante,* elle n'a cessé de croître en Azerbaïdjan les dix dernières années. Le nombre d'étudiants étrangers est passé de 1 471 en 2003 à 7 510 en 2008, soit une augmentation de 1 000 étudiants par an. Une légère baisse a été enregistrée ensuite, le nombre d'étudiants étrangers étant passé à 6 173 en 2010. Cette augmentation est due à différents facteurs, dont notamment la situation politique et économique stable dans le pays, l'intégration dans l'espace européen de l'enseignement supérieur[7] et l'adoption des conventions internationales de la reconnaissance des diplômes[8].

Parmi les étudiants étrangers en Azerbaïdjan, on trouve de nombreux étudiants iraniens. Entre 2005 et 2009, leur nombre a été multiplié par 4, passant de 400 à 1 479. Dans la plupart des cas, ce sont des enfants des familles azerbaïdjanaises immigrées en Iran qui considèrent les programmes azerbaïdjanais comme étant de bonne qualité et moins coûteux. Dans le cadre de l'accord bilatéral entre les deux pays signé en 2002, les diplômes des 6 universités azerbaïdjanaises sont reconnus en Iran : l'Université publique de Bakou, l'Académie nationale publique de pétrole, l'Université nationale des sciences techniques, l'Institut national de l'architecture et de la construction, l'Académie musicale de Bakou, l'Université nationale de médecine.

La deuxième place est occupée par des étudiants chinois. Leur nombre a augmenté de manière spectaculaire, passant de quelques personnes en 2002 à 246 en 2009. Les flux d'étudiants venant de l'Inde, du Bangladesh, du Pakistan et du Nigéria croissent également. Parmi d'autres pays, on pourrait également citer le Soudan, la Syrie, le Turkménistan, l'Israël, la Corée du Sud, les États-Unis, les pays européens (notamment l'Allemagne), l'Égypte, le Yémen, la Lybie, la Tunisie, la Fédération de Russie, le Japon et l'Indonésie.

---

[7] L'Azerbaïdjan a rejoint le Processus de Bologne en 2005.
[8] La Convention de Lisbonne a été signée en 1997, puis ratifiée en 1998.

Il convient de noter que la tradition d'accueil des étudiants étrangers existait déjà à l'époque soviétique, dans les années 1960. Les étudiants venaient des pays de l'Asie, de l'Afrique et de l'Amérique latine pour étudier dans une dizaine établissements d'enseignement supérieur les plus reconnus. La langue d'enseignement à cette période était le russe. Aujourd'hui, les étudiants étrangers peuvent également suivre les cours en azerbaïdjanais. Pour cela, des cours préparatoires de mise à niveau sont organisés. Un des problèmes qui se pose pour l'accueil des étudiants étrangers est la disponibilité des chambres dans les foyers d'étudiants. Dans les années 1990, au moment du conflit entre l'Arménie et l'Azerbaïdjan, par exemple, environ 1 million de réfugiés et de populations déplacées des territoires occupés a dû être logé dans les foyers d'étudiants. Aujourd'hui, avec l'augmentation du nombre global d'étudiants étrangers, ce problème se fait sentir de nouveau.

En ce qui concerne la *mobilité sortante*, elle représente en 2011 6,9 % de l'ensemble des effectifs étudiants, soit 12 501 personnes. Le premier pays de destination est la Russie (5 717 personnes, soit 46 %), elle est suivie par la Turquie (3 668 personnes, soit 29 %), le Royaume-Uni (445 personnes, soit 4 %), les États-Unis (432 personnes, soit 4 %) et l'Allemagne (394 personnes, soit 3 %) (Campus France, 2013).

Notons également qu'en 2007, une initiative gouvernementale avait été lancée : le Programme d'état pour la mobilité de la jeunesse 2007 – 2015. Il a été ouvert sur proposition du président de la République d'Azerbaïdjan et financé par le Fonds national du pétrole (« Dovit Neft Fondu »). Le programme prévoyait de financer 5 000 séjours de mobilité à l'étranger.

Dans le cadre des accords intergouvernementaux, 789 étudiants sont partis étudier à l'étranger en 2011 (dont 487 en Turquie, 270 en Russie, 6 en Égypte, 30 en Chine, 2 en Corée du Sud, 2 en République tchèque et 1 en Slovaquie). Parmi ceux qui étudient en Russie, plus d'un tiers bénéficie d'une bourse du gouvernement russe. Le nombre des bourses versées par le gouvernement russe a considérablement augmenté depuis 2002, passant de 31 en 2002 à 68 en 2011. Les échanges d'étudiants entre ces deux pays se font également dans le cadre des accords de coopérations entre universités, comme c'est le cas entre l'Université d'État de Moscou et l'Université d'État de Bakou. Dans le cadre des relations diplomatiques avec l'Ukraine, l'Institut des sciences politiques et sociales de Geidar Aliev a été ouvert en 2000 à Kiev. En 2001, les 10 meilleurs étudiants de l'Université slave de Bakou sont partis étudier dans cet institut. Depuis, ce programme d'échange semble se tarir progressivement : après avoir envoyé 20 étudiants entre 2001 et 2009, aucun étudiant n'est plus accueilli dans cet établissement aujourd'hui.

Parmi les *projets et programmes internationaux* en cours, on pourrait citer :
- le Programme de jumelage des écoles entre les pays de la CEI et les États-Unis ; le Projet commun entre la Fondation européenne de la formation et le ministère de l'Éducation de l'Azerbaïdjan dans le domaine de la formation professionnelle ; le Projet commun entre le British Council et le ministère de l'Éducation pour l'amélioration des pratiques d'enseignement de l'anglais dans

les institutions éducatives en Azerbaïdjan ; le Projet régional du Conseil de l'Europe « Éducation pour la citoyenneté démocratique » ; le Projet commun avec le Conseil de l'Europe « Les politiques publiques pour l'éducation des minorités ethniques » ; le Programme avec le Conseil international de l'éducation des États-Unis (ACCCELS) ; le Programme avec le Conseil des recherches et des échanges internationaux des États-Unis (IREX) ; le Programme avec le Service allemand des échanges académiques (DAAD) ; le Projet commun entre le ministère de l'Éducation, l'UNICEF et l'organisation « Regard sur le monde » concernant l'éducation des enfants avec des besoins spécifiques ; le Projet commun avec l'UNESCO sur la formation professionnelle en Azerbaïdjan.

- Les programmes de mobilité de l'UE. Comme les deux autres pays du Caucase, l'Azerbaïdjan a rejoint le Processus de Bologne[9], ce qui a permis de réformer la structure des diplômes et d'introduire des changements dans l'organisation du système d'enseignement supérieur de manière plus large. Avant même l'adhésion au Processus de Bologne, l'Azerbaïdjan avait participé aux programmes TEMPUS/TACIS et Erasmus Mundus de l'Union européenne. Le montant des subventions reçues par ce pays dans le cadre du programme Tempus s'élève à 5,5 millions d'euros. 7 universités sur l'ensemble des 51 établissements d'enseignement supérieur présents dans le pays ont participé aux programmes européens mentionnés[10].

2. L'Arménie

Il existe 30 accords intergouvernementaux et programmes de bourses avec des pays étrangers. Pour cette forme de mobilité, la sélection des étudiants est organisée par le ministère de l'Éducation et de la Recherche arménien. La majeure partie des étudiants part étudier en Russie, mais aussi en Chine et en Grèce. Depuis les 5 dernières années, 600 étudiants sont partis étudier dans ces trois pays. Les autres pays avec lesquels ce type de la mobilité existe sont la Géorgie, la Pologne, la Bulgarie, la Roumanie, l'Iran, l'Égypte, la République tchèque, la Slovénie et les pays baltes. Certaines bourses couvrent uniquement les frais d'inscription, d'autres proposent également la prise en charge des frais de séjour. De plus, il existe une fondation subventionnée par l'État « Louis » qui accorde des bourses aux étudiants ayant réussi les concours d'entrée dans les dix meilleurs établissements d'enseignement supérieur au niveau mondial.

Une autre forme de mobilité concerne les programmes de bourses proposés par les gouvernements des pays étrangers, mais pour lesquels la sélection des étudiants s'effectue par les ambassades ou les agences du pays

---

[9] L'Azerbaïdjan a rejoint le Processus de Bologne en mai 2005.
[10] Institut azerbaïdjanais de tourisme, Université azerbaïdjanaise des langues, Université d'État de Bakou, Université d'État de Ganja, Université de Khazar, Université d'État de Qafqaz, Université de Xezer (Fiche pays programme Tempus, 2010).

d'accueil. Le plus grand nombre de bourses est proposé par la Russie, l'Ukraine et la Chine. Les États-Unis offrent 300 bourses par an (y compris pour les étudiants de lycée), l'Allemagne à travers le DAAD en propose 130 par an. Le British Council sélectionne les dossiers pour les études en Grande-Bretagne. Une centaine de bourses est proposée dans le cadre de programmes de l'UE. Depuis 2014, un nouveau programme a été créé avec les pays scandinaves.

La mobilité sortante individuelle représente en 2011 4,16 % des effectifs, soit 5 880 personnes. Le premier pays de destination est la Russie (56 %, soit 3 276 étudiants), suivie par la France (14 %, 806 personnes), les États-Unis (6 %, 343 pers.), l'Allemagne (5 %, 299 pers.), et la Grèce (3 %, 178 pers.) (Campus France, 2013).

En ce qui concerne la *mobilité entrante,* le nombre d'étudiants étrangers en Arménie s'élève à 7 000, soit 5,7 % du nombre total d'étudiants. Les étudiants viennent des 40 pays, avec en tête l'Iran (1 300 étudiants), l'Inde (650 étudiants) et la Syrie (300 étudiants). Les étudiants étrangers choisissent souvent 4 établissements d'enseignement supérieur : l'Université de médecine, l'Université des sciences d'ingénieur, l'Université de l'architecture et de la construction et le Conservatoire de Komitas d'Erevan. Parmi les étudiants étrangers, on compte également 500 à 600 étudiants qui viennent de la diaspora arménienne à l'étranger. Ces étudiants bénéficient des aides publiques, notamment de réductions des frais d'inscription.

L'Arménie a rejoint le Processus de Bologne en 2005, ce qui a impliqué une série de réformes dans l'enseignement supérieur, notamment la modification de la structure des diplômes, la mise en place des crédits ECTS et du supplément au diplôme. L'Arménie a également fait un important travail dans le domaine de l'assurance qualité. En 2008, le Centre national d'assurance qualité a été créé. Il devra conduire les accréditations des programmes et des établissements d'enseignement supérieur dans le pays selon le référentiel de qualité qui prend en compte les recommandations européennes. Pour le moment, les accréditations pilotes ont été expérimentées dans quelques établissements. Lors du sommet à Bucarest, l'Arménie a été choisie pour accueillir en 2015 le sommet et la conférence des ministres de l'Enseignement supérieur des 47 pays membres du Processus de Bologne. Actuellement, le gouvernement est en train de former le Secrétariat national qui sera en charge de coordonner le Processus de Bologne avant le début du sommet.

Depuis 1998, l'Arménie a participé à 46 projets dans le cadre du programme Tempus, 6 établissements d'enseignement supérieur sur l'ensemble des 67 existants dans le pays ont été particulièrement actifs[11].

---

[11] L'Université arménienne d'État d'agriculture, l'Université arménienne d'État d'économie, l'Université nationale d'Eurasie, l'Université d'État de Gavar, l'Institut pédagogique d'État de Gyumri, l'Université d'État d'Yerevan.

3. La Géorgie

L'arrivée des étudiants étrangers dans les universités géorgiennes a commencé à prendre des proportions importantes à la fin des années 1990. Les universités géorgiennes offrent des formations de qualité à des prix raisonnables. Pour la plupart des programmes, le coût d'une année d'études ne dépasse pas 2 000 dollars. La différence entre le nombre d'étudiants étrangers qui étudient en Géorgie et celui des étudiants géorgiens en mobilité internationale à l'étranger est flagrante : la deuxième étant dix fois supérieure à la première. En 2011/2012, elles s'élevaient respectivement à 2 918 *vs* 216 personnes, soit 2.7 % et 0.19 % de l'effectif total d'étudiants du pays (Bureau national des statistiques de la Géorgie).

En ce qui concerne les projets et programmes internationaux, il convient de noter tout d'abord qu'un des principaux partenaires académiques de la Géorgie sont les États-Unis. Ces derniers financent les bourses académiques, de nouveaux programmes de formation et l'ouverture de nouveaux établissements d'enseignement supérieur en Géorgie depuis les années 1990. Nombreuses sont les universités qui ont été créées grâce au soutien américain et qui empruntent son modèle d'enseignement ainsi que ses méthodes pédagogiques. Prochainement il est prévu de mettre en place une nouvelle université à Batoumi qui sera une filiale de l'Université technologique du Massachussetts (MIT). Il existe également l'Institut public de management qui a été créé conjointement avec l'Académie des sciences sociales et politiques des États-Unis, dont les programmes de formation et les matériels pédagogiques sont identiques à ceux utilisés aux États-Unis, les enseignants américains venant également y donner des cours. En juillet 2013, un nouvel accord intergouvernemental a été signé qui prévoit une aide de 140 millions de dollars dans le domaine de l'éducation.

Les relations avec la Russie se sont rompues au moment du conflit en 2008. Aujourd'hui encore, l'entrée sur le territoire géorgien via les régions de l'Ossétie du Sud et de l'Abkhazie est interdite. Pour les ressortissants russes, il est possible d'arriver en Géorgie par avion via l'Arménie, la Lettonie ou la Turquie. Pour aider les ressortissants russes qui habitent en Géorgie, la Russie offre encore des bourses pour étudier dans les universités russes. En 2013-2014, leur nombre s'élève à 92.

La Géorgie a rejoint le Processus de Bologne en 2006. En 2010, dans le rapport de l'Agence européenne des universités, elle a été classée comme meilleur élève du Processus de Bologne, du fait que ces réformes ont été introduites en un temps record et en étroite adéquation avec les recommandations européennes (Croisier, Purser & Smidt, 2010). Une agence d'assurance qualité a été créée dès 2005. Depuis, elle a mené un travail important pour accréditer les universités qui offrent un enseignement de qualité et les distinguer de la multitude des petits établissements qui se sont multipliés dans les années 90, sans pour autant offrir une formation de bon niveau. Depuis 1990, la Géorgie a participé à 58 projets dans le cadre du programme Tempus, 8 établissements d'enseignement supérieur sur l'ensemble des 57 existants dans le pays ont été très actifs[12].

4. Le Tadjikistan

À l'époque communiste, parmi les 15 républiques de l'URSS, le Tadjikistan était l'un des plus pauvres. Aujourd'hui encore, vingt ans après l'indépendance et la guerre civile de 1992-1993, le pays se bat pour assurer sa survie. Le rapport de International Crises Group, paru en février 2009, s'intitule « Tadjikistan : sur la route de l'échec » (Tadjikistan : On the Road to Failure). Il pointe le fait que la moitié de la population active du pays a quitté le pays et que 70 % des Tadjiks vivent dans une pauvreté extrême. L'électricité fonctionne par intermittence, souvent pas plus de quelques heures par jour. Les autorités s'efforcent d'offrir un enseignement général (primaire et secondaire) sur l'ensemble du territoire du pays, les zones rurales étant les moins bien loties. D'après le rapport de la Banque mondiale de 2007, depuis l'indépendance, 19 nouvelles lois sur l'éducation ont été votées, néanmoins la restructuration et la modernisation de ce secteur restent difficiles à mettre en place, l'état économique du pays et des crises politiques aggravant la situation.

D'après les estimations, en 2007, le nombre total d'étudiants tadjiks qui étudient à l'étranger s'élève à environ 15 000 personnes. Ce chiffre a doublé depuis 1980 (7 000 personnes étudiaient à l'étranger à cette époque). Les destinations les plus prisées sont la Fédération de Russie (1 500 personnes), la République du Kazakhstan (600 personnes) et le Kirghizistan (300 personnes). Ce chiffre comprend les étudiants qui partent en mobilité individuelle et ceux dont la mobilité est couverte par les programmes de bourses ou des accords intergouvernementaux.

Pour les étudiants les plus talentueux, il existe une bourse du président de la République de Tadjikistan « Dourakhshandagon ». Depuis 2005, 288 étudiants ont pu en bénéficier pour faire leurs études au sein de la Fédération de Russie (plus de 85 % de l'ensemble des bourses attribuées), au Kazakhstan, en Biélorussie, en Ukraine, en Italie, en Iran, en Malaisie et aux États-Unis. Les bénéficiaires de la bourse présidentielle ont une obligation de retourner dans le pays après la fin de leur séjour et d'y travailler au moins pendant 5 ans.

Dans le cadre des programmes financés par les ambassades étrangères et les organisations internationales, 445 étudiants sont partis étudier à l'étranger en 2011-2012, dont 98 dans le cadre des bourses de l'Ambassade de Russie, 28 dans le cadre des programmes de mobilité de la Fondation Aga Khan, 48 du DAAD, 19 de l'organisation AIREX, 11 de la Fondation Soros, 35 de

---

[12] L'Université d'État de Tbilissi d'Ivane Javakhashvili, l'Université d'État d'Ilia à Tbilissi, l'Université d'État de Shota Rustaveli à Batoumi, l'Université d'État d'Akaki Tsereteli à Kutaisi, l'Université d'État de Telavi d'Iakob Gogebashvili, l'Université pédagogique d'État d'Akhaltsikhe, l'Université technique géorgienne à Tbilissi, l'Université de Kutaisi.

l'organisation américaine ACCELS, 87 dans le cadre du programme Tempus, 25 dans le cadre du Centre Confucius et 53 de l'agence de la coopération intergouvernementale russe « Rossotrudnichestvo ». Pour accompagner les étudiants dans leur préparation de dossiers et coordonner la sélection des candidats, il existe un centre spécialisé au niveau national qui est le Centre des programmes internationaux du Tadjikistan.

En ce qui concerne la *mobilité entrante*, le nombre d'étudiants étrangers dans les universités tadjiks s'élève à 2 501 en 2011-2012. Les pays les plus représentés sont le Turkménistan (1 068 personnes), l'Ouzbékistan (626), l'Inde (263), l'Afghanistan (196), le Kazakhstan (98), la Russie (92) et l'Iran (56), ainsi que le Kirghizistan et le Pakistan. Moins d'une dizaine d'étudiants viennent de l'Azerbaïdjan, la Lettonie, la Corée, la Chine, l'Arabie Saoudite, la Syrie, l'Irak, le Soudan, l'Allemagne et la République tchèque.

Le Tadjikistan accueille un certain nombre d'universités étrangères sur son territoire. Dans la ville de Khorog, par exemple, se trouve un des trois campus de l'Université de l'Asie centrale fondée par la fondation Aga Khan. À Douchanbe, se trouvent l'Université tadjik-slave et l'Université russo-tadjik. De plus, deux autres universités russes ont ouvert leurs filiales au Tadjikistan : la renommée Université d'État de Moscou de Lomonosov et l'Institut de l'acier et des alliages de Moscou. En Ukraine, l'Université nationale des études pharmaceutiques a accueilli 16 étudiants tadjiks en 2012-2013.

Le Tadjikistan ne fait pas partie des pays signataires du Processus de Bologne, néanmoins ses éléments y ont été introduits, avec notamment la réforme de la structure des diplômes (le passage au système de trois niveaux). Le pays participe également aux programmes de mobilité européens, tels que Tempus (24 projets réalisés) ou Erasmus Mundus (58 séjours de mobilités effectués). Grâce à ces programmes, plus d'une centaine d'étudiants et personnels académiques au total ont pu effectuer des séjours de mobilités dans les pays européens. 8 établissements d'enseignement supérieur sur l'ensemble des 33 existants dans le pays y ont été les plus actifs[13].

Dans l'esprit de la mobilité académique internationale impulsée par le Processus de Bologne, d'importants efforts ont été faits pour promouvoir la mobilité académique à l'intérieur du pays. En 2010-2011, 11 étudiants de l'Université d'État de Khorog de Nazarshoeva sont partis étudier pour une année dans les universités situées à Douchanbe. En 2011-2012, 7 étudiants de l'Université d'État de Kouliab de Roudaki ont passé une partie de leurs cursus à l'Université nationale d'État. Récemment, l'Université technologique du Tadjikistan et l'Université d'État de commerce du Tadjikistan, avec le soutien du ministère de l'Éducation, ont organisé un séminaire sur la mobilité

---

[13] L'Université tadjik d'agriculture à Douchanbé, l'Université tadjik d'État de commerce et son l'Institut d'économie et de commerce, l'Université technologique de Tadjikistan et sa branche à Khujand, l'Université d'État de Khorog, l'Université nationale de Tadjikistan, l'Université Davlatti de Khujand.

académique et ses enjeux pour le Tadjikistan. Le séminaire a également permis d'élaborer un programme « Université régionale – université de la capitale » qui aidera à renforcer la mobilité déjà existante entre les universités de province et celles de Douchanbe.

5. L'Ouzbékistan

Dans le cadre des accords intergouvernementaux, plus d'une centaine d'étudiants partent étudier chaque année à l'étranger, dont 50 en Fédération de Russie, 40 en Chine, 20 au Japon, 10 en Malaisie, 2 en Slovaquie, 5 en République tchèque, 10 en Corée et 20 en Égypte. Il existe un accord spécifique entre l'Ouzbékistan et le Japon concernant les échanges d'étudiants et la mobilité individuelle. En 2013, le gouvernement japonais a déboursé 204 millions de yens, soit 2,6 millions de dollars pour accueillir les étudiants ouzbeks dans les universités japonaises. Depuis 1999, dans le cadre du programme des bourses pour la formation des cadres, 236 étudiants ouzbeks ont obtenu un diplôme de Master dans une des universités japonaises dans les domaines stratégiques pour le développement des politiques publiques, tels que l'économie, les finances et le droit. Ces échanges sont coordonnés par l'Agence japonaise de la coopération internationale (JICA).

D'autres programmes de bourses sont proposés par la Banque asiatique de développement, l'agence allemande DAAD, le British Council, l'Agence coréenne de la coopération internationale (KOICA), l'Institut Goethe, la Banque mondiale, l'Agence allemande de la coopération technique (GIZ), l'UNESCO, le Centre culturel français Victor Hugo.

En 1997, une fondation du président de la République d'Ouzbékistan « Oumid » a été créée pour offrir des bourses aux étudiants talentueux qui souhaitent étudier dans les meilleures universités mondiales. Plus de 500 étudiants ont pu en bénéficier depuis.

En ce qui concerne la mobilité individuelle, elle représente 8,42 % de l'ensemble des effectifs étudiants, soit 23 357 personnes en 2011. Comme dans les pays de la zone, le premier pays de destination est la Russie (43 %, 9 918 personnes), puis le Kirghizstan (26 %, 5 967 étudiants), le Kazakhstan (13 %, 2 910 personnes), le Tadjikistan (5 %, 1 189 personnes) et l'Allemagne (3 %, 732 personnes)[14].

Pour offrir une possibilité de formation continue pour les enseignants et les autres cadres éducatifs à l'étranger, en décembre 1993 une fondation républicaine « Oustroz » a été créée. Depuis, plus de 400 enseignants ont suivi des formations dans 25 centres de formation en Grande-Bretagne, en Allemagne, aux États-Unis, au Canada, en France et en Corée du Sud. Le gouvernement ouzbek coopère également plus particulièrement avec l'Université de Meryland, aux États-Unis. Avec le soutien du British Council, le

---

[14] Fiche pays Campus France, novembre 2013.

Centre de la formation continue des cadres éducatifs a été créé dans une des universités locales. En 2002, une coopération entre l'Université de Westminster et la fondation présidentielle des bourses « Oumid », a permis l'ouverture de l'Université internationale de Westminster pour proposer des formations de haut niveau aux standards européens. D'autres universités étrangères ont également ouvert récemment leurs filiales en Ouzbékistan, telles que l'Université polytechnique de Turin, l'Université d'État de Moscou de Lomonosov, l'Université russe du gaz et du pétrole de Goubkine, l'Université économique d'État de Moscou de Plekhanov et l'Université de Singapour.

En coopération avec la London School of Economics, un projet de la Banque mondiale sur la formation à distance est en cours. Avec le soutien de l'Open Society Institute, il est prévu de faire installer 84 bibliothèques virtuelles, avec la mise à disposition des 3 500 revues scientifiques les plus réputées, en accès gratuit pour les jeunes chercheurs et enseignants. Le coût du projet s'élève à plus de 6 millions de dollars.

Bien que n'étant pas signataire du Processus de Bologne, l'Ouzbékistan participe activement aux programmes de coopération dans le domaine de l'enseignement supérieur au niveau européen. Depuis 1994, dans le cadre des programmes Tempus et Erasmus Mundus, plus de 40 établissements d'enseignement supérieur ouzbeks ont pu nouer des coopérations avec des universités européennes[15]. Parmi les établissements qui ont été les plus actifs dans ces programmes on trouve l'Université nationale de l'Ouzbékistan, l'Université agraire d'État de Tachkent, l'Université technique d'État de Tachkent, l'Université économique d'État de Tachkent, l'Université d'État de Boukhara, l'Université d'État des langues mondiales de l'Ouzbékistan.

Les programmes européens ont permis de consolider les réformes au niveau de la nouvelle structure des diplômes (le passage au système en trois niveaux : Licence, Master, Doctorat), l'introduction du système de crédits et de la garantie de la qualité, pour ne citer que les points les plus marquants. Les programmes européens ont également permis de renforcer la coopération interne entre les différentes universités ouzbeks. Ainsi, 4 universités agraires situées à Tachkent, à Andijan et à Samarkand ont travaillé ensemble sur un projet dans le domaine de l'économie agricole, l'écologie et la gestion des eaux. 6 autres universités, qui ont travaillé ensemble sur un projet dans le domaine de l'assurance qualité, coopèrent encore aujourd'hui pour élaborer conjointement le modèle d'université « recherche-sciences-entreprises ». À l'Institut des finances de Tachkent et l'Institut des sciences d'ingénieur et sciences économiques d'Andijan, avec le soutien de la Chambre de commerce et d'industrie, ont été ouverts des départements d'appui pour les activités entrepreneuriales. À l'Institut des textiles de Tachkent et à l'Institut des sciences d'ingénieur et sciences économiques de Namagan ont été initiés des départements de relations avec les entreprises et du transfert des technologies,

---

[15] L'Ouzbékistan a participé à 67 projets Tempus depuis 1990.

ce qui a permis de renforcer les liens avec les industries textiles et le ministère concerné.

6. Le Kirghizistan

Le Kirghizistan est un petit pays qui fait partie des pays les plus pauvres de l'Asie centrale. Le PIB/tête dépasse à peine 2 000 dollars, ce qui fait que le pays se classe au 187e rang sur 228 au niveau mondial. D'après les estimations de la Banque mondiale, 21 % du produit national provient des transferts d'argent des travailleurs immigrés qui vivent en Russie et au Kazakhstan.

La *mobilité sortante* s'élève à environ 3 000 étudiants par an. On compte 60 accords intergouvernementaux dans plus de 50 pays à travers le monde. Parmi les échanges les plus développés, on pourrait noter la coopération avec la Turquie. Depuis 2008, 300 Kirghizes sont partis étudier dans ce pays. Quant à la *mobilité entrante*, le Kirghizistan est une destination attractive pour les étudiants étrangers, car les frais d'inscription y sont très bas si on les compare aux pays voisins alors que la qualité des formations reste de bon niveau. Actuellement, plus de 13 000 étudiants étrangers font leurs études au Kirghizistan.

Le Kirghizistan accueille plusieurs universités étrangères sur son territoire : l'Université américaine de l'Asie centrale, deux universités établies à partir des accords intergouvernementaux : l'Université kirghiz-slave et l'Université kirghiz-turque de Manas, l'Université privée d'Ala-Too, l'Académie de l'organisation de sécurité et de coopération en Europe, 6 filiales des universités russes, l'Université de Koweït, l'Université islamique, l'Université kirghiz-ouzbek, le campus de l'Université de l'Asie centrale de la fondation Agha-Khan pour les peuples des montagnes. Depuis 2010, il existe des programmes d'échange dans le cadre de l'Université de l'Organisation de coopération de Shanghai et l'Université du réseau des pays de la CEI. Environ 40 étudiants kirghizes font leurs études dans des programmes de master en Russie et en Chine dans le cadre de ces échanges.

Le Kirghizistan participe activement aux programmes de mobilité européens, tels que Tempus et Erasmus Mundus (désormais Erasmus+). Plusieurs de ces projets ont porté sur l'introduction des pratiques de la garantie de la qualité dans l'enseignement supérieur. Malgré le fait que ces projets n'ont toujours pas abouti à la création d'agences indépendantes d'accréditation, certains réseaux ont été sensibilisés à ces questions et l'Association éducative EdNet se dit aujourd'hui prête à devenir une telle agence. Les négociations avec le gouvernement sur ces sujets sont en cours.

En 1997, le pays a rejoint la Convention de Lisbonne, ce qui joue de manière favorable sur l'attractivité internationale de ses programmes de formation. Depuis 2007, 6 centres d'appui à la mise en place du Processus de Bologne ont été créés, le Bureau national des coordinateurs ECTS et le Centre national d'information sur la reconnaissance des diplômes et la mobilité travaillent activement pour soutenir la mobilité. En 2009, le Kirghizistan a participé à la conférence des ministres du Processus de Bologne.

Un des points faibles relatifs à la mobilité académique au Kirghizstan est la faible mobilité interne entre les établissements d'enseignement supérieur au sein du pays. La base réglementaire et juridique concernant cette question n'est pas prête, ce qui fait que ces pratiques restent peu répandues, voire quasi-inexistantes.

7. Le Turkménistan

Le nombre d'étudiants en mobilité sortante représente 12 % de l'ensemble des effectifs, soit 2 200 étudiants (Commission européenne, 2010). Ce chiffre inclut la mobilité dans le cadre des accords intergouvernementaux sur financement du ministère de l'Éducation local ou d'autres organisations, qui s'élève à environ 500 étudiants. Parmi ceux-ci, plus de 170 étudiants vont en Fédération de Russie, 65 en Malaisie, 160 en Turquie, et 35 en Chine. Sur l'ensemble des flux sortants, plus de 90 % vont étudier en Russie, soit plus de 2 000 personnes. En mars 2009, le Turkménistan et la Russie ont signé une série d'accords sur la reconnaissance mutuelle des diplômes et des qualifications. La Russie reconnaît notamment les diplômes de l'enseignement secondaire turkmènes qui donnent accès à l'enseignement supérieur. Les autres pays de destination, hormis ceux cités précédemment, sont l'Ukraine et la Biélorussie. Une forte augmentation des étudiants partant en provenance de la Biélorussie a été enregistrée en 2009/2010.

Quant à la mobilité entrante, les étudiants étrangers au Turkménistan viennent des pays tels que la Chine, la Turquie, l'Iran, l'Afghanistan, l'Ukraine et la Russie.

Au Turkménistan, il n'y a pas d'universités étrangères, à l'exception de la branche de l'université russe du gaz et du pétrole de Goubkin, qui a été ouverte en septembre 2008. Des programmes de coopération importants existent avec l'agence de développement américain, USAID, qui est présente dans le pays depuis une quinzaine d'années. Les projets qui y ont été mis en place concernent les secteurs de l'éducation, du développement économique, de la santé, et des secteurs juridique et social. Il existe également des programmes de coopération avec le PNUD, le DAAD, la GTZ, la Banque asiatique de développement, la Banque islamique de développement, la JICA, etc.

Contrairement à la plupart de ses voisins en Asie centrale, le Turkménistan n'a pas réformé son système d'enseignement supérieur pour passer à l'organisation en trois niveaux. La structure des diplômes en vigueur pendant l'époque soviétique reste toujours en place aujourd'hui. Néanmoins, depuis 1990, le Turkménistan a participé à 31 projets Tempus et 41 séjours de mobilité ont été effectués dans le cadre du programme Erasmus Mundus. La plupart des 18 établissements d'enseignement supérieur existant dans le pays ont participé à ces projets.

8. Le Kazakhstan

La mobilité étudiante au Kazakhstan représente des volumes importants. En 2009, 35 299 personnes, soit 5,6 % de l'ensemble des effectifs étudiants, sont partis étudier à l'étranger. Ce chiffre est en forte augmentation depuis les cinq dernières années. En 2005, il s'élevait à 3,8 %, soit une augmentation de plus de 5 000 personnes en quatre ans. Le premier pays de destination est la Russie (24 772 personnes), suivie par le Kirghizstan (3 370), les États-Unis (1 550) et la Turquie (727) (Campus France, 2013).

Le programme présidentiel « Bolashak » occupe une place importante depuis quelques années avec le financement de séjours de mobilité pour des étudiants et des cadres éducatifs du pays dans les meilleurs établissements internationaux. Depuis sa création, le programme a permis de former environ 3 000 personnes dans plus de 25 pays dans le monde.

La mobilité académique internationale, étant vue par le gouvernement comme un levier de modernisation et d'amélioration de la qualité des formations, fait partie des priorités au niveau politique. Le programme national du développement de l'éducation de la République du Kazakhstan, pour la période 2011-2020, prévoit qu'en 2020, 20 % des étudiants auront effectué au moins un séjour de mobilité académique à l'étranger.

Le secteur de l'enseignement supérieur au Kazakhstan est, de manière générale, très ouvert à la coopération internationale. Souvent cette coopération est vue comme une marque de qualité, une sorte de label que les établissements d'enseignement supérieur affichent sur le marché éducatif local pour augmenter l'attractivité de leurs formations. On peut citer l'exemple de l'existence de multiples partenariats internationaux entre les établissements, mais également la présence d'établissements créés conjointement avec les pays étrangers, tels que l'Université technique kazakhstano-britannique, l'Université kazakhstano-turque de Yasawi, etc.

Le Kazakhstan est le seul pays de l'Asie centrale à avoir signé la déclaration du Processus de Bologne[16]. Une série de réformes importantes ont été menées dans l'enseignement supérieur suite à cette décision (passage au système de trois niveaux qui remplace intégralement l'ancien système, l'introduction du système des crédits, la mise en place des procédures de la garantie de la qualité, etc.). Depuis 1990, les universités kazakhstanaises ont participé aux 48 projets Tempus et à plus de 190 séjours de mobilités dans le cadre du programme Erasmus Mundus. Plus d'une vingtaine d'universités sur l'ensemble de 144 existants dans le pays ont participé à ces programmes.

On pourrait noter que, de manière générale, la mobilité académique prend une place de plus importante dans les systèmes de l'enseignement supérieur des pays de l'Asie centrale et du Caucase. Une partie de

---

[16] Le Kazakhstan a rejoint le Processus de Bologne en mars 2010 et devenu le 47e pays signataire.

l'accroissement de cette mobilité est due à l'intégration de certains pays à l'espace commun de l'enseignement supérieur en Europe et à la participation à des projets d'échanges et de coopération qui en résultent depuis le milieu des années 90. Les bourses locales et celles qui sont octroyées par des pays occidentaux contribuent au développement de la mobilité académique. Néanmoins, depuis les années 2000, la majeure partie des flux de mobilité (aussi bien entrante que sortante) est financée par les étudiants eux-mêmes.

On remarque que les destinations de mobilité sont liées aux tendances migratoires, que ce soit en termes d'une éventuelle migration future ou en fonction des liens ethniques : nous pensons ici aux membres des diasporas azerbaïdjanais résidant en Iran et qui reviennent en Azerbaïdjan pour y faire des études à moindre coût. La destination principale reste la Russie, pour ces pays de l'ancienne URSS : entre 30 % et 60 % de la mobilité sortante, c'est-à-dire 24 772 personnes du Kazakhstan en 2009, 3 276 de l'Arménie, 5 717 de l'Azerbaïdjan et 9 918 de l'Ouzbékistan en 2011. Le Kirghizstan attire également des étudiants des pays limitrophes tels que l'Ouzbékistan (5 967 personnes en 2011) et le Kazakhstan (3 370 personnes en 2009), car les formations y ont un très bon rapport qualité-prix. La Turquie reçoit un nombre important des étudiants du Kazakhstan (727 personnes en 2009) et de l'Azerbaïdjan (3 668 personnes en 2011).

Tous les pays disposent de programmes spécifiques qui visent à soutenir la mobilité académique pour les étudiants les plus talentueux. Financés par les fonds gouvernementaux, ils ont comme condition de participation le retour obligatoire dans le pays d'origine pour y travailler dans des administrations publiques ou ailleurs pendant au moins trois à cinq années après le séjour à l'étranger.

Les réformes de la structure des diplômes, conformément au modèle du Processus de Bologne, ont été introduites dans tous les pays de la zone, à l'exception du Turkménistan qui garde encore le système en vigueur à l'époque soviétique. Cette nouvelle organisation des études facilite la mobilité et la reconnaissance des diplômes et des qualifications. L'avenir des relations bilatérales comme multilatérales avec les autres pays du Processus de Bologne, y compris l'Union européenne, déterminera l'accroissement des mobilités des étudiants en dehors des limites de l'ancien bloc soviétique.

Références

Bagenova, Elena. 2013. Développement de la mobilité académique en Fédération de Russie et au Kazakhstan, *Questions actuelles pédagogiques : actes de la conférence internationale*, Ufa, pp. 147-149.

Budaghyan, Armen, Sargsyan, Yuri, Manasyan, Nvard, & Santurjyan, Mary. 2012. *Current State and Perspectives of Higher Education Reforms of Armenia in the Context of Bologna Process,* Yerevan : Printinfo.

Bureau national des statistiques de la Géorgie, sur <www.geostat.ge> (28.3.2014).

Bydanova, Lisa, & Ospanova, Gulbarshin. 2012. Le système éducatif du Kazakhstan, *Revue internationale d'éducation de Sèvres*, 59, pp. 19-25.

Bydanova, Lisa, & Rouet, Gilles. 2013. La Géorgie, un bon élève du Processus de Bologne ?, *Éducation comparée*, n° 9, pp. 53-80.

Campus France. 2013. Fiches pays Azerbaïdjan, Ouzbékistan, Kazakhstan, Arménie.

Choudaha, Rahul, & Chang, Li. 2012. *Trends in International Student Mobility*, WES Research and Advisory Services, sur <http://www.uis.unesco.org/Library/Documents/research-trends-international-student-mobility-education-2012-en.pdf> (28.3.2014).

Commission européenne. 2012. Fiches pays du programme Tempus en Géorgie, Arménie, Azerbaïdjan (2010-2012) ; Fiches pays du programme Tempus au Kazakhstan, Turkménistan, Tadjikistan (octobre 2010).

Croisier, David, Purser, Lewis, & Smidt, Hanne. 2010. *Trends V: Universities shaping the European Higher Éducation Area*, European University Association Report, sur <http://www.eua.be/fileadmin/user_upload/files/publications/final_trends_report__may_10.pdf> (28.3.2014).

Poverty Reduction Strategy of the Republic of Tajikistan for 2007-2009. Government of the Republic of Tajikistan, Dushanbe, 2007.

World Bank. 2007. *Higher education in Central Asia: The Challenges of Modernization*, Report.

Annexe : Chiffres clés des pays de l'Asie centrale et du Caucase

	Kazakhstan	Kirghizistan	Tadjikistan	Ouzbékistan
Population	17,7 M	5,6 M	7,9 M	28,7 M
Superficie (km²)	2 724 900	199 951	143 100	447 400
PIB/hab en PPP (US dollars), 2012	13 500	2 400	2 200	3 500
Population étudiante	635 241 (2009)	203 000 (2004)	154 832 (2009, source : ministry of Education of Tadjikistan)	277 437 (2011)
Étudiants en mobilité internationale	35 299, soit 5,6 % (2009)	Environ 3 000 soit 1,5 % (est. auteur, 2013)	Environ 15 000 soit 9,7 % (est. auteur, 2013)	23 357, soit 8,42 % (2011)
Nombre d'établissements d'enseignement supérieur	144 (dont 89 privés)	55 (dont 17 privés)	33	59 (aucun n'étant privé)

	Turkménistan	Géorgie	Azerbaïdjan	Arménie
Population	5,1 M	4,9 M	9,6 M	3,1 M
Superficie (km²)	488 100	69,700	86 600	29 743
PIB/hab. en PPP (en US dollars), 2012	8 600	5 800	10 400	5 900
Population étudiante	18 405 (2010, source : fiche pays programme Tempus)	99 003 (2011/2012, source : fiche pays programme Tempus)	181 057 (2011, source : fiche pays Campus France)	141 455 (2011)
Étudiants en mobilité internationale	2 200, soit 12 % (2008/2009, source : fiche pays programme Tempus)	216 soit 0,2 % (2011/2012, source : ministère géorgien)	12 501, soit 6,90 % (2011)	5 880, soit 4,16 % (2011)
Nombre d'établissements d'enseignement supérieur	18 (aucun n'étant privé)	57 (dont 37 privés)	51 (dont 15 privés)	67 (dont 41 privés)

La mobilité pour et par l'innovation : enjeux et limites

CHRISTOPHE LIPS

> *La mobilité universitaire a pris une ampleur toute particulière depuis ces dernières années, Erasmus en est l'exemple incarné. Cette mobilité a un coût, elle est alors un investissement, investissement en faveur de l'innovation, qu'il s'agit de développer dans l'optique de rester compétitif, notamment dans le cadre de l'UE. La mobilité encourage l'innovation, mais comment alors encourager la mobilité ? Il semble que la réponse se situe dans la relation dialectique qu'entretiennent mobilité et innovation. Nous tentons de présenter la dynamique innovation/mobilité dans ce chapitre, tout en mettant le lecteur en garde sur les pièges à éviter, qui feraient déséquilibrer (s'effondrer ?) petit à petit tout un système.*

La mobilité internationale des acteurs de l'université n'est pas un phénomène nouveau, mais elle a pris une ampleur toute particulière depuis ces dernières décennies. Le programme phare de cette mobilité, Erasmus, 25 années après sa naissance, s'est vu reconduit (et même élargi : il englobera désormais certains des programmes relatifs à la politique européenne de voisinage) jusqu'en 2020, signe de son succès tant auprès des étudiants que des politiques nationales et supranationales. Si ce programme est parfois susceptible de souffrir de représentations légères (il serait « l'agence matrimoniale la plus efficace d'Europe » ou encore l'occasion de passer un semestre en dilettante, image largement diffusée dans *L'auberge espagnole*, un film qui présente les frasques d'un jeune Français profitant, dans une large acception du terme, d'un séjour de mobilité à Barcelone), il n'en reste pas moins un véritable outil pour la construction européenne.

Mais cette mobilité a un coût – environ 450 milliards d'euros par an pour Erasmus (Werly, 2012) –, et si ce type de programme perdure en temps de crise économique, faisons l'hypothèse – sans trop nous leurrer – qu'il s'avère utile (utilitariste ?) à la société. Favoriser la mobilité, c'est donc investir. Investir dans le futur et dans l'espoir, l'espoir d'une Europe toujours plus compétitive dans tous les domaines, selon la Stratégie de Lisbonne ; idée reprise dix années plus tard par la stratégie Europe 2020, où l'innovation apparaît alors explicitement comme un des moteurs de croissance et de développement. Ainsi, la mobilité se révèle être un outil au service de l'innovation posée désormais en dogme de la société, voire en obligation. Favoriser la mobilité reviendrait donc à favoriser l'innovation.

Mobilité et innovation entretiennent bel et bien une relation qui fait sens, dans une société de flux globalisés, et cette relation mobilité/innovation n'est pas seulement unidirectionnelle. Elle articule les deux concepts dans une relation dialectique : la mobilité encourage l'innovation qui, à son tour, encourage la mobilité.

Nous tenterons dans ce chapitre de présenter les deux aspects de cette logique, et la manière dont mobilité et innovation sont désormais articulées. Outre les observations sur l'utilité et les enjeux de la première vis-à-vis de la seconde, nous essaierons de présenter l'autre pendant de cette liaison, à savoir les différents efforts d'innovations menés actuellement qui encouragent la mobilité, entraînant à son tour l'innovation. Car si la mobilité elle-même ne jouit pas de l'innovation, elle encourt à coup sûr le risque de ne plus être adaptée et par conséquent de disparaître, augurant la chute de tout un système.

Cette dynamique entraîne avec elle toute une société. Il convient dès lors de ne pas tomber dans certains pièges, de savoir éviter certains écueils, notamment ceux de l'utilitarisme et de l'inégalitarisme, qui viendraient tôt ou tard se glisser dans ses rouages et déséquilibrer un fonctionnement d'une réelle importance.

Nous considérons dans ce travail la mobilité dans sa dimension la plus large, à savoir tout déplacement, physique ou non, diplômant ou non. Ce qui nous intéresse ici tout particulièrement, c'est la rencontre, pas forcément celle des corps, mais surtout celle des idées, des « cerveaux ».

1. Encourager la mobilité *pour* l'innovation

À travers l'histoire des universités, depuis leur création à aujourd'hui, on observe la permanence d'une mobilité estudiantine, tout comme celle des enseignants-chercheurs. Déjà, au XIVe siècle, les populations universitaires étaient très mobiles, « puisqu'aucune frontière ne s'opposait à la circulation des hommes ni à la validité universelle des diplômes » (Charle & Verger, 2007, 21). Pour autant, il convient de noter que, en pratique, « cette mobilité ne doit pas être surestimée » (*idem*). Elle concernait majoritairement les étudiants des grandes universités (Paris, Bologne) et se concentrait principalement autour de l'axe Italie-France.

Puis, la mobilité s'est développée dans la mesure où naissait parallèlement un courant humaniste tourné vers l'expérience existentielle. Ainsi, cette mobilité est devenue « pérégrination » à un moment où les études sont également devenues prétextes à la découverte de sites célèbres, à la découverte de l'Autre, une vision des études qui n'est pas sans rappeler la conception de la mobilité actuelle. La tradition a sûrement laissé des traces dans le fonctionnement d'aujourd'hui.

Ensuite s'est installée une longue période où la mobilité s'est trouvée perturbée et diminuée par les différentes ruptures politiques ou religieuses au sein de l'Europe. Des tensions entre les différentes nations ont quasiment anéanti ces expériences. Les frontières qui jadis ne représentaient aucun obstacle vont dès lors constituer des murs difficilement franchissables. Il faut alors attendre la fin de la Seconde Guerre mondiale pour voir apparaître, pas à pas, la volonté claire d'un rapprochement entre nations, par le biais de l'université, et par l'encouragement de la mobilité, faisant toutefois apparaître l'existence au sein d'un même espace de différents systèmes, différentes spécificités locales, caractéristiques des diverses évolutions des nations européennes.

D'abord expérience essentiellement, la mobilité intra-européenne et, *a fortiori*, l'enseignement supérieur vont devenir au XXe siècle un outil, un enjeu de rapprochement politique, économique, social et culturel, véritable outil de (ré)conciliation.

Les enjeux de la mobilité sont multiples, d'autant qu'ils intéressent de nombreux acteurs (étudiants, enseignants-chercheurs, enseignement supérieur en général, et Union européenne notamment). Et, puisque l'UE est le principal mandataire et financeur des différents programmes de mobilité, intéressons-nous plus précisément aux motivations qui l'animent.

On l'a dit plus haut : l'objectif essentiel de l'UE est de rester compétitive dans tous les domaines, dans un contexte de mondialisation. Et c'est en favorisant l'innovation que l'UE compte atteindre son objectif. La société se caractérise désormais par les flux qu'elle génère et qui la génèrent, flux humains, flux d'informations, de cultures, d'énergies, de capitaux, qui s'échangent et se croisent. Dans cette société où tout va dorénavant toujours plus vite, où la milliseconde devient unité régente de mesure de temps, le besoin d'adaptation, mieux d'anticipation des évolutions devient plus que nécessaire. L'innovation, comme stratégie pour « suivre le mouvement », s'érige alors en (seule ?) solution face à ce défi.

Globalement, on s'accorde pour dire que l'innovation est un processus d'affectation d'un usage à une invention (Alter, 2005, 13). En d'autres mots, l'innovation est le produit d'une invention par un « bricoleur », acceptée et appropriée par un corps social, qui lui confère un usage. Elle suit plusieurs moments décisifs, plusieurs séquences que Schumpeter, le premier, a parfaitement su décrire (Schumpeter, 1972). Parmi ces séquences, la deuxième s'avère, pour notre travail, capitale : après que les innovations sont passées des « combinaisons routinières aux combinaisons à risque » grâce à « quelques individus marginaux », autrement dit après que le processus innovatif a été déclenché par quelques bricoleurs à un niveau très local, « des 'essaims' d'imitateurs reproduisent et aménagent les innovations, créent des 'grappes' d'innovations secondaires consistant à reproduire et à aménager celles qui ont été élaborées initialement » (Alter, 2005, 14).

Et c'est précisément lors de cette deuxième étape, essentielle, qu'intervient la mobilité dans le processus d'innovation, précisément ici qu'elle vient remplir tout son rôle. Quel autre outil plus efficace pourrait remplacer la mobilité dans sa mission d'*essaimage*, de diffusion ? Comment propager l'innovation et créer des grappes d'innovations secondaires sans mobilité des acteurs, des inventeurs, des innovateurs, des imitateurs, dans un espace européen vaste ? La plupart des classiques portant sur l'innovation et sa trajectoire, et tout particulièrement sur sa diffusion, (Becker, 1982 ; Callon, 1986 ; Alter, 1985 ; Mendras & Forse, 1983) s'accordent à donner une grande importance à la deuxième étape de Schumpeter, sous des formes parfois élargies. Si certains parlent de « réseaux de diffusion », d'autres d'étape d'« intéressement » puis d'« enrôlement », d'autres encore de « suiveurs » qui s'associent à la nouveauté, tous mettent l'accent sur l'étape de diffusion, condition *sine qua non* de la réussite d'une innovation. Alter résume ainsi l'idée : « Les séquences du développement d'une innovation réussie sont donc également celles de sa diffusion. Au fur et à mesure de son déroulement, un nombre croissant d'individus s'inscrit dans les pratiques nouvelles, ce nombre allant de pair, vers la fin du processus, avec l'existence d'une nouvelle norme » (2005, 16).

La métaphore de l'essaimage est ici tout à fait appropriée et forte de symboles. Emprunté au vocabulaire de la biologie, l'essaimage est, dans son sens premier, un phénomène observable dans les ruches des abeilles, lorsqu'une partie d'entre elles décide de quitter la ruche originelle, accompagnée de la reine pour former plus loin une nouvelle colonie. La future reine est encore, pendant l'essaimage, sous forme de larve. Elle deviendra reine en battant les autres reines naissantes. C'est ainsi que se reproduisent et se dispersent les abeilles, afin de faire perdurer la race. Le parallèle avec l'innovation est alors étonnant et, encore une fois, la mobilité se révèle cruciale. Pour se développer et devenir innovation, l'invention a besoin de quitter son « nid » d'origine, par l'intermédiaire d'une multitude d'acteurs, des étudiants par exemple, ou des enseignants-chercheurs, pour « coloniser » de nouveaux foyers et s'installer dans les usages. Elle va ensuite vivre dans son nouvel environnement, allouée d'un usage – qui ne sera pas forcément le même dans chaque « colonie » – autonome par rapport à la « ruche » de base.

Le cœur de l'essaimage, qu'il concerne les abeilles ou l'innovation, se trouve dans le mouvement, et, par conséquent, dans la mobilité de ses acteurs. Sans mobilité, pas d'innovation : cette dernière ne peut survivre sans se développer et s'intégrer dans les usages. Cloisonnée dans son environnement de naissance, elle serait à coup sûr condamnée à disparaître petit à petit. La mobilité est donc vitale pour l'innovation, par sa mission de propagation d'une part, mais elle permet, d'autre part, un contact avec l'innovation, du moins avec la nouveauté, qui s'avère également non négligeable.

La littérature de l'innovation s'occupe rarement de cette dimension de la mobilité qui nous semble pourtant primordiale. En effet, que l'acteur de l'innovation – inventeur, innovateur, voire suiveur – soit en contact avec l'innovation quelle qu'elle soit nous semble un prérequis à l'action innovante. Cette considération prend probablement plus d'ampleur lorsqu'il s'agit d'innovation technologique ou pédagogique, mais globalement, on peut considérer que le contact avec l'innovation va inciter, favoriser, mieux motiver l'innovateur à passer à l'action. Sans connaître l'innovation – si tant est qu'une telle situation puisse exister, notamment à notre époque – le futur inventeur/innovateur n'aura probablement pas la clé, le *stimulus* nécessaire pour mener cette action à risque que peut représenter l'innovation. Rares sont les inventeurs qui ont entamé un processus innovatif *ex nihilo*. Nous pensons qu'un contact préalable avec une action innovante déjà mise en place est alors davantage susceptible de déclencher l'innovation. Parallèlement aux besoins qui vont amorcer l'action innovante, le contact à l'action innovante fait, selon nous, partie intégrante de l'histoire de l'innovateur, comme un moteur supplémentaire.

Ainsi, la mobilité apporterait dans ce sens des possibilités plus nombreuses de rencontre avec l'innovation et démultiplierait de manière exponentielle les occasions de confrontation avec cette dernière. Prenons le cas d'un étudiant évoluant dans une université depuis, par exemple, deux années. Deux années qui lui auront permis de s'acclimater au système de son université, aux méthodes diverses de ses enseignants, mais aussi très probablement de remarquer des dysfonctionnements, sans pour autant, dans la plupart des cas, entamer d'emblée des actions en conflit avec l'ordre susceptibles d'améliorer ses conditions. Ce même étudiant obtient, pour la troisième année de Licence, une bourse dans le cadre du programme Erasmus et part étudier dans un autre pays, une autre culture pour une plus ou moins longue période. Peu importe l'université, ou le pays dans lequel son séjour de mobilité s'effectuera, il est fort à parier que l'étudiant aura, au sortir de son expérience, découvert des méthodes différentes d'enseignement, et globalement une autre organisation du système universitaire.

Ce phénomène de rencontre avec la nouveauté, comme celui de l'influence réelle du contact sur l'action innovatrice des étudiants ayant bénéficié d'un séjour à l'étranger, est très difficilement mesurable. Mais, si l'on se penche, en amont d'une future étude quantitative et qualitative précise, sur des entretiens d'anciens étudiants qui comparent leur université d'origine avec celle d'accueil lors d'un séjour Erasmus – qui déclarent, pour l'un, que « les cours dispensés ont un aspect plus technique » (*erasmusworld.org*), pour l'autre que « pour moi c'était incroyablement stimulant, j'y ai trouvé un enseignement de haut niveau et surtout le VRAI échange avec les professeurs et travail suivi réellement, hebdomadairement » (*huffingtonpost.fr*, 2012), pour un autre encore que « on travaille peu, ou moins (je dirais plutôt on travaille d'une autre façon) » (*idem*) – on se rend compte que la dimension de « nouveauté » est bel et bien présente lors de l'expérience de mobilité, remarquée, mieux, elle semble appréciée. Un Eurobaromètre Flash de mai 2011, intitulé « Jeunesse en mouvement » vient appuyer nos observations : 22 % des étudiants ayant profité d'un séjour de formation à l'étranger considèrent que ce séjour leur a apporté une plus grande faculté d'adaptation à leur retour (Eurobaromètre Flash, mai 2011). Si les étudiants reconnaissent être maintenant plus à même de s'adapter qu'avant leur séjour, c'est qu'ils ont forcément été confrontés, à un moment donné, à la nouveauté qui implique l'adaptation.

La mobilité présente alors une double dimension, une double mission, en faveur de l'innovation : celle de la diffuser, tout comme celle de multiplier les occasions de l'influencer à son contact, et par conséquent de multiplier les chances de la faire naître. D'autres fonctions confèrent à la mobilité une très haute importance dans le développement de l'innovation, à savoir celle, entre autres, de favoriser les rencontres entre étudiants, mais aussi enseignants-chercheurs et autres professionnels du monde universitaire, de créer – pourquoi pas ? – des équipes de travail, celle également de proposer une première expérience de mobilité, un premier pas vers une mobilité tout au long de la vie.

La mobilité va permettre la collaboration entre personnels de l'enseignement supérieur, elle vise à « enrichir l'expérience des membres du personnel participants, à contribuer à moderniser et à rendre plus international l'enseignement supérieur grâce à la collaboration entre établissements de l'enseignement supérieur et membres du personnel et à encourager la mobilité des étudiants » (Commission européenne, 2011, 8). Cette collaboration va de pair, de toute évidence, avec l'innovation : la rencontre des personnels doit donner naissance à l'innovation, posée en moteur (et en dogme ?) de l'Union européenne, qui, rappelons-le, est le principal financeur de cette mobilité. L'échange d'idées doit renforcer la production de nouvelles connaissances, globalement de nouveauté. D'ailleurs, les missions de mobilité des personnels de l'enseignement supérieur sont principalement tournées vers l'enseignement et vers la formation. Lors des missions d'enseignement, l'enseignant part la plupart du temps à la rencontre d'un autre (nouveau ? en tout cas différent) système universitaire, à la rencontre de nouveaux collègues/partenaires, à la rencontre de nouveaux étudiants.

Une découverte mutuelle d'habitudes (*habitus*), susceptible de créer une dynamique. Prenons l'exemple simple, mais courant, d'un enseignant bénéficiant d'un séjour de mobilité orienté sur l'enseignement. Il va alors apporter sa propre pédagogie – qui n'est pas forcément une innovation : les étudiants vont l'accepter, la refuser, mais vont la vivre quoi qu'il en soit et vont forcément se positionner face à la nouveauté. S'ils l'acceptent, une voie s'ouvre pour que la nouveauté apportée s'insère et s'installe lentement dans les usages de l'université d'accueil, pour que l'innovation « colonise » une classe, une université. À l'inverse, les réactions de refus des étudiants peuvent conduire l'enseignant à réorienter sa pédagogie. Dans tous les cas, la mobilité, impliquant la rencontre avec l'innovation, vient bousculer les habitudes, elle provoque la destruction parfois, pour recréer, elle est l'essence de l'innovation, destruction créatrice. La mobilité soutient la fonction réflexive de l'innovation.

Au niveau de la recherche, on remarque une évolution de la production de connaissances qui se tourne de plus en plus vers l'extérieur et qui a besoin d'acteurs provenant hors des murs de l'université. Comme nous le confirme Gibbons, « a number of attributes have been identified which suggest that the way in which knowledge is being produced is beginning to change » (Gibbons, et al., 1994, 1). Ainsi, la mobilité représente une source quasi intarissable d'apport d'acteurs de l'extérieur. La production ne s'effectue plus seulement par le personnel « permanent » des universités, mais par un personnel plus flexible, plus mobile. En d'autres mots, un personnel en mouvement de va-et-vient dans et hors de l'université et inter-universitaire ; un personnel qui représente à la fois un véritable point d'ancrage entre l'université et la société qui l'entoure – et entre les différentes universités – et un pont, qui va permettre à la connaissance de faire, elle aussi, des allers-retours université/université et université/société, en d'autres mots, qui va permettre un transfert de compétences et de savoirs.

On pourrait encore gonfler la liste des nombreux avantages de la mobilité en faveur de l'innovation, mais il semble que ces quelques lignes manifestent la force qu'elle représente. La mobilité est au service de l'innovation, mieux elle est son incontournable moteur. Il s'agit alors de l'encourager pour inciter, développer l'innovation et pour que l'Union européenne reste compétitive, à tous les niveaux. Se pose alors la question suivante : comment encourager la mobilité en soi ? Il semble que la réponse se trouve au centre de la relation dialectique qu'entretiennent mobilité et innovation.

2. Encourager la mobilité *par* l'innovation

Sans mobilité, pas d'innovation, mais sans innovation, pas de mobilité non plus. C'est en favorisant l'innovation que la mobilité pourra vivre, survivre, se développer pour à son tour encourager l'innovation. Évoquer chaque effort d'innovation pour soutenir la mobilité, de l'échelle locale à l'échelle supranationale, est une tâche de titan, un exercice impossible. Ainsi, nous ne proposons ici que quelques efforts, à notre avis significatifs, au niveau supranational notamment (européen principalement). Tout un dispositif complexe innovant s'est installé au fil des ans, surtout après la Seconde Guerre mondiale, autour de la mobilité, comme moteur de l'innovation.

Dès les années 1950, l'européanisation, qu'on pourrait très brièvement résumer comme le rapprochement économique, politique et social des pays du continent européen, va progressivement influencer la création d'un outil susceptible de faire des universités, à travers la mobilité, une force pour le développement de l'Europe, dans une économie de marché en plein essor et qui se mondialise, à savoir le Processus de Bologne. Ce progrès va alors se concrétiser dans un premier temps par l'intermédiaire de trois conventions essentielles : en 1953, 1956 et 1959.

La « Convention européenne relative à l'équivalence des diplômes donnant accès aux établissements universitaires » en 1953 va tout d'abord donner, comme son nom l'indique, le droit à l'accès aux établissements universitaires à tout élève ayant terminé avec succès ses études secondaires, dans le cadre des pays membres du Conseil de l'Europe ; premier pas vers une mobilité reconnue. S'ensuivent deux autres conventions qui vont mettre alors en exergue d'une part la problématique de l'équivalence des périodes d'études (Convention européenne sur l'équivalence des périodes d'études, 1956) et d'autre part la question de la reconnaissance mutuelle des niveaux d'études (Convention européenne sur la reconnaissance académique des qualifications universitaires, 1959). Ces actes vont donc fonder le tout début d'un espace européen d'enseignement supérieur, dans la mesure où ils constituent le fondement d'une mobilité basée sur des programmes d'échanges et sur une reconnaissance réciproque des diplômes. Car alors, comment donner un sens à la mobilité, voire l'encourager, sans réciprocité ? Il a fallu innover pour obtenir ce résultat, bousculer l'ordre établi.

En parallèle, en 1950, une union économique est construite, sur des bases essentiellement économiques : la Communauté européenne du Charbon et de l'Acier. Bien que basée sur une logique de marché, cette communauté va inclure, de manière discrète, les universités. Comme nous le fait remarquer l'historien Philippe Mioche, dans son ouvrage consacré à la CECA, cette communauté va positionner l'université comme porteur d'innovations, et créer des conditions favorables à la mise en réseau des universités de la CECA (Mioche, 2004). Si les efforts de rapprochements universitaires sont mis de côté pendant plusieurs années du moins au niveau européen, des traités bilatéraux voient malgré tout le jour, à l'image du Traité de l'Élysée en 1963 entre la France et l'Allemagne. Ce traité prévoit, en particulier, une coopération rapprochée des universités, ainsi que de nombreux échanges, favorisés par la mise en place de l'Office Franco-Allemand pour la Jeunesse (OFAJ). Un acte capital entre deux grandes puissances européennes, qui se révélera d'une certaine façon visionnaire, en influençant probablement les décisions futures d'une construction européenne finalement décidée à englober des problématiques plus larges. Ces traités et conventions sont de véritables innovations, faisant évoluer une grande partie de l'enseignement supérieur en Europe, notamment dans le but d'accentuer la force de la mobilité. Sans aucun doute, l'innovation vient ici servir la mobilité.

À cela s'ajoutent de nombreuses études de l'UNESCO qui vont influencer à leur tour les volontés politiques. Fin des années 1960, début des années 1970, l'UNESCO va s'attacher à explorer la comparabilité et l'équivalence des études, des diplômes et des qualifications, dans le but de développer par la suite des recommandations, voire des conventions internationales. Le but étant très ambitieux (Teichler, 2003), l'UNESCO s'est alors tournée vers des conventions régionales au niveau européen (Convention sur la reconnaissance des études et des diplômes relatifs à l'enseignement supérieur dans les états de la région Europe, 1979, par exemple) afin de permettre une mobilité plus accrue. Entre-temps, un programme réunissant plus de 500 universités, appelé « Programmes Communs d'Étude », adopté en 1976 au niveau de l'Union européenne cette fois, va concrétiser la mobilité. Ce programme offrira des bourses à des étudiants désirant effectuer une partie de leurs études dans des universités d'un autre État membre de l'UE. Cette initiative fera place au lancement quelque dix années plus tard d'un programme plus large : le programme Erasmus (1987).

Au vu de la multiplication des traités, européens ou bilatéraux, et de l'ampleur que prenaient les différents programmes de rapprochements universitaires, dont le célèbre Erasmus, entraînant dans le même temps de nombreuses questions d'équivalence de diplômes, concernant la qualité ou la durée, un outil fédérateur semblait alors nécessaire. C'est ainsi que, après la signature de la *Magna Charta Universitatum* (1986) et de la Déclaration de la Sorbonne (1998), le Processus de Bologne a vu voir le jour en 1999.

Le Processus de Bologne sert à la fois la mobilité et l'innovation, il est au cœur de la relation dialectique qui relie ces deux pôles. Sa mission principale : harmoniser l'espace européen de l'enseignement supérieur, pour le rendre compétitif et attractif dans un contexte de mondialisation, en favorisant notamment la mobilité. Mais la tâche, bien qu'elle ait été entamée progressivement depuis une cinquantaine d'années, s'avère délicate. Plus la mobilité est encouragée, plus les obstacles à cette mobilité apparaissent. L'espace européen de l'enseignement supérieur est loin d'être uniforme à l'époque de la ratification de Bologne. PHARE et Tempus notamment, deux programmes de rapprochement européen, nés quelques années avant le Processus, mettent en lumière les questions d'équivalence encore existantes à l'époque face à l'hétérogénéité des systèmes qu'il s'agissait d'harmoniser et ont réveillé petit à petit les failles d'une logique de rapprochement sans outil fédérateur supranational, sans compter sur les spécificités locales qui entravent à leur tour la mobilité. Nous pensons notamment aux deux grands « modèles » universitaires européens, à savoir le « modèle » français où (grandes) écoles et facultés se partagent la formation des étudiants, d'un autre côté le « modèle » allemand, ou « modèle » Humboldt, où l'enseignement et la recherche vont de pair, modèle qui est d'ailleurs encore dominant dans l'espace européen. Le chemin de l'harmonisation, et par conséquent de la liberté de mobilité la plus grande, ne se fera pas sans innover. Et les traditions sont parfois solides : le chemin de l'innovation prend parfois des allures de combat.

L'Union européenne place définitivement, à travers le Processus de Bologne, l'enseignement supérieur comme un acteur de la construction d'une « Europe plus complète et plus ambitieuse, s'appuyant notamment sur le renforcement de ses dimensions intellectuelles, culturelles, sociales, scientifiques et technologiques » (Déclaration de Bologne, 1999). C'est tout un pan de la construction européenne qui manquait jusqu'alors. S'accorder sur la création d'un espace européen d'enseignement supérieur revient avant tout à harmoniser les différents systèmes universitaires des pays concernés. Ainsi, six points principaux, à valeur d'objectifs, vont fonder ce processus de coopération en vue de l'harmonisation nécessaire. Sur ces six points, cinq sont directement axés sur une plus large liberté de mobilité.

En premier lieu, les pays signataires s'engagent à adopter un « système de diplômes facilement lisibles et comparables » (*idem*). Pour ce faire, un « Supplément au diplôme » est mis en œuvre, afin de simplifier la lisibilité d'un diplôme à un niveau national, mais surtout supranational, ce qui, par conséquent, facilitera la mobilité à l'intérieur de l'espace européen (et plus largement).

En parallèle à ce supplément, et en toute logique, afin que ce dernier soit mis en place, il convient d'adopter un système universitaire harmonisé. Comment permettre la transparence des diplômes sans effort analogue au niveau de la structure des études ? Par conséquent, chacun à sa manière, chaque signataire de Bologne s'engage à mettre en œuvre une refonte des structures des études, fondées sur « deux cycles principaux », pré- et post-licence. La licence, susceptible d'être obtenue en 3 ans minimum, devient une sorte de seuil, qui « correspondra à un niveau de qualification approprié pour l'insertion sur le marché européen du travail » (*idem*). On apprendra plus tard que cette évolution des systèmes, probablement par son caractère visible, deviendra un argument majeur contre le Processus. Bousculer un système n'est pas aisé ; mais entrer en conflit avec l'ordre établi afin d'en améliorer son fonctionnement, n'est-ce pas là la tâche difficile et parfois ingrate de l'innovation ?

Les 29 pays de la Déclaration (ré)affirment leur volonté de promouvoir la mobilité en favorisant également l'accès aux études et aux possibilités de formation aux étudiants du futur espace européen d'enseignement supérieur, et la reconnaissance et la valorisation, pour les enseignants-chercheurs et les personnels administratifs, des périodes de recherche, d'enseignement ou de formation « dans un contexte européen ».

Afin d'encourager cette mobilité, véritable flux essentiel à la construction européenne, un système de crédits doit être mis en place, un système équivalent à celui du système ECTS (*European Credits Transfer System*), développé déjà quelques années auparavant, dans le cadre du programme Erasmus. Ce système représente l'outil nécessaire à la transparence et à la reconnaissance des études dans tous les États ayant ratifié le Processus. Le transfert d'expériences, d'apprentissage, d'acquis, permet une mobilité plus souple entre États. Dès lors, les objectifs des formations seront exprimés en termes de crédits, sur la base de la charge de travail que peut représenter une unité d'enseignement.

De toute évidence, puisque ces objectifs appellent une refonte importante des différents systèmes d'enseignement supérieur européens, ils ne peuvent pas être mis en application rapidement. Ainsi, des rencontres interministérielles dans le cadre du Processus vont avoir lieu tous les deux ans « pour évaluer les progrès accomplis et les nouvelles mesures à mettre en place » (*ibidem*). Il s'agit bien, comme son nom l'indique, d'un processus, et un suivi régulier semble primordial. Ces réunions seront également l'occasion de vérifier si mobilité et innovation poursuivent leur route commune.

Outre les apports d'un tel processus au développement de l'interculturel, d'une Europe plus humaine et sociale, ces axes montrent clairement la volonté de soutenir la mobilité en innovant et en réajustant, si besoin est, les objectifs initiaux. L'innovation est, en soi, un processus qu'il faut sans cesse réorienter, retravailler. En cela, le Processus de Bologne, par ses réunions bisannuelles, met toutes les chances de réussite de son côté. S'intégrer dans les usages demande parfois du temps, des réadaptations, des révisions. C'est ce qu'ont prévu les signataires par la planification de ces réunions : bien que ce Processus puisse paraître dogmatique (à raison, dans une certaine mesure), et qu'il soit l'objet de nombreuses controverses et instrumentalisations (Rouet, 2011), l'effort de faire vivre cette innovation, de suivre sa trajectoire, présage de son efficacité à long terme dans son effort d'encouragement de la mobilité.

Parallèlement à ces innovations qui touchent directement le monde universitaire, d'autres changements, innovants, vont apporter leur pierre à l'édifice de la mobilité. Nous pensons en particulier à l'ouverture des frontières par les accords de Schengen, mesure directement politique et économique, mais indirectement concernant la mobilité universitaire, et aux différents programmes de coopération universitaire.

La Convention de Schengen, signée en 1990, entre en application cinq années plus tard. Elle fait évoluer la notion de frontière qui devient alors mobile, à l'intérieur d'un espace large. Les frontières géographiques s'effacent : il n'y a plus de contrôle aux postes-frontière internes de l'espace Schengen, du Portugal à la Slovaquie, de la Norvège à la Grèce. Un espace de grande liberté de circulation devient alors concret, de sorte que la mobilité devient reine au sein de cet espace. Cette mesure vient s'ajouter aux différents efforts de développement de la mobilité, et bien évidemment, elle vient faciliter la mobilité étudiante. Se déplacer à l'intérieur de l'espace Schengen devient chose aisée. Dès lors, des difficultés administratives, qui pouvaient représenter un obstacle à la volonté de mobilité des étudiants ou des personnels universitaires, disparaissent. Bien que ces accords soient antérieurs à la signature de la Déclaration de Bologne, ils participent à part entière à la création d'un large dispositif, sans nom, mais bien réel, de support de la mobilité. L'espace européen de l'enseignement supérieur bénéficie à la fois de mesures concernant directement l'université, mais aussi d'autres décisions innovantes qui vont influencer et encourager la mobilité universitaire.

Puisque l'université est extrêmement (et de plus en plus) liée à la société dans laquelle elle évolue, chaque changement sociétal va avoir une incidence plus ou moins directe sur le monde universitaire. Ainsi, chaque évolution, au niveau politique, ou économique, va influencer des évolutions (innovations) au niveau de l'enseignement supérieur. Toute innovation concernant la mobilité européenne, qu'elle touche directement ou non l'université, va changer la donne et entraver ou favoriser la mobilité au sein des universités européennes.

D'autres décisions politiques, notamment au niveau de la coopération universitaire, vont influencer la mobilité des étudiants et des personnels universitaires. Les projets de coopération universitaire Erasmus sont un exemple, à côté des projets de coopération financés par d'autres institutions, par les différentes ambassades, de volonté politique de stimuler la mobilité, dans l'optique d'innovations futures. Ces projets « visent à stimuler des réformes dans l'enseignement supérieur au moyen d'une coopération transnationale entre établissements de l'enseignement supérieur » (Commission européenne, 2011, 16). Par an, près de 20 millions d'euros sont alloués à une soixantaine de projets, qui conduisent « à d'importantes évolutions en termes de politique de l'enseignement supérieur » (*ibidem*, 17). Notons que les crédits ECTS, facilitant la mobilité universitaire, ont ainsi vu le jour. D'ailleurs, selon un graphique proposé par la Commission européenne, les stratégies de mobilité représentent la troisième priorité en termes de mise en œuvre de programme (*ibidem*, 18).

Tous ces outils politiques influencent sans aucun doute la mobilité et, au regard de la courbe d'accroissement de la mobilité de 1987 à aujourd'hui, l'évolution croissante est sans équivoque (*ibidem*, 19). Mais les décisions politiques innovantes ne sont pas les seules à peser sur le développement de la mobilité. Rappelons que, par « mobilité », nous entendons tout déplacement, pas forcément physique. Ainsi, nous considérons que tous les efforts d'utilisation des nouveaux canaux (numériques surtout) participent à l'encouragement et à l'accroissement de la mobilité.

Internet a ouvert la voie à un nouveau type de mobilité. On peut maintenant voyager, rencontrer l'Autre sans bouger de chez soi, collaborer avec une équipe de Stockholm tout en étant à Rome. Les avantages sont nombreux et de plus en plus les universités tentent d'en profiter. L'innovation technologique a permis l'innovation pédagogique et curriculaire, et dans le même temps l'ouverture à de plus larges possibilités de mobilité. Ainsi, pour différentes raisons, les universités développent des dispositifs de formation à distance, qui, s'ils sont intelligemment conçus et réalisés, vont permettre un travail à distance, mais aussi une rencontre des différents acteurs, certes non physique, mais bien réelle. Une formation sur plateforme possédant tous les outils et la pédagogie nécessaires à la discussion (synchrone, par chat ou asynchrone, par forum), offrira la possibilité d'une réelle rencontre avec l'Autre (des étudiants de toute nationalité peuvent se retrouver inscrits pour les mêmes formations), fondement de la mobilité, mais ici d'un nouveau type.

Cette mobilité présente à la fois certains aspects de la mobilité physique (rencontre, travail en collaboration, apprentissage de l'Autre notamment, mais aussi diplômes et enseignements) tout comme certains avantages inhérents à ce type de mobilité. La mise en place d'un dispositif de formation à distance réduit les coûts de la mobilité à long terme, par exemple. Cet argument attirant, dans une époque de difficultés économiques, associé à l'assurance d'une formation complète et de qualité grâce à des équipes et des outils performants vont provoquer l'éclosion et l'encouragement de ce type de mobilité, à côté de la mobilité « classique ».

La mobilité numérique peut représenter un premier pas à la découverte d'un nouveau système d'enseignement supérieur, à de nouveaux contacts, à une future collaboration. Elle peut représenter une manière d'attirer la « matière grise » qui n'aurait pas eu la possibilité de participer à un séjour Erasmus pour

« x » raisons, comme des problèmes de visa par exemple. Ces dispositifs sont d'une certaine façon des vitrines et sont susceptibles d'attirer des publics plus larges que le public concerné notamment par Erasmus. C'est, comme nous le confie François Germinet, président de l'Université de Cergy-Pontoise, le cas des Mooc (Massive Online Open Courses) : « il s'agit de têtes de gondole qui participent à la renommée de l'établissement » (Centofanti, 2014). Si la qualité et l'efficacité des Mooc est encore à démontrer, ils restent dans tous les cas des outils favorisant une mobilité.

Globalement, l'innovation technocratique (politique), technologique, pédagogique ou curriculaire est bel et bien susceptible d'encourager la mobilité sous toutes ses formes. Servir la mobilité par l'innovation et pour l'innovation, telles sont les missions allouées aux innovations décrites dans cette partie, de manière non exhaustive. Servir l'innovation par la mobilité, servir la mobilité par l'innovation, oui, mais pas n'importe comment. Pour que cette relation mobilité/innovation vive, se développe et soit bénéfique à la société, il s'agit de ne pas tomber sur certains écueils qui mettraient sûrement en péril tout ce système.

3. Éviter les écueils d'une mobilité utilitariste et source d'inégalités

Cette dernière partie propose de conclure le travail sur un rapide aperçu des pièges desquels il faudrait apprendre à s'écarter pour que perdure la dynamique mobilité/innovation. En tout premier lieu, si la mobilité est utile à l'innovation et à la société, il ne faut pas qu'elle devienne utilitariste.

Le risque d'une mobilité utilitariste est bien réel. Cette dérive est susceptible de déséquilibrer la relation mobilité/innovation qui deviendrait contre-productive à coup sûr. Nous sommes étonnés, à juste titre nous semble-t-il, de lire dans un rapport de la Commission européenne sur Erasmus la fierté affichée face au succès rencontré par le « label » Erasmus qui fait de plus en plus d'émules alors même que « la bourse mensuelle de l'Union européenne a baissé en une année de 6,7 % » (Commission européenne, 2011, 4) et que « le nombre d'étudiants ne percevant aucune aide a en revanche progressé de 50 % » (*ibidem*). Faut-il vraiment se réjouir du nombre croissant d'étudiants qui décident de participer à un programme de mobilité sans financement ? Faut-il se réjouir de séjours de mobilité, servant l'innovation et l'essor de la société, non (ou de moins en moins) financé par la société elle-même ? Ne s'agit-il pas là d'un pas en avant vers un utilitarisme flagrant ? N'est-ce pas utiliser l'étudiant et son séjour de mobilité autofinancé pour le bien de toute l'Union, mais pas en premier lieu du sien ?

Par ailleurs, les stages à l'étranger, participant à la mobilité, se multiplient, ce qui permet à l'étudiant de mettre un pied dans le monde du travail de manière concrète, une transition, un passage du monde universitaire au marché du travail. L'idée est salutaire, mais dans quelles conditions se font ces stages ? Le Forum européen de la Jeunesse, bien qu'il reconnaisse que les stages représentent une véritable chance pour l'étudiant de passer des études à la vie professionnelle et qu'il se réjouisse du soutien des grandes institutions européennes, nous met en garde contre les travers de ces pratiques. Il souhaite notamment porter notre attention sur la garantie de stages de qualité et sur la non-exploitation des stagiaires. Le stage est et doit rester, selon ce Forum, « une forme d'apprentissage dans une véritable situation professionnelle [...] en vue d'acquérir des compétences grâce à l'exécution de tâches 'réelles' » (Youth Forum, 2009, 3).

Ainsi, le Forum européen de la Jeunesse a établi une liste d'exigences (dont la correspondance du stage aux objectifs pédagogiques, le remboursement des frais encourus, voire – pour les stages hors éducation formelle – une rémunération décente en fonction des tâches accomplies, etc.) qu'il s'agit de prendre en compte, dans le cadre de l'éducation formelle ou de stages hors éducation formelle, afin d'éviter les dérives utilitaristes. Ces dérives desservent totalement l'expérience de la mobilité et par conséquent l'innovation. En outre, elles sont susceptibles, à long terme, d'essouffler la motivation et la participation aux stages, pourtant fructueux.

Enfin, pour que la mobilité joue tout son rôle, et surtout pour que la dynamique mobilité/innovation ne s'éteigne pas, il est nécessaire d'offrir à tous, et dans une large mesure, l'occasion de participer à des programmes de mobilité. Ainsi, ces derniers doivent concerner, de la manière la plus égale et équitable possible, tous les personnels, mais aussi toucher un maximum de programmes et de disciplines. Il est nécessaire d'augmenter les chances d'englober dans ces dispositifs de mobilité un maximum d'acteurs, innovateurs potentiels pour augmenter la potentialité de la naissance d'innovations. Parallèlement à cela, un effort incessant de garantie de qualité devra être mené.

La mobilité universitaire est alors à encourager, au sein de l'Union européenne, car on l'a vu, elle est le moteur inconditionnel sans lequel l'innovation ne peut se développer. Elle la motive, influence la création (d'innovations, de contacts, d'équipes de travail), inspire la nouveauté ; elle construit l'Europe de demain, par ses possibilités de rencontre aujourd'hui avec l'Autre, avec la différence, avec l'innovation existante. Sa fonction d'essaimage est essentielle : la mobilité propage, diffuse le nouveau. Mais elle doit être à son tour encouragée, par des efforts politiques, continuant le travail déjà établi, par des efforts au sein même du monde universitaire, par des efforts humains, mais aussi sociaux. Rappelons-le : sans mobilité pas d'innovation, sans innovation pas de mobilité.

Gageons qu'en respectant les ambitions initiales de la mobilité, cet outil remplira pleinement ses missions et viendra alimenter la logique dans laquelle il est inscrit en jeu égal avec l'innovation, afin de continuer à bousculer l'ordre établi et de faire évoluer l'Union européenne sur la voie de la compétitivité, mais aussi sur le chemin d'une Europe humaine et sociale, condition vitale de son existence.

Références

Alter, Norbert. 2005 [2000]. *L'innovation ordinaire*. Paris : PUF.
Commission européenne. 2011. *Erasmus – Faits, chiffres et tendances. Le soutien de l'Union européenne aux échanges d'étudiants et de membres du personnel de l'enseignement supérieur et à la coopération universitaire en 2009-2010*. Luxembourg : Office des publications de l'Union européenne.
Charle, Christophe, & Jacques Verger. 2007. *Histoire des universités*. Paris : PUF.
Eurobaromètre Flash. 2011. *Jeunesse en mouvement*. 13th May 2011.
Gibbons, Michael, Camille Limoges, Helga Nowotny, Simon Schwartzman, Peter Scott, and Martin Trow. 1994. *The new production of knowledge, The Dynamics of Science and Research in Contemporary Societies*. Londres : Sage.
Mioche, Philippe. 2004. *Les cinquante années de l'Europe du charbon et de l'acier, 1952-2002*. 99-112. Luxembourg : Office des publications officielles des Communautés européennes.
Rouet, Gilles. 2011. Instrumentalisations économiques et politiques du Processus de Bologne. In *Processus de Bologne, construction européenne, politique européenne de voisinage*, Thierry Côme & Gilles Rouet (dir.), 177-208. Bruxelles : Bruylant.
Schumpeter, J., Aloïs. 1972 [1942]. *Capitalisme, socialisme et démocratie*. Paris : Payot.
Teichler, Ulrich. 2003. Mutual recognition and credit transfer in Europe: Experiences and problems. In *Higher Education Forum*, 33-53. Research Institute for Higher Education: Hiroshima University.

Références complémentaires

Alter, Norbert. 1985. *La bureautique dans l'entreprise. Les acteurs de l'innovation*. Paris : Les Éditions Ouvrières.
Becker, S., Howard. 1982. *Les mondes de l'art*. Paris : Flammarion.
Callon, Michel. 1986. Éléments pour une sociologie de la traduction. In *L'Année sociologique*, no. 36: 169-208.
Mendras, Henri, & Michel Forse. 1983. *Le changement social*. Paris : Armand Colin.

Sources électroniques

Centofanti, Charles. 2014. *Cours en ligne : « plus que les Mooc, les SPOC ont de l'avenir à l'université »*, entretien avec François Germinet (20.2.2014).
Déclaration de Bologne. 19th June 1999, sur
    <http://www.unige.ch/formev/Archives/bologne/basic/DeclarationBologne.pdf> (20.2.2014).

Erasmusworld.org, <http://www.erasmusworld.org/lettre-et-dossier-erasmus/rapport-de-sejour-a-letranger.html> (20.2.2014).

Le Huffington post. 2012. <http://www.huffingtonpost.fr/2012/03/23/erasmus-anniversaire-25-ans-temoignages-souvenirs-recits_n_1374632.html> (20.2.2014).

Werly, Richard. 2012. Sur <http://www.courrierinternational.com/article/2012/10/23/erasmus-coute-t-il-si-cher> (20.2.2014).

Youth Forum. 2009. « Document d'opinion sur les stages ». Adopté par le conseil des membres, Assemblée générale extraordinaire. 8th-9th May 2009. Bruxelles. <http://www.youthforum.org/assets/2013/10/0076-09FR_FINAL.pdf> (20.2.2014).

Auteurs · About authors

Mathilde BERENI est Consultante en éducation, spécialiste de l'enseignement supérieur au Maroc. Après avoir été Directrice des études d'une École d'enseignement supérieur en sciences politiques à Rabat, de 2008 à 2011, elle intervient depuis trois ans comme ressource-conseil auprès d'organisations internationales engagées dans des actions de coopération culturelle au Maghreb, ainsi qu'en appui aux acteurs locaux publics et privés investis sur les questions d'éducation et de formation au Maroc. Diplômée de Sciences Po Paris et de la London School of Economics and Political Science, elle assure également des enseignements de remédiation linguistique et de méthodologie universitaire à des apprenants marocains engagés dans des projets de mobilité étudiante vers la France.

Jacqueline BERGERON, Docteur en Sciences de l'Éducation, est Expert internationale en Gouvernance des Systèmes d'Enseignement supérieur et de recherche en Europe et en Afrique. Elle est membre de la commission Ministérielle LMD, et conseillère auprès du ministre de l'ENSUR en RDC. Elle est par ailleurs Expert auprès de l'Agence Exécutive des Programmes européens d'éducation et de formation à Bruxelles (EACEA). Elle coordonne le projet FSP mobilisateur « Compétences Professionnelles Supérieures » initié par le ministère des Affaires étrangères en France. Elle est Présidente d'Erasmus Expertise (<www.erasmus-expertise.jimdo.com>).

Muriel BOURDON est l'auteur d'une thèse devenue un livre sur *l'Europe des universitaires*. Elle s'est spécialisée dans l'étude des politiques éducatives européennes sur le plan historique et politique. Enseignante dans un IUT, elle est également chargée des relations internationales.

Nikolay BYDANOV est maître de conférences à l'Université aéronautique de Moscou en économie mathématique, il a consacré ces derniers travaux de recherche sur les questions de l'impact de l'augmentation du niveau de formation des jeunes dans les pays en développement sur les soulèvements populaires. S'appuyant sur les modèles de l'analyse quantitative, il a également étudié les liens entre la qualité des systèmes de formation et la croissance économique dans les pays en transition.

Elizaveta BYDANOVA est chargée de programmes au CIEP. Diplômée de l'Institut de recherche sur l'éducation : sociologie et économie de l'éducation de l'Université de Bourgogne (IREDU), elle travaille depuis plusieurs années sur les projets de coopération éducative dans les anciens pays de l'URSS (le Kazakhstan, l'Arménie et la Géorgie), dont les thématiques concernent le renforcement des capacités des acteurs éducatifs au niveau de l'enseignement supérieur (la garantie de la qualité dans l'enseignement supérieur et le Processus de Bologne) et de la formation technique et professionnelle. Elle a animé plusieurs sessions de formation sur place et a participé à des missions d'expertise dans le cadre des projets sur financements bilatéral et multilatéral.

Radovan GURA est maître de conférences habilité en relations internationales à la Faculté des sciences politiques et des relations internationales de l'Université Matej Bel de Banská Bystrica. Spécialiste des relations diplomatiques entre les pays européens, il a en particulier étudié les relations franco-slovaques depuis 1993.

Christophe LIPS est doctorant en Management de l'éducation à l'Université de Versailles Saint-Quentin, laboratoire LAREQUOI. Ses travaux portent principalement sur les innovations en milieu universitaire. Il est également rédacteur scientifique pour la collection Local/Global chez l'Harmattan, Paris.

Natalia MUSHKETOVA est maître de conférences à l'Université d'État de Volgograd, Fédération de Russie. Depuis 2000, elle enseigne les disciplines de marketing dans différentes universités en Russie (à Moscou et Volgograd) et a participé activement à la recherche sur les stratégies de marketing des universités russes dans un environnement économique et social dynamique. Elle a publié plus de 50 articles et de manuels axés sur le marketing et l'éducation en Russie.

Mária ROSTEKOVA est maître de conférences à la faculté des sciences politiques et des relations internationales, Université Matej Bel, Banská Bystrica, en Slovaquie. Ses recherches portent sur les échanges et les coopérations dans l'espace euro-méditerranéen.

Gilles ROUET, titulaire d'une Chaire Jean Monnet *ad personam* en études interdisciplinaires sur l'Union européenne, est professeur de sciences de l'éducation à Reims et des relations internationales à Banská Bystrica (Slovaquie). Membre du Laboratoire de Recherche en Management (LAREQUOI) de l'Université de Versailles St-Quentin-en-Yvelines, il a publié de nombreux articles et ouvrages consacrés à l'évolution des universités en Europe et au Processus de Bologne. Coordinateur de programmes Tempus (1993-2003), expert-évaluateur pour la Commission européenne, l'AERES et le DAAD, il a également été attaché de coopération universitaire et scientifique aux ambassades de France en Slovaquie (2004-2008) et en Bulgarie (2010-2014).

Bernard RUBI, familier des problématiques de jeunesse en tant qu'ancien chef de service déconcentré du ministère de la Jeunesse et des Sports, est aujourd'hui attaché de coopération à l'Ambassade de France au Maroc plus particulièrement en charge de la mobilité étudiante. À ce titre il assure la responsabilité de l'Espace Campus France Maroc. Ce dernier constitue l'un des plus importants espaces au monde avec plus de 16 000 dossiers traités par an.

Dominique VINET est professeur des universités, directeur du département de langues à l'université Montesquieu-Bordeaux IV et vice-président délégué aux relations internationales. Outre un portfolio européen des langues en ligne, il a développé @genda 2.0, une plateforme d'e-learning dédiée aux langues et Erasmuslink, un logiciel de suivi des étudiants en mobilité encadrée. Il est membre du conseil scientifique de l'association Erasmus-Expertise.

Europeana
Edition internationale, Numéro 5

Sommaire · Contents

Les mobilités étudiantes européennes dans
le contexte international

Jacqueline BERGERON & Gilles ROUET
Introduction   9

Radovan GURA & Mária ROSTEKOVA
Mobilité et intégration européenne, l'exemple de la Slovaquie   17

Muriel BOURDON
**Choisir sa mobilité : vers un nouveau classement
européen des universités**   43

Dominique VINET
Accompagner les mobilités étudiantes   63

Gilles ROUET
Mobilités étudiantes et diplomatie culturelle française   79

Mathilde BERENI & Bernard RUBI
**Les intentions de mobilité vers la France
des jeunes étudiants marocains**   103

Jacqueline BERGERON
Une pratique européenne des mobilités étudiantes en Afrique ?   123

Elizaveta BYDANOVA, Natalia MUSHKETOVA & Nikolay BYDANOV
**La mobilité académique dans les pays
de l'Asie centrale et du Caucase**   137

Christophe LIPS
La mobilité pour et par l'innovation : enjeux et limites   157

Auteurs – About authors   173

L'HARMATTAN ITALIA
Via Degli Artisti 15; 10124 Torino

L'HARMATTAN HONGRIE
Könyvesbolt ; Kossuth L. u. 14-16
1053 Budapest

L'HARMATTAN KINSHASA
185, avenue Nyangwe
Commune de Lingwala
Kinshasa, R.D. Congo
(00243) 998697603 ou (00243) 999229662

L'HARMATTAN CONGO
67, av. E. P. Lumumba
Bât. – Congo Pharmacie (Bib. Nat.)
BP2874 Brazzaville
harmattan.congo@yahoo.fr

L'HARMATTAN GUINÉE
Almamya Rue KA 028, en face
du restaurant Le Cèdre
OKB agency BP 3470 Conakry
(00224) 657 20 85 08 / 664 28 91 96
harmattanguinee@yahoo.fr

L'HARMATTAN MALI
Rue 73, Porte 536, Niamakoro,
Cité Unicef, Bamako
Tél. 00 (223) 20205724 / +(223) 76378082
poudiougopaul@yahoo.fr
pp.harmattan@gmail.com

L'HARMATTAN CAMEROUN
BP 11486
Face à la SNI, immeuble Don Bosco
Yaoundé
(00237) 99 76 61 66
harmattancam@yahoo.fr

L'HARMATTAN CÔTE D'IVOIRE
Résidence Karl / cité des arts
Abidjan-Cocody 03 BP 1588 Abidjan 03
(00225) 05 77 87 31
etien_nda@yahoo.fr

L'HARMATTAN BURKINA
Penou Achille Some
Ouagadougou
(+226) 70 26 88 27

L'HARMATTAN SÉNÉGAL
10 VDN en face Mermoz, après le pont de Fann
BP 45034 Dakar Fann
33 825 98 58 / 33 860 9858
senharmattan@gmail.com / senlibraire@gmail.com
www.harmattansenegal.com

L'HARMATTAN BÉNIN
ISOR-BENIN
01 BP 359 COTONOU-RP
Quartier Gbèdjromèdé,
Rue Agbélenco, Lot 1247 I
Tél : 00 229 21 32 53 79
christian_dablaka123@yahoo.fr

630353 - Novembre 2015
Achevé d'imprimer par